U0636881

五大发展下中国企业
社会责任投资的分析和展望

齐岳　林龙　刘彤阳　郭怡群/著

2014 年度教育部人文社会科学重点研究基地重大项目（编号：
14JJD630007）"基金治理和基民利益保护研究"　　　资助
2017 年南开大学人文社会科学重点学科骨干人才

科学出版社

北　京

内 容 简 介

本书基于五大发展背景下当前中国企业所面临的企业社会责任问题，通过引入企业社会责任的评价指标体系量化方法，建立以风险、回报率和不同利益相关者所关注的企业社会责任三个一级指标为目标函数的多目标投资组合选择模型。本书分析了当前中国社会责任基金的基本状况，多维度探究我国社会责任投资基金是否履行了社会责任投资的实践标准。

本书适合社会责任投资者、基金投资者、基金管理从业人员等学习和使用。

图书在版编目（CIP）数据

五大发展下中国企业社会责任投资的分析和展望 / 齐岳等著. —北京：科学出版社，2017.11

ISBN 978-7-03-055173-3

Ⅰ. ①五… Ⅱ. ①齐… Ⅲ. ①企业–投资–社会责任–研究–中国 Ⅳ. ①F279.2

中国版本图书馆 CIP 数据核字（2017）第 269952 号

责任编辑：徐　倩 / 责任校对：贾娜娜
责任印制：吴兆东 / 封面设计：无极书装

科 学 出 版 社 出版
北京东黄城根北街 16 号
邮政编码：100717
http://www.sciencep.com

北京京华虎彩印刷有限公司 印刷

科学出版社发行　各地新华书店经销

*

2017 年 11 月第 一 版　开本：787×1092 1/16
2017 年 11 月第一次印刷　印张：17 1/2
字数：340 000

定价：125.00 元
（如有印装质量问题，我社负责调换）

前　　言

改革开放以来，我国的经济发展取得了令人瞩目的成就。GDP（国内生产总值）总量排名已位于世界第二位，我国一些企业也跻身世界 500 强之列。但与此同时，由于企业的短期行为和过于以追逐利润为单一目标的导向，已经引发了一系列的社会责任问题。例如，2011 年的双汇"瘦肉精"事件、绿大地"造假门"事件，2012 年的通化金马"毒胶囊"事件、紫金矿业铜矿渗漏事件，2013 年中石化在青岛的原油管道破裂事件、哈药集团"售假门"事件，2014 年的上海福喜公司"过期肉"事件，2015 年福建漳州的古雷石化爆炸事件。这些事件进一步引发了人们对企业社会责任（corporate social responsibility，CSR）的关注。

围绕着企业社会责任的相关问题，许多学者结合我国国情，从不同角度对企业社会责任进行研究。这些研究丰富了我国企业社会责任研究的内容，促进了社会对企业社会责任问题的关注。同时，随着我国资本市场的迅速发展，资本总量的快速增长，一些投资者包括个人投资者和机构投资者逐渐意识到，企业社会责任对可持续投资的重要性。因此，他们迫切希望借助某种方法或理论模型，实现这种可持续投资的愿望。换言之，就是在投资组合过程中考虑企业社会责任因素，而前提是以实现投资回报率和降低投资风险因素为基础。然而，这种研究在我国目前现存的文献中很少被涉及。

基于此，在前人研究基础上，本书分析社会责任投资基金的发展现状，以及相关社会责任投资指数的构成、编制情况，在发现存在的问题的基础上构建基于权威数据的社会责任投资指数，并与现有的三只社会责任投资基金进行对比检验。

此外，借鉴我国主流的企业社会责任评价方法对一些典型的公司进行评价，本书从投资者的视角提出一种既重视投资回报率和投资风险因素，又能够兼顾企业社会责任的多目标投资组合选择模型，而且本书引用经济学中经典的效用函数理论，扩展并证明了此模型的成立性，并通过实际数据展示了此模型的优势之处，即根据此模型计算出来的投资组合回报率显著高于同期的市场指数的回报率，并且投资者可以通过此模型直接控制企业社会责任因素。

与一些学者所做的关于企业社会责任与企业绩效关系的研究不同的是，本书是从投资者的角度，结合企业社会责任的三个维度，对改进的多目标投资组合选择模型进行研究，即在传统的投资组合模型的基础上，添加企业社会责任目标函数，从而构造出多目标投资组合选择模型，并且验证模型的有效性问题。本书的研究丰富了国内企业社会责任在投资组合领域的研究内容，对于国际上企业社会责任投资方面的研究也具有借鉴意义。

本书研究发现，国内社会责任投资指数较国外发达社会责任投资指数的发展仍有较大差距，且社会责任投资基金并没有很好地履行社会责任的选股标准，其表现不如依据官方发布的权威数据构造的社会责任投资指数。而根据多目标投资组合选择模型计算出来的部分投资组合回报率显著高于同期的市场指数。研究结果表明，这种关注企业社会责任的多目标投资组合选择模型，不仅让投资者可以直接控制企业社会责任，而且实际数据也证明了此模型的优势之处，从而为关注企业社会责任的投资者提供一种投资的方法和思路。

本书的研究创新及贡献如下：第一，从企业社会责任的角度考虑证券组合的投资决策问题。在 Markowitz（均值-方差）理论模型基础上添加企业社会责任的三个一级指标期望作为目标函数，由此将传统的投资组合模型扩展为五个目标函数的多目标投资组合选择模型，同时本书根据经济学中经典的效用函数理论证明了此模型的成立性。第二，引入主流的企业社会责任评价标准，并对一些典型公司进行打分量化。在此基础上建立了以期望回报率、回报率的方差、核心利益相关者期望、蛰伏利益相关者期望和边缘利益相关者期望为目标函数的多目标投资组合选择模型。第三，通过构造社会责任投资指数检验了三只社会责任投资基金的社会责任选股情况，多个检验结果表明社会责任投资基金没有很好地履行社会责任投资情况。

在研究过程中，首先通过在最小方差曲面上选取十个点构造投资组合，并且分别以样本内和样本外的数据验证了模型的有效性。其次，将本书构建的模型与经典的投资组合选择模型进行投资的实证对比分析，发现本书构建的模型的绩效表现要比经典模型的表现更有优势。最后，通过不断改变研究的样本对象和样本数量，来进一步排除研究样本的特殊性而造成这种研究结果的可能性。这里的样本特殊性包括样本数量太少或者太多、样本的市值太大或者太小等因素。通过对样本选择偶然因素的排除，进一步验证了本书所构建的多目标投资组合选择模型在投资组合实践中是有效的结论。

本书在写作过程中，笔者各自分担的工作如下：齐岳负责全面的组织、协调工作，并对全书的框架提出主要的指导意见；林龙完成了本书的模型构建和证明等工作；刘彤阳完成了本书的模型计算、文献述评、数据资料汇总整理等工作；

郭怡群参与了相关资料搜集及最终的审稿工作。本书共计约 21 万字，其中，齐岳、刘彤阳、郭怡群共完成约 10.5 万字，林龙完成约 10.5 万字。科学出版社的编辑及相关工作人员为本书的顺利出版做了大量的工作，在此表示感谢。此外，本书得到 2014 年度教育部人文社会科学重点研究基地重大项目（编号：14JJD630007）"基金治理和基民利益保护研究"，2017 年南开大学人文社会科学重点学科骨干人才等项目的支持，我们谨对它们表示感谢。

目　　录

第一章 绪 论

本章在简述本书选题的理论依据和实践背景的基础上，提出本书的核心问题与研究思路，并对本书涉及的主要概念——企业社会责任、社会责任投资（social responsibility investment，SRI）及企业社会责任在投资组合研究中的应用，进行了相关的研究回顾与内涵界定。同时，本章还阐述了本书的逻辑研究框架、理论与实证研究方法与本书的结构安排，并介绍本书的研究意义与创新之处。

第一节 社会责任投资的背景

一、企业社会责任及中国企业实践

改革开放以来，中国的经济取得了举世瞩目的成就，经济的快速崛起使中国在世界上扮演越来越多也越来越重要的角色，不仅体现在经济领域，而且在公共事务领域也是如此。尤其是 20 世纪 90 年代以来，政府通过国有企业改革等举措，使股东的利益得到了更多的尊重，这也促进了企业的经济责任不断得到加强。进入 21 世纪以来，中国的 GDP 总量已经跃居世界第二位，中国的一些企业也跻身世界 500 强企业之列。根据国家工商管理行政总局[①]2013 年 5 月 5 日的数据，截至 2013 年 3 月底，全国实有企业 1 374.88 万户，个体工商户为 4 062.92 万户。与

[①] http://www.saic.gov.cn。

此同时，中国的股票市场取得了巨大的发展，截至 2014 年 11 月，已有 A 股上市公司 2 582 家，其中在深圳证券交易所上市的有 1 606 家，在上海证券交易所上市的有 976 家，A 股总市值达到 30.68 万亿元[①]，上市公司市值目前居世界第 2 位[②]。为了适应社会主义经济体制的转型和社会结构的变迁，中国企业也加快了改革的步伐，有的致力于深化体制改革，有的致力于优化企业结构，有的致力于企业的多元化发展。然而，在经济获得长足发展的同时，伴随而来的是日趋严重的企业社会责任问题。据《工人日报》报道，仅 1998 年在广东某市的外企职工里，由于事故就有 10 000 多根手指被切断，由于工作高负荷、高强度，许多企业的员工过劳死的现象时有发生，更有号称世界工业史上最大工厂的富士康公司员工"十连跳"的悲剧发生。此外，还有以"三鹿奶粉"事件为代表的食品安全事件，以山西小煤窑为代表的员工安全事件，以"血铅中毒"为代表的环境安全事件及漳州古雷 PX 石化爆炸等事件。这些企业社会责任缺失而导致的严重事故的发生，再次把人们的视线从关注企业利润的角度拉回到了关注企业社会责任问题。于是，"企业是否应该承担社会责任"及"该如何来承担社会责任"，社会责任这个过去曾经被认为是舶来品的名词如今真正变成了与人们生活息息相关的事情。

从企业国际化发展的角度来考虑，随着中国企业不断的发展壮大，许多国内企业已经走出国门，甚至有不少中国企业在海外上市，截至 2010 年在美国上市的中国企业有 284 家，但仅 2010 年遭到起诉的企业就有 25 家，其中就包括让国人引以为豪的中国人寿保险公司和新浪公司[③]。

不管企业愿意与否，国内社会与国际社会都要求企业应该履行社会责任，作为企业公民的身份，这种义务和责任不仅体现在道德层面，而且已经上升到了法律层面。相对于西方经济发达的国家来讲，我国大部分的企业比较年轻，其承担企业社会责任的意识和承担企业社会责任的能力也有待提高。虽然相当多的企业已经意识到履行社会责任的重要性，但真正落实到具体操作层面时，企业自身往往表现出矛盾的一面（Servaes and Tamayo，2013）。

企业如果承担了社会责任，短期之内势必会引起企业利润的下降，而获取经济利益又是企业所必须承担的社会责任，在两者矛盾的情况下该如何平衡与抉择，这是企业界和学术界所共同面临的困惑，也是长期以来争议的焦点问题。

---

① 数据来源：深圳证券交易所（http://www.szse.cn），上海证券交易所信息披露（http://www.sse.com.cn）。

② 数据来源：国际证券交易联合会信息. http://www.fibv.com/。

③ 数据来源：中国经济研究中心（http://www.ccerdata.com），中国证券监督管理委员会（简称证监会）网站（http://www.csrc.gov.cn）。

二、社会责任投资在中国的发展

随着有关社会责任问题的各类事件的曝光和企业国际化竞争的加剧，社会各界逐渐认识到企业社会责任问题的重要性。政府部门通过加强宣传和完善法律法规等方式，促使企业履行企业社会责任，但只有法律的举措和相对滞后的法规的约束，无疑很难从法律体系上保证企业很好地承担社会责任。因此，难以避免再次出现类似于中石油松花江硝基苯污染事件和三聚氰胺中毒等事件。可见，从政府层面讲，应该采取必要的市场化手段，适当灵活地运用经济手段，如财政和信贷等措施，支持社会责任型企业的发展；投资者也应该把企业的社会绩效纳入投资决策因素中，不仅仅考虑企业的经济效益，还应该考虑社会和法律等综合要素，这就是企业的社会责任投资理念。社会责任投资也被称为"可持续的负责的投资"（sustainable responsible investment），是一种将投资的目的和社会、环境及伦理等问题相挂钩，要求面向社会对社会负责、保护环境的投资决策。它在投资决策中结合了社会、环境和金融因素，是一种具有三重考量标准的投资。所以社会责任投资又被称为"三重底线"投资（"triple bottom line" investing）（林超，2008）。这种新型的投资理念是兼顾经济责任和社会责任的新型投资模式，这也将是未来推动我国社会责任发展的新的方式。

改革开放以来，中国企业的成长速度有目共睹，它们通过纳税和捐赠等方式履行着企业社会责任。但相对于国外来讲，国内的一些企业履行社会责任的方式似乎还过于单调，部分还停留在起步阶段。当社会责任投资方式已经被西方许多发达国家接受时，中国的社会责任投资还处于初步的探索阶段。例如，国家出台政策要求金融机构将社会责任作为投资选择对象的前提条件，将企业的环保信息纳入银行征信系统，这就是一个促进社会责任投资的代表性做法。早在1995年，中国人民银行就出台了《关于贯彻信贷政策与加强环境保护工作有关问题的通知》，明确提出对于有污染的新项目，在给予投资贷款之前应经过环境保护部门的审查和风险分析。

在此之后，中国人民银行加强了与环境保护部门、中国银行业监督管理委员会（简称银监会）等其他相关监管部门的合作，发布了一些与信贷相关的指导意见，从信贷等金融领域推动了中国社会责任投资理念的发展。2004年第一家以企业为主的生态基金在内蒙古成立——阿拉善SEE（society entrepreneurs ecology，即企业家社会责任和生态）基金，该基金成立的初衷就是为改变当地的生态环境服务的。2008 年发行了兴全基金（基金代码：340007）和中银持续增长（基金代码：163803）两只社会责任投资基金。这些社会责任基金与其他基金最大的区别在于，除了一般财务数据、企业发展前景等指标外，还将上市公司的社会责任因素纳入考核投资体系。这些基金的出现，填补了我国资产管理领域的空缺，标志着我国资产管理领域与国际先进理念之间开始接轨。

当然，社会责任投资在中国的发展还面临着许多的困难和障碍，在具体的实施过程中遇到不少问题。造成这些问题的原因主要在于可操作性不足和监督机制不够完善等。具体包括商业银行的经济利益与企业履行社会责任之间的冲突，受到地方政府政策的制约等。

当前国际上比较通行的社会责任投资的策略有三种：筛选（screening）、股东主张（shareholder advocacy）和社区投资（community investing），而要实现与国际接轨的社会责任基金投资方式，我国的资本市场还需要进一步的成熟与完善。国内资本市场不完善主要表现为信息披露不全面、管理机制不完善、公司治理不全面、个人投资者和机构投资者不够成熟，以及投资者对社会责任投资的认知不够到位等问题。

三、投资组合理论在社会责任研究中的应用

企业社会责任起源于 20 世纪初美国的企业利益相关者理念，是企业利益与社会利益相协调的一种思想，具有较高的学术价值和实践意义，成为管理学、经济学等学科共同研究的热点问题（Freeman and Evan，1990）。改革开放后，我国企业取得了飞速发展，企业数量剧增，规模不断扩大，对社会的影响力逐渐增强。

随着我国资本市场的不断完善，投资者的投资行为趋向理性化，市场的有效性逐渐加强，一家企业对社会责任的重视程度也将在投资者的决策信息中占据更重的分量。然而就目前而言，无论是国内金融学界所做的研究，还是上市公司的财务报告，对企业社会责任感的讨论大多处于定性分析阶段，很难将企业承担的社会责任作为一项明确定量的信息提供给投资者使用。

对于大部分的上市公司来讲，能吸引投资者的就是通过股票价格的正向变动来反映企业良好的经营业绩，并以此来吸引潜在的投资者的关注和增强现有投资者的信心。而对于普通的个体投资者，或大部分的理性投资者来讲，总是在考虑风险尽可能小、收益尽可能大的投资项目；或者说在风险不变的情况下，追求收益最大化，或收益不变的情况下，追求风险最小化的效果，也就是 Markowitz（1952）

（均值-方差）理论模型。与此同时，对于理性的投资者来说，其希望通过把鸡蛋放在不同的篮子里来规避风险，这些投资者甚至希望除了收益和风险因素外，还可以关注社会责任的因素。这就需要解决一个新的问题，即投资者既要关注收益和风险，又要关注社会责任的投资问题，因此，本书引入了投资组合理论来对企业社会责任进行定量研究。

从研究的创新性来考虑，笔者在查阅了大量的文献后发现极少有关于企业社会责任问题和投资组合理论相结合的研究文献及相关成果，因此本书把企业社会责任作为投资者进行投资决策时的基本信息引入投资组合模型，试图在这方面获得突破。投资组合理论是财务金融学中最为重要的理论之一，引进和吸收西方的金融理论对我国资本市场的完善具有重大的意义。近年来，传统的 Markowitz（均值-方差）理论模型已被扩展为多目标的资产选择模型，如包含股息、交易流动性等目标，基于这样的基础，本书提出面向企业社会责任感的多目标投资组合选择模型的研究思路。

当然要将企业社会责任与投资组合模型相结合加以研究，首先必须将企业社会责任进行定量化研究，要解决此问题，还要克服如何量化的问题，本书通过系统梳理国内大量的相关文献，发现其中的大部分文献旨在介绍国际上通行的 SA8000 标准并据此分析我国企业的应对之策，如胡明娟和丁建定（2005）、王志民（2004）、刘瑛华（2006）、宋献中和龚明晓（2007）、吉利等（2013）、张宏宇等（2014）。与此同时，也有少量文献涉及了企业社会责任的定量研究。例如，王璇和辛春林（2013）以石化行业为例，从利益相关者角度提出企业社会责任评价模型。徐泓和朱秀霞（2012）以财务指标为基础构建企业社会责任评价指标体系。陶文杰和金占明（2012）从媒体关注的视角来研究企业社会责任与财务绩效的关系。李正和向锐（2007）首先将我国企业社会责任信息披露界定为六大类共 17 小类，其次通过对计量方法的文献回顾，指出指数法是评价我国企业社会责任信息披露的最佳方法，最后通过对上市公司年度报告的指数评分指出我国企业社会责任信息披露的现状。李立清（2006）则从劳工权益、人权保障、社会责任管理、商业道德和社会公益行为五个要素出发，建立了一个我国企业社会责任评估指标体系，该体系在包含 SA8000 主要内容的基础上增设了商业道德和社会公益行为两类评价因素，共分为 13 个子因素、38 个三级指标。国内的定量研究一般仅停留在量化评价层次，并未在此基础上进行更为深入的挖掘。

因此，本书研究的主要目标在于实现对企业社会责任感的量化分析，通过研究国内外的企业社会责任评价体系，构建切实可行的符合中国国情的企业社会责任评价体系，并且利用评价体系为所选取的样本进行各种维度的指标量化打分，通过对各种指标多年得分的分析，研究企业社会责任与资本市场中投资组合理论的关系，并对比分析了国内外社会责任投资指数在指数构造、编制方法上的差异。

同时，基于 Markowitz（1952）投资组合理论，指导投资者如何将企业社会责任感作为一项具体的投资信息来进行决策分析，引导我国的社会责任投资行为，从而形成健康的投资理念。

四、多目标投资组合

前文内容中，对我国的社会责任发展、社会责任投资状况和投资组合理论在社会责任研究中的应用等背景进行了简要的阐述，下面将从多目标的角度简要分析投资组合研究的背景。在 Markowitz（1952）（均值-方差）理论模型的基础之上，Sharpe（1964）、Lintner（1965）和 Mossin（1966）等将其发展为资本资产定价模型（capital asset pricing model，CAPM）。在资产估值方面，资本资产定价模型主要被用来判断证券是否被市场错误定价。根据资本资产定价模型，每一证券的期望收益应等于无风险利率加上该证券由 β 系数测定的风险溢价 $E(r_i) = r_F + [E(r_M) - r_F]\beta_i$。其中，$E(r_i)$ 为证券 i 的期望收益率，也可以表示为 $E(r_i) = \dfrac{E(期末价格+股息)}{期初价格} - 1$；$r_M$ 为市场组合收益率；$E(r_M)$ 为市场投资组合的期望收益率；r_F 为无风险回报率；β_i 为第 i 只股票风险系数，表示为 $\beta_i = \dfrac{\text{cov}(r_i, r_M)}{\sigma_M^2}$，$\text{cov}(r_i, r_M)$ 为证券 i 和市场投资组合的协方差。

根据资本资产定价模型，证券期望回报率仅由 β_i 决定。然而，Fama 和 French（1992，1993）研究发现公司的市场价值（size）和账簿价值与市场价值的比率（book-to-market equity）能决定证券的期望收益率。

此后，许多学者根据 Ross 等（1976）套利定价理论（arbitrage pricing theory，APT）的证券回报率解释的因素模型（factor model），发现了其他的解释因素。这些影响因素包括证券回报率的偏度（skewness）（Harvey and Siddique，2000），企业的研发费用（Chan et al.，2001），证券的交易流动性问题（资产的流动性越强，相应的持有期越短；反之，流动性越差，持有期越长）（Chordia et al.，2001），与社会责任有关的投资，如健康保健工业、环境保护工业和废品回收工业，避免投资于社会和人类有害的工业或行业中（Geczy et al.，2003）等。

尽管投资者在投资时会考虑到除了风险和收益外的其他因素，而且这些因素会影响到投资者的决策，但一个新的困惑投资者的问题就出现了，即如何将这些投资者所考虑的因素融合到投资组合选择模型中。有学者提出了将投资者所关注的因素列为证券回报率的解释变量，根据这些因素计算协方差矩阵，最后在投资组合优化中使用这个协方差矩阵（Bodie et al.，2004）。这种方法是把投资者关注的多维因素纳入协方差矩阵，然后再通过投资组合进行优化处理。尽管这种方法提出了一种解决多因素投资决策的途径，但不足的是投资者很难在构建和管理投资组合的过程中直接控制他们所关注的这些要素。

多目标投资组合（multi-objective portfolio selection）也称为多准则投资组合（multiple criteria portfolio selection），是个多准则的决策问题，即在投资过程中涉及多个目标、目的，多个准则的决策问题。多目标投资组合的目的就将这些投资者关注的因素直接融合到构建和管理投资组合的过程中，使投资者能够直接控制这些因素。同经典的投资组合选择模型中的风险和收益一样，将这些因素作为投资组合过程中考虑的新的目标函数。那么这样所构建的多目标投资组合就是将经典的投资组合选择模型从二维（风险和收益）空间扩展到多维（风险、收益和其他所关注的因素）空间。同时，其投资组合选择模型的有效边界（投资者选择的范围）也就变成了有效曲面。

目前已经有学者对多目标投资组合进行了一些研究（Steuer et al.，2005a）。包括从随机规划的视角论证了多目标投资组合，提出了投资者可以使用一些新的目标，这些目标可以是构成投资组合的证券种类、证券卖空（short sale）和研发费用等（Steuer et al.，2005b）。Parra 等（2001）探讨了投资组合的回报率、风险及流动性这三个决策因素，并构造多目标投资组合选择模型。

这些研究无疑会对多目标投资组合理论的发展起到积极的推动作用。许多学者的研究成果也从不同角度证明了经典的投资组合理论已经发展到了多目标投资组合的阶段，基于笔者前文中对我国当前社会责任投资发展等背景的阐述，本书试图构建适合于不同利益相关者诉求的多目标投资组合选择模型。

第二节　研究内容与研究方法

一、研究内容

本书的研究在前人研究基础上（包括利益相关者理论、企业社会责任评价方法、投资者关系等），借鉴我国主流的企业社会责任评价方法对一些样本公司进行评价，重点研究了社会责任基金这一践行社会责任投资的重要力量，构造了企业社会责任投资指数并进行检验；介绍了社会责任投资指数的发展状况，以及社会责任类投资基金的投资策略；并从投资者的视角提出一种既重视投资回报率和风险因素，又能够兼顾企业社会责任的多目标投资组合选择模型。同时，本书引用经济学中经典的效用函数理论，通过效用函数的原理扩展了投资组合模型，并证明了这种扩展的模型的成立性，通过多组的实际数据展示了此模型的优势之处在于，根据此模型计算出来的投资组合回报率显著高于同期的市场指数的回报率。

对从股票市场中筛选出的全部主动型社会责任基金进行研究包括：分析基金的重仓股分布情况，推出二级行业稳定比率指标，并以此量化分析基金的投资分布；构建价格加权型和市值加权型社会责任投资指数和基于优秀社会责任股票的投资组合并准确求解，从而获得社会责任投资的权威标准；通过对比此标准发现这些基金从重仓股到回报率等多项指标并非完全符合"社会责任"这一选股标准；而后与所属基金管理公司内的其他非社会责任基金对比，发现这些基金与普通基金（如大盘基金）没有显著差别。由此揭示了中国的社会责任基金发展从投资策略到选股标准等方面没有一套完整、科学的评价体系，尚处于萌芽阶段，急需理论指导。

而与经典的 Markowitz（均值-方差）理论模型的投资组合回报率和风险进行对比，研究结果表明，本书构造的模型回报率高于经典模型的投资回报率，风险低于经典模型的回报率风险。为了进一步检验模型的有效性，排除由于所选取样本的数量会影响实证的结果，本书又通过改变选取的研究对象和样本的数量，并且改变 T 检验的数据，即由日数据检验改为对周数据进行检验，得出的结果还是支持原先样本研究得出的结论，即新构建的模型的投资回报率高于市场投资回报率，风险低于市场指数的风险，因此，再次证明了本书构建的模型是有效的。

与一些学者所做的关于企业社会责任与企业绩效关系的研究不同的是，本书是从投资者的角度，结合企业社会责任的三个维度，对改进的多目标投资组合选择模型进行研究，即在传统的投资组合模型的基础上，添加企业社会责任目标函数，从而构造出多目标投资组合选择模型，并且验证模型的有效性问题；同时构造了科学、有价值的企业社会责任投资指数及投资组合选择模型，为投资者提供一定参考。本书的研究丰富了国内企业社会责任在投资组合领域的研究内容，对国际的企业社会责任投资方面的研究也具有借鉴意义。

在全球金融危机的背景下，社会各界对企业社会责任感的关注也越来越密切，而我国学术界对企业社会责任感的研究还处于探索阶段，其最大的特点在于主要侧重于定性分析，定量研究可以说是凤毛麟角。另外，随着我国证券市场的不断完善，市场投资的理性回归，企业社会责任感在投资者决策时也将会成为一个重要的信息。因此，本书研究的主要目标在于实现对企业社会责任感的量化分析和企业社会责任投资指数的构建，根据一定的理论与现实情况构造出符合我国实际的企业社会责任感评分系统；通过分析社会责任投资基金发现社会责任投资基金发展不成熟、选股不科学；同时，基于 Markowitz 投资组合理论，指导投资者如何将企业社会责任感作为一项具体的投资信息来进行决策，从而为我国企业的可持续发展、基金公司的科学选股、我国资本市场更好地与国际接轨贡献一份绵薄之力。

根据文献调研和科学问题的提炼，本书研究的逻辑思路如图 1.1 所示，根据研究思路，确立相应的研究内容。

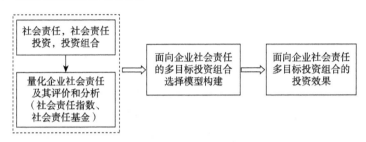

图 1.1　本书的研究思路

本书研究的主要内容包括以下几点。

1. 企业社会责任感的定量衡量问题

在企业社会责任感的定量衡量问题上，笔者认为要重点解决以下几个问题。

首先，如何以某种比较权威的、认可度比较高的评价指标体系和评价方式衡量企业社会责任感，并且有能力加以实施。

其次，基于以上方式所衡量的上市公司的社会责任感履行情况是否比较客观，如何判断其客观性与可信度。

在这两个问题上，本书借鉴《中国企业社会责任建设蓝皮书（2010）》所构建的评价方法。基于上述方法和体系的研究框架，对于每个指标所涉及的评价方法，通过在应用中不断测试并结合打分过程的实际情况，从小样本推广到大样本评价研究，从而整理出更符合客观现实的企业社会责任感评分体系。笔者拟采用的评分标准如图 1.2 所示。

在本书的研究中，笔者将按照行业分类选取一定数量的样本股，根据它们的年度财务报告、公司网站信息及其他网络信息对每一项指标进行评分。例如，位于一级指标核心利益相关者之下的二级指标中股东的得分值，分别是由三级指标中的经济责任、伦理责任、法规责任和慈善责任等各项指标的得分值加权求和得出的。

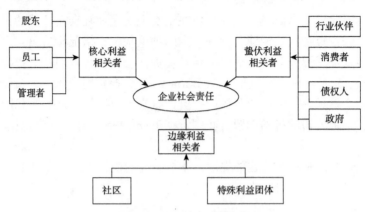

图 1.2　企业社会责任框架

参考《中国企业社会责任建设蓝皮书（2010）》，经过笔者修正之后的企业社会责任的二级指标构成图，其中以企业社会责任为核心，代表所有的打分都是为了考量社会责任的履行情况，由 3 个一级指标构成，每个一级指标分别由二级指标构成，总共有 9 个二级指标

　　而四级指标中，资产利润率（return on assets，ROA）该如何计算，笔者会根据 CCER 经济金融数据库的信息查到样本公司的资产利润率的值，将所有样本的这一指标的值进行标准化处理然后乘以该项的权重。

　　标准化的方法是将查询到的样本中该项指标数据除以查询到的该级所有样本数据的加总和，如 $c_i = \dfrac{k_i}{\sum\limits_{i=1}^{n} k_i}$ ，其中，k_i 为查到的各样本的资产利润率的值，n 为研究样本的数量，然后将各个样本的 c_i 分别赋予 0~1 的分数，这就是标准化过程。当得到标准化的数值之后，再将这些值乘以该项指标所赋予的权重比例，就得出各项指标的社会责任的值。其他项指标的计算过程也是依此类推。

　　对于笔者在数据库中无法直接获取的某些指标，可以通过各种渠道收集信息并对其加以赋值。例如，企业社会责任报告的透明度指标，笔者根据样本企业的实际表现情况，对其赋予 0~1 的分数，然后再乘以其权重。根据核心利益相关者（core stakeholders of CSR）、蛰伏利益相关者（dormant stakeholders of CSR）和边缘利益相关者（edge stakeholders of CSR）三项期望分别评出总得分。在评分过程中，笔者会注重客观公正的方式，尽量以数据为基础，避免主观臆断。

2. 分析社会责任投资指数

　　社会责任投资指数对于投资者有重要的指导意义，笔者在第五章第二节重点介绍国外影响较大的三只社会责任指数——道琼斯可持续发展指数（Dow Jones sustainability index，DJSI）、富时社会责任指数（FTSE 4 good index）、摩根斯坦利国际资本公司责任投资指数（Morgan Stanley Capital International environmental social government，MSCI ESG）指数，并分析其筛选股票的流程和标准，以及构建的评价体系。

而后，第五章第三节简要介绍当前国内所有的社会责任投资指数，并重点分析上证社会责任指数、深证企业社会责任指数、中证 ECPI ESG 可持续发展 40 指数（简称 ESG 40 指数）、央视责任指数 4 只指数的样本股选择方法、指数的计算方法及行业覆盖率，指出存在的缺陷及需要改进的方面。

最后，将这些社会责任投资指数与上证综指、深证综指等做对比分析，通过指数比较及回报率的成对 T 检验，发现大多数社会责任投资指数未能跑赢大盘指数，表明我国社会责任投资指数在构建上仍然存在一定缺陷。

3. 社会责任基金的检验

由于社会责任基金是社会责任投资的主力，第六章主要研究其投资策略是否体现社会责任投资标准，并探索我国社会责任投资的发展道路。

首先，通过研究股票市场上全部的三只主动型社会责任基金，分析重仓股持股比例等公开数据，对基金重仓股的社会责任投资情况进行对比分析；基于重仓股设计了二级行业稳定比率，研究该比率的性质并计算各基金的稳定比率，该比率代替了传统的基金换手率——测度的是基金持有个股的换手情况，笔者更加关注的是基金投资于各个二级行业的情况，以研究其稳定性。

其次，在证实社会责任投资指数未能跑赢大盘指数的基础上，构建价格加权型和市值加权型社会责任投资指数和基于优秀社会责任股票的投资组合选择模型并通过参数二次规划精确求解。将以上构建的社会责任投资指数和投资组合选择模型同这三只基金的回报率分别进行检验，而为了证实基金是否真正按照社会责任的标准选股，本书又进一步将这些基金和所属基金公司内部的其他基金进行对比。

4. 社会责任投资类基金的分析

由于绿色和低碳环保、可持续发展、美丽中国、公司治理方向的基金均可以列入社会责任投资类基金，第七章简要介绍了这四个方向的基金在投资策略上的特点，而这些基金的规模较小，成立时间较短，样本仍亟须扩大。

5. 建立多目标投资组合模型

在第三章的研究基础上，笔者便可以构造多目标投资组合选择模型来扩展传统的投资组合选择模型。随着中国证券市场上投资的理性化，企业社会责任感也应该成为投资者进行投资决策时必不可少的信息。因此，投资者在进行投资决策时，除了应该考虑股票的收益率和风险以外，也应该综合考虑上市公司在社会责任方面的履行情况。

考虑股票的收益率、风险及社会责任感的多目标投资组合模型可以表达为以下的模型：

$$\min\left\{variance = \boldsymbol{x}^{\mathrm{T}}\sum\boldsymbol{x}\right\}$$

$$\max\left\{expected\ return = \boldsymbol{\mu}^{\mathrm{T}}\boldsymbol{x}\right\}$$

$$\max\left\{core\ stakeholders\ of\ CSR = \boldsymbol{c}^{1^{\mathrm{T}}}\boldsymbol{x}\right\}$$

$$\max\left\{dormant\ stakeholders\ of\ CSR = \boldsymbol{c}^{2^{\mathrm{T}}}\boldsymbol{x}\right\} \tag{1.1}$$

$$\max\left\{edge\ core\ stakeholders\ of\ CSR = \boldsymbol{c}^{3^{\mathrm{T}}}\boldsymbol{x}\right\}$$

$$\mathrm{s.t.}\quad \boldsymbol{1}^{\mathrm{T}}\boldsymbol{x} = 1$$

其中，前两个目标是传统 Markowitz 资产选择模型的目标，即最大化收益与最小化风险；第三个到第五个目标则是考虑了企业社会责任感的投资目标，分别表示了最大化核心利益相关者评分、最大化蛰伏利益相关者得分及最大化边缘利益相关者评分。c^1、c^2、c^3 分别代表 n 只股票企业社会责任的三个一级指标"核心利益相关者"、"蛰伏利益相关者"及"边缘利益相关者"的期望向量。这是一个五维空间上的规划问题，以添加了最大化核心利益相关者评分目标的三个目标投资组合为例简要说明这种问题求解的有关特征，如图 1.3 所示。

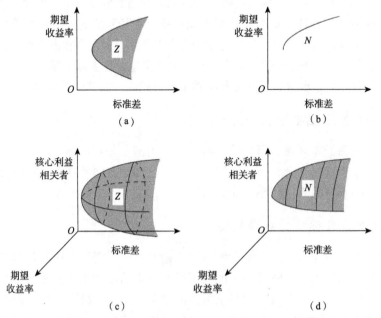

图 1.3　传统投资组合选择与多目标投资组合选择的可行域和有效边界（曲面）

N 为非劣解，Z 为可行域

图 1.3（a）和图 1.3（b）为传统的两目标的投资组合模型。图 1.3（a）的阴影部分代表了投资组合在（标准差和预期回报率）空间的可行域，即所有的投资组合风险和收益的可能组合；图 1.3（b）中的曲线为最优投资组合的风险和收益的组合，即有效前沿或称为有效边界。在添加了核心利益相关者评分目标以后（为了能够以图形表达，仅增加核心利益相关者评分，因为如果共增加三个目标，则五维空间很难用图形绘出），便由二维空间扩展到三维空间，有效前沿便扩展为有效曲面，即图 1.3（a）和图 1.3（b）。而模型（1.1）涉及五个目标，便成了在五维空间求解问题。通过一定的规划求解方法或者是利用现代计算机编程技术可以求出以上模型的最优解。投资者可以根据自己的偏好选取五维空间上最优投资组合曲面上的某些投资组合，即选择投资组合权重向量。而他们所选择的投资组合都是综合考虑了股票的收益、风险和企业社会责任感以后的结果。

6. 实证检验投资组合的回报

投资组合的回报的研究主要是对第八章构造的投资组合的回报率与证券市场指数的回报率进行检验。笔者利用某一阶段的数据通过多目标的资产选择模型计算出了五维空间上投资组合的有效曲面，然后在有效曲面上选取一定数量的投资组合。然而，笔者需要得出的结论是：这些考虑了企业社会责任感的投资组合是否在一定程度上更能体现出投资价值？因此，笔者必须对这些投资组合的表现进行一定的分析。一个较好并且被广泛使用的方法便是将这些投资组合的回报率与股票指数的回报率进行对比，如上证综指、沪深 300 指数、深圳成指及上证 50 指数等。此外，为了使研究更具有严谨性，本书在后续研究中将再次与经典的投资组合选择模型的投资绩效进行实证对比分析。

二、本书的研究过程与研究方法

1. 主要理论与研究结果回顾

本书的研究内容涉及两大领域——财务金融学（主要是关于投资组合理论）和企业管理（主要是关于企业社会责任感），因此，笔者全面梳理国内外相关文献。一方面，通过仔细地搜集国内外有关企业社会责任的研究，特别是分析其中关于量化企业社会责任方面的文献，进一步完善本书的研究方法；另一方面，笔者也关注了国际上和国内关于多目标投资组合方面和资产定价理论的研究，借助于最新的研究成果来更好地求解本书提出的模型。

2. 数学模型

在理论回顾的基础上，本书将建立多目标投资组合模型的数学模型，在传统的 Markowitz（均值-方差）理论模型中添加企业社会责任感的有关目标，分析比较两种模型得出的投资组合的收益和风险的直接关联性；同时，在构建模型过程中结合相关的研究和具有中国特色的实际情况约束，与国内三只社会责任基金进行对比和检验，以更好地获得本书的预期成果。

3. 全面实证研究

全面实证研究是本书的核心部分。通过分析社会责任基金自成立至 2015 年的数据，检验了基金重仓股的社会责任投资情况，基于证监会二级行业划分标准提出了二级行业稳定比率。在构造用于与社会责任基金对比的社会责任投资指数上，笔者选取了中国社会科学院权威发布的社会责任名单中的前 100 名结果，以确保构造的投资指数具有科学的指导意义和利用价值。并且为了排除时间跨度的选取对于本书研究的干扰，本书选取了两个不同的时间窗口对社会责任基金进行对比和检验。

在建立相应的数学模型后，本书将在相关的金融数据库中选取一定数量的上市公司样本股作为研究对象进行实证分析。在选取样本股时，本书在不同行业中选取具有代表性的公司构成投资组合，对于行业的划分，选取目前得到了世界广泛认可的全球行业分类标准[①]，其结构包括能源、原材料、工业、必须消费、可选消费、金融、健康医疗、电信服务、信息技术、公共事业十个部门。本书将在这十个部门中，分别选取大、中、小不同市值的企业作为研究的样本企业。根据样本股的上市时间，尽可能选取较长的研究时段。本书研究的时间跨度为 2007~2011 年共计五年的样本数据。对于后续的检验时间都选取在样本股测试时间之外进行检验，以提高研究和检验的客观性。本书的实证研究，将以财务金融学、管理学、数学及计算机研究的最新成果为理论依据，广泛地吸收各领域的新方法和新技术来进行深化，如如何定量分析企业社会责任感、如何又快又精确地计算多维空间中投资组合的有效曲面问题、如何在投资组合模型中引入企业社会责任感的各种维度。本书强调定量计算与定性分析相结合、人工分析和计算机辅助相结合的方法，确保本书研究的深度和质量。

[①] 全球行业分类标准（global industry classification standard, GICS）是由 S&P 和 MSCI1999 年联合推出的行业分类系统，目前在世界范围内得到广泛的认可，其结构包括 10 个部门、24 个产业群、68 个行业和 154 个子行业。详见 http://en.wikipedia.org/wiki/Global_Industry_Classification_Standard。

4. 对策研究方法

在实证分析的基础上，探讨企业承担社会责任对投资者投资决策中的重要性，试图为不同的投资者构建更为合理的投资决策模型，并以此为基础进一步为建立社会责任指数的量化推广做理论和实践的铺垫；为后续企业社会责任感指数的研究打下基础，为中国资本市场的完善提出一些制度建设性和应用技术性的建议。

第三节　本书的逻辑结构与创新

一、结构安排

本书将分十章进行研究论述，各章内容和所要解决的具体问题如图1.4所示。

第一章，绪论。针对投资者在投资过程中遇到的企业社会责任问题的紧迫性提出研究主题的意义和价值，清晰界定本书所要研究的具体问题，然后对企业社会责任、企业社会责任投资、企业社会责任的测量方法进行概述、对企业社会责任与多目标投资组合的关系等相关概念剖析，对内在的关系的界定；介绍研究内容和研究方法，并概况本书整体结构安排和创新之处。

第二章，相关理论与研究回顾。归纳本书建立逻辑分析框架的企业社会责任和多目标投资组合的相关理论基础，回顾并评述企业社会责任、社会责任投资、多目标投资组合的国内外研究成果，并从中引申出本书的研究主题，即面向企业社会责任的多目标投资组合选择模型。

第三章，企业社会责任评价及分析。提出企业社会责任评价的理论依据和框架，从利益相关者理论和社会责任层次理论引出社会责任评价框架，结合利益相关者的诉求与权威的评价指标体系导出企业社会责任的评价方法和评价模型。在此基础之上，对评价指标体系进行评价应用。对所选取的样本企业进行量化打分，此外还通过多年综合排名的分析检验了评价方法的科学性。最后通过数据的整理和分析，得出了构建多目标投资组合选择模型所需的三个一级指标多年评分的平均值，为后续的面向企业社会责任的多目标投资组合模型的建立和实证研究奠

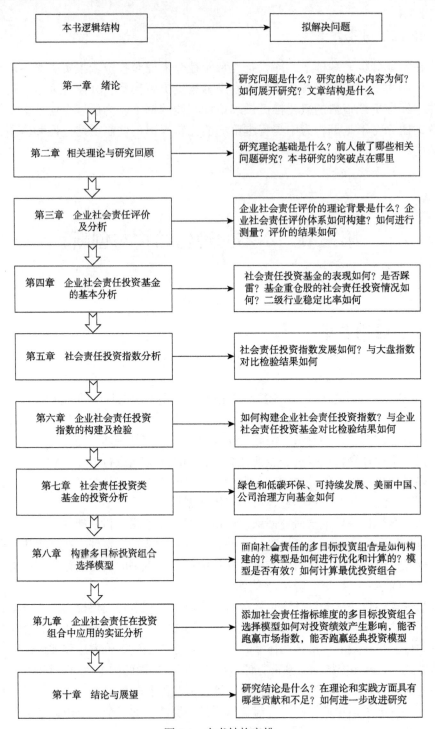

图 1.4　本书结构安排

定了坚实的基础。

第四章，企业社会责任投资基金的基本分析。查阅基金的年报、半年报、季报，从持股数量、换手率、行业配置、股票配置、投资策略、季报说明等角度分析我国社会责任投资基金的现状。参考 2013 年中国社会科学院企业社会责任研究中心公布的上市公司企业社会责任指数排名，重点研究基金重仓股的社会责任投资情况，通过对比说明基金在重仓股的选取上是与中国社会科学院权威发布的报告背离的。并通过重仓股二级行业稳定比率来测度基金的换手情况，以此量化分析企业社会责任投资基金的投资分布，发现二级行业稳定性比率较低，这表明基金的持股换手比较快。综合上述数据分析结果，得出三只主动型社会责任投资基金没有很好地遵循社会责任投资的结果。

第五章，社会责任投资指数分析。对社会责任指数定义并分类，分析国外社会责任投资指数的发展概况并简要分析指数的选股标准；选取国内较为重要的四个社会责任投资指数进行分析，并从选股标准、指数计算方法及调整、行业覆盖率等角度研究，之后对比国内外社会责任投资指数在数量、制定机构、选股标准、公开程度上的差异。最后利用成对 T 检验对比了社会责任投资指数与大盘指数在回报率上的差异，发现社会责任投资指数大多没有跑赢大盘，没有起到引领社会责任的作用。

第六章，企业社会责任投资指数的构建及检验。依据中国社会科学院公布的社会责任排名名单构造价格加权型和市值加权型社会责任投资指数，并构建基于优秀社会责任企业股票的投资组合选择模型，将这些指数和投资组合与三只基金的周回报率分别进行成对 T 检验。最后，将社会责任基金与所属基金公司内部的其他基金进行对比，以检验社会责任基金与其他类型基金是否存在显著区别。为了确保指数构造的科学性，排除数据对于检验和分析的干扰，通过变换构造和改变检验的时间窗口，证明三只社会责任投资基金没有很好地践行社会责任投资的标准。

第七章，社会责任投资类基金的投资分析。具体化社会责任体现在绿色和低碳环保方向、可持续发展方向、美丽中国方向、公司治理方向，这四个方向的基金的投资策略，多数较为注重新兴产业或者第三产业的发展，但成立时间较短，基金规模较小，因而对社会的影响力不大。

第八章，构建多目标投资组合选择模型。在社会责任一级指标五年得分均值的基础之上，将企业社会责任的一级指标的三个维度作为投资组合的三个变量，从而构造出五个目标的投资组合选择模型。即在 Markowitz（均值-方差）理论模型的基础之上，构建出充分考虑投资者价值取向的多准则社会责任投资的高维投资组合选择模型，通过对高维模型的优化，进而得出既充分考虑投资者的经济利益和风险因素，还高度关注社会责任的多准则投资组合选择模型。通过数学方法对模型进行优化求解从而得出最优投资组合的方案，为后续的实证研究奠定理论和模型的基础，也为关注企业社会责任的广大投资者提供投资决策的模型参考和价值投资的理论依据。

第九章，企业社会责任在投资组合中应用的实证分析。以第七章的投资组合选择模型为基础，结合第三章的社会责任评分结果，对按全球行业分类标准在所有的行业中选取的样本进行实证分析。通过选取五年的历史数据计算出最优投资组合，然后以样本外的数据与大盘指数上证50指数，沪深300指数进行检验；为了进一步考察是否优于经典投资组合模型，还与经典模型的投资收益和风险进行了对比分析。此外，为了排除数据选取的偶然性问题，通过多种改变样本选取和样本数量的方法进行实证研究和检验分析，并对结果进行讨论。

第十章，结论与展望。第十章在概括主要研究结论的基础上，总结投资者角度考虑社会责任的投资组合选择模型，并提出相关政策建议，以及后续研究方向。

二、创新之处

本书的创新之处在于，突出当前我国企业所面临的企业社会责任问题，根据国际行业划分标准选取我国上市企业为研究样本，站在投资者的角度，在投资组合选择的过程中，以多目标投资组合选择模型为研究主体，通过企业社会责任的视角来分析多目标投资组合的投资决策问题，通过引入企业社会责任的评价指标体系量化方法，建立以风险、回报率和不同利益相关者所关注的企业社会责任三个一级指标为目标函数的多目标投资组合选择模型。分析当前我国全部三只主动型社会责任基金的基本状况，并与以优秀的社会责任企业构造的投资指数和投资组合做对比，多维度分析我国社会责任投资基金是否履行了社会责任投资的实践标准。实证研究结果表明，运用这种多目标投资组合选择模型计算出来的投资组合回报率显著优于同期市场指数回报率。运用该模型与经典 Markowitz 投资组合进行对比检验，得出了如下结论：本书模型的投资回报率高于运用经典投资组合模型计算出来的投资组合回报率，并且风险值远低于运用经典模型计算出的投资组合的风险。为了排除选取样本的偶然性因素，本书通过改变样本的选取对象和样本的数量两种方法，进一步进行检验，两种结果都再次证实了模型的实证结果跑赢了大盘指数，从而论证了模型的有效性。因此得出了关注企业社会责任的投资其回报率优于市场平均收益，同时也证实了本书所构建的考虑企业社会责任的多目标投资组合选择模型是有效的。

本书研究的创新点主要体现在以下四个方面。

（1）企业社会责任评价方法在应用研究中有所突破。本书在第三章进行了大量的企业社会责任评价的探索性工作并取得了突破性进展。首先，从理论上借鉴利益相关者理论和层次责任理论，分析了核心利益相关者、边缘利益相关者和蛰伏利益相关者的利益诉求，并以此为出发点构建这三个维度的社会责任期望模型。其次，由以上三个维度延伸出评价体系的指标选择和指标设计问题。对评价指标体系的不断检测，包括146项指标的原始数据的收集和具体的评价指标的确定和排查。尽管《中国企业社会责任建设蓝皮书》提出了评价体系和指标权重赋值，但是实证工作都是前人没有做过的，有些指标虽然已经赋有权重却无法量化，如果轻易剔除掉该项指标会造成整个评价体系权重的失衡，所以必须通过反复测试，提取出最有可能代表该项评价功能的指标，再对一家样本企业进行打分，从而推广到大样本的量化评价。通过先测试一年的评价，再推广到五年的评价，进而进行评价得分的整理和计算。最后，对2007~2011年的样本企业综合得分进行排名顺序的分析，从另外一个角度证实了这种评价体系的科学性与稳定性，为后续的相关方面的实证研究进一步奠定了基础，为其他学者继续探讨企业社会责任的评价方法提供思路，为企业社会责任的评价积累具体的操作经验，也为社会责任指数的研究和发布奠定了基础。

（2）将核心利益相关者、蛰伏利益相关者和边缘利益相关者的期望添加到经典投资组合模型中，构建了多目标投资组合选择模型。首先，通过经典的投资效用函数理论和海森矩阵从不同角度论证了模型的成立性。其次，综合运用规划求解的方法和本书推导出的多目标投资组合选择模型的最优曲面的求解方法进行投资组合权重的计算，为个体投资者和机构投资者的投资决策提供了数学的求解工具和方法，为多目标的求解提供了更为广阔的思路。最后，通过实际数据进行实证检验，并且论证了模型的有效性和优越性，即把样本外的数据应用到投资组合中，构造多组不同的投资组合，并将这些投资组合与沪深300指数、上证指数、上证50指数及深圳成指等市场指数进行统计分析，而且通过改变模型所检测样本的对象和样本的数量进一步证明了模型在实践中的通用性，为模型的推广奠定了坚实的基础。

（3）基于重仓股设计的二级行业稳定比率可以有效衡量基金的换手情况，并证明了该指标的有效性和实用性，以此量化分析企业社会责任投资基金的投资分布，以代替传统的基金换手率指标——测度的是基金持有个股的换手情况。由于一家企业的社会责任在短期内不会有非常大的改变，而是基于该企业自身的责任意识做出的一项中长期决定，所以二级行业稳定比率可以有效检验该基金对于重仓股的选择是否遵循了社会责任的投资标准。这个比率也可以广泛应用在公司治理基金、绿色基金等的检验上，可以推广到分析其他投资组合上，以此来检验基金的投资分布和换手情况。

（4）本书构建的面向企业社会责任的多目标投资组合选择模型不仅可以提供一种投资思路，还可以充分考虑到企业社会责任因素。与传统的投资组合选择模型相比，本书的多目标投资组合选择模型具有满足方差和预期回报率需求的同时，还满足投资者的社会责任感的投资心理需求。这种额外的考虑可以满足投资者自身的投资心理效用，而且本书的研究还解决了一个新的问题，就是让投资者在构建和管理投资组合的过程中如何将这些因素考虑在内。这种兼顾回报率、风险和企业社会责任的多目标投资组合选择模型，还可以让投资者在构造投资组合进行投资时能直接控制企业社会责任的三个一级指标。而且本书的研究可以扩展为其他类型的多目标投资组合选择模型，因此本书所提出的包含企业社会责任的多目标投资组合选择模型的研究不仅丰富了传统投资组合研究的内容，也为不同倾向和偏好的投资者提供了适合于他们的投资理念的理论和模型支持。

第二章 相关理论与研究回顾

本章主要对相关理论和相关研究成果进行文献研究，以寻找本书在理论上的支撑点，为理论模型的构建和研究假设的推导提供支持。首先，对企业社会责任和投资组合理论进行简要介绍，明确其对本书研究的理论支撑点；其次沿着"企业社会责任在投资组合过程中二者关系的研究"这条逻辑线索，对企业社会责任问题进行文献回顾，并对相关研究的关注点和研究价值做出评述，明确企业社会责任在投资组合研究中的作用和关系、理论借鉴意义及已有研究存在的不足之处。

第一节 企业社会责任的相关理论

企业社会责任理论与管理学的所有相关理论一致，都是企业发展不同阶段实践的产物。关于社会责任的争议，主要存在以下几种不同的看法。传统的企业理论认为，企业的首要目的是获取利润。如果企业承担社会责任，那么就会导致股东的利益受损。这不符合企业追求利润最大化的原则。如果要使股东的利益得到保证，那么就需要企业或者放弃承担社会责任，或者通过转嫁的方式让第三方承担社会责任。例如，通过提高企业销售产品的价格或提高其服务的价格来提高销售收入，或者通过降低产品的质量或服务的质量来降低成本，但这样就会使消费者的利益受损。如果不这样，那么或者通过降低员工的工资和福利来弥补这种由于承担社会责任带来的股东利益的损失，这样员工利益将会受损，甚至有可能会带来员工的外流，从而带来企业负面的连锁反应。或者价格提高导致了企业在竞争中处于劣势，使得企业面临更大的困境。也有人认为，企业的力量本来就很强大，如美国的沃尔玛，其资产就是与世界上的许多国家的实力相比，都是可以相抗衡的。那么再让它承担公共事务，势必会导致企业的力量得不到制约的可能。因此，持有上述这些观点的人均认为企业不应该承担社会责任。

　　然而，一些企业忽视企业社会责任的负面新闻的曝光，如三聚氰胺奶粉事件、耐克血汗工厂事件、丰田汽车的"刹车门"事件、富士康员工"十连跳"事件、思念水饺"致病门"事件、上海福喜食品公司"过期肉"事件、漳州古雷石化"PX 项目"爆炸事件等问题的出现，导致了社会重新审视当前的企业社会责任问题。

一、企业社会责任理论发展过程

　　企业社会责任的概念是一个很有争议的命题。最早源于英国学者 Oliver（1924）所著的《管理的哲学》，他认为企业不能把最大限度地为股东盈利或赚钱作为自己唯一存在的目的，还必须最大限度地增加除股东之外的所有其他利益相关者的利益。自此以后一些学者就逐渐展开了对企业社会责任问题的相关研究。然而迄今为止，关于企业社会责任的概念和理解在学术界还是颇有争议的问题。Carroll（1999）认为，在 20 世纪 50 年代及以前，关于企业社会责任的研究并不多。而且，直到 20 世纪 60 年代中期，人们常用的仍然是"商人的社会责任"（social responsibility of businessman），而不是企业社会责任。可见，当时人们把企业家当做商人，商人是社会责任的承担者，而并非企业是社会责任的承担者。一些学者认为企业社会责任的讨论真正的起源是 Bowen（1953）出版的 *Social Responsibility of the Businessman* 一书。Bowen（1953）认为，企业在生产经营过程中为人们提供帮助的同时，赚取了利润，也给人们的生活带来了许多影响，所以企业有义务承担一些社会责任，如关心与雇员的关系，需要主动承担一些社会性的事务，很多人认为这是学者们第一次理论性地探讨社会责任问题。随后很多学者表示赞同这种观点，他们认为企业作为一个社会的强势组织，应该维护社会的正义，保障雇员甚至其他弱势群体的权利（Barnard，1958）；应该鼓励企业进行慈善事业，他们认为战略性慈善事业有利于提高企业的社会声誉和美誉度，如果长期坚持会对企业的竞争力有积极的推动作用（Davis，1973）。还有人认为企业承担社会责任有利于提高企业员工的归宿感，减少好的雇员的流失（Goodpaster，1983）。

　　在此之后，学术界对于企业社会责任问题有过比较激烈的争论。Levitt（1958）

认为，企业的责任就是为股东创造利润，他认为利润越高，企业对社会的贡献就越大，如果企业去承担社会责任就会极大地影响企业的发展。随后又有一批学者纷纷加入反对企业承担社会责任的阵营中（Carr，1968），认为企业的最大责任就是经济利益最大化，一旦企业失去了获取利润的能力，企业谈社会责任就是毫无意义的事情（Friedman，1970）。

此外，除了强烈支持和反对企业承担社会责任的观点外，还有一些学者提出了折中的观点。他们认为企业在考虑经济利益和财务目标的同时也应该承担相应的社会责任（Garriga and Mele，2004），应该提倡企业战略性社会责任观，不应该排斥企业为社会提供多方面的效益，但同时也不能忽略企业的长远发展（Porter and Kramer，2006）。

企业的发展过程也是企业社会责任的争辩过程，对企业社会责任之所以存在不同的看法，正是因为其反映了企业所处的各种不同的背景因素对企业提出的期望，包括政治、经济、文化等综合因素共同作用的结果表现（Wren，2005）。从企业对社会的作用来看，尽管不同文化背景的国家存在着较大差异的理解（Doh and Guay，2006；Matten and Moon，2008），然而，大部分学者都认同企业社会责任概念的基础均是起源于传统欧美社会形态和社会伦理思想的（Carroll，2004）。随着各国经贸往来的日益频繁，各国的文化相互融合度逐渐提升，促使发展中国家重新审视经济与企业及社会的关系问题。

Branco 和 Rodrigues（2007）指出，参与讨论企业社会责任问题的人所涉及的行业越来越广泛。不仅有学者也有企业界人士，探讨的角度包括经济学领域、法律领域、管理学角度、产权角度、心理学角度、公司治理角度、道德角度及社会学角度（Godfrey and Hatch，2007）。Prieto-Carron 等（2006）提出企业和社会的关系表现为宏观和微观两个层面：①企业和政府之间的宏观理论；②企业相互之间和企业与利益相关者之间的微观理论。

从企业社会责任在国外发展的时间来看，主要分为：20 世纪 50~70 年代，这个阶段被称为理论基础建立阶段，主要是学者和企业界人士探讨社会责任的性质和履行责任的范畴。80~90 年代被称为企业社会责任实践研究阶段，研究承担社会责任与企业绩效表现的关系，对企业的利益相关者的关系研究等成为这个阶段的热点问题。90 年代至今，体现为各种与社会责任相关的实证研究（Carroll，1999）。

除了上述的按时间发展的阶段来划分外，也有人认为应该分为两个阶段，即20 世纪 50~90 年代与 90 年代至今。前一个阶段主要包括社会责任的内容、劳工保护、生产安全消费者保护、反腐败和商业贿赂等。后一个阶段主要包括环境保护、可持续发展、员工福利、志愿者服务和慈善捐赠行为等（Mohan，2006）。

随着经济的不断发展，企业的类型和性质也逐渐多元化，随之而来的是社会对企业也赋予了一种更高的、更动态的回馈的期望（Garriga and Mele，2004）。

　　Carroll（1999）将企业社会责任所涉猎的主题归纳提炼为企业社会责任金字塔模型，指出企业社会责任包括经济责任、法律责任、伦理责任和自觉责任（后改为慈善责任），由底部的经济责任到顶部的慈善责任。Schwartz 和 Carroll（2003）在后来的研究中继续完善这种结论，在金字塔模型中增加了慈善的要素，把慈善归为经济和伦理的范畴。这样的做法有利于解决经济、法律、伦理和慈善责任之间既有冲突又有重叠的矛盾。在随后的研究中，有学者指出作为全球企业公民，企业还应该考虑到全球利益相关者的关系（Carroll，2004）。

　　Williams（2004）认为企业社会责任是一种可以提高企业经济效益的战略性资源，不再仅仅是一种道德责任，一个成功的企业管理者必须将内外部所有的利益相关者都考虑进来，不仅要关注产品质量、顾客满意度，还要兼顾新产品开发、管理权变更等各个方面。Barnett（2007）运用利益相关者影响力模型解释了不同公司的企业社会责任带来财务回报的差异性。此外，国外有不少学者进行了类似的研究。例如，Wang 和 Qian（2011）基于 1 453 家上市公司 2001~2006 年的数据发现中国企业的慈善捐赠与企业绩效（corporate financial performance，CFP）之间存在正相关的关系。Donker 等（2008）以加拿大上市的公司为研究对象，发现企业社会责任与企业绩效呈正相关。Choi 和 Wang（2009）将韩国的上市公司作为研究样本，结果表明企业社会责任与企业绩效二者不存在显著相关性。Brammer 和 Millington（2008）针对英国企业的研究发现了企业社会责任和企业绩效成非线性关系。可见，国外的企业社会责任理论研究发展到了后期，更多学者热衷于从企业履行社会责任与企业的财务绩效关系的角度进行研究。

二、企业社会责任在国内的研究发展过程

　　相对于国外的企业社会责任研究来讲，我国企业社会责任研究起步较晚，这主要与我国的特殊国情有关，如过去是计划经济时代，所有的企业都是集体的和国有的，所以人们在这方面的意识比较淡薄。根据我国企业社会责任研究的特点和企业社会责任实践，可以把我国企业社会责任研究过程分为三个阶段。

　　第一阶段，2002 年以前。我国法制建设逐步完善，突出的社会责任问题逐渐引起了学术界的关注。袁家方（1990）认为，"当企业在争取自身生存的发展空间和机会的同时，会遇到各种社会需要和社会问题，为了维护国家、社会和人类的根本利益，企业必须承担义务"。刘俊海（1999）认为，"所谓公司的社会责任，是指公司不能仅仅以最大限度地为股东们获取利润作为自己存在的唯一目的，而

应当最大限度地增进股东利益以外的其他所有的社会利益"。卢代富（2002）认为企业社会责任是指企业在积极为股东谋求利润之外，还必须要承担维护和增进社会利益的义务，这种义务是指企业的法律义务和道德义务。可见，这一阶段我国学者的大部分研究，还停留在概念的引入界定上，探讨企业社会责任是什么，企业社会责任的内涵、外延，企业是否应该承担社会责任等。对企业社会责任的认识相对比较粗浅，对企业是否应承担社会责任还存在着较大的争议。常见的观点分为三种：①分忧论，认为企业承担社会责任就是把本应由社会承担的责任承揽过来，帮助社会解决社会问题，包括促进就业、保障弱势群体等为社会分忧的行为；②行善论，认为企业承担社会责任就是企业要主动承担并广泛介入各种社会问题，出钱出力；③摊派论，认为企业承担社会责任就是有义务以多种形式帮助社会组织发展公益事业，包括赞助、摊派、捐赠等行为。

第二阶段，2002~2006 年。理论研究和企业实践得到了进一步发展，社会责任意识觉醒，对社会责任的认同得到了较大的提高。

屈晓华（2003）认为企业社会责任是指企业通过制度体系和行为表现所体现的对相关利益群体履行的各种积极义务和责任，这里的利益群体包括员工、行业伙伴、客户、消费者、供应商、社区，是企业对市场和相关利益者群体的一种良性互动的反应，它既包括法律行政方面的强制义务，也有道德方面的自愿行为，具体包括经济、法律、生态、伦理等方面的责任。

高尚全（2004）指出，企业承担的社会责任应该分为两种类型：第一种是指基础性的责任，要求企业自我完善，实现良性循环，争取为社会创造更多的财富和提供更多就业的机会。第二种责任是指在完成第一种责任的基础上连带其他相关的社会性事务的责任。

梁桂全（2004）认为，企业社会责任是指企业通过对其自身经济行为的道德约束，从而适应经济全球化的发展需要。对于我国企业而言，它不仅是某种宗旨、经营理念乃至管理评估体系的问题，更是应对跨国公司排挤和挑战的竞争方式和手段。

金雪军和王晓荣（2005）认为，到目前为止，许多企业履行社会责任还是出于某种自我保护意识形态下的被动行为。由于来自国际和国内对劳动者保护的呼声日益高涨，消费者已将产品生产是否符合劳工标准作为消费的一项基本前提，形成切实的市场压力，因此，当前的发展中国家的企业进行 SA8000 认证多是迫于外部压力的被动行为。

周祖城（2005）认为，企业社会责任是指企业应该承担的，以利益相关者为对象的，一种包含经济责任、法律责任和道德责任在内的综合责任，而道德责任根据社会对其要求的程度分为两个层次：一是要求企业必须做到的广泛性道德要求，二是希望企业做到的先进性道德要求。同时，在这一阶段，企业社会责任作为一种竞争力被提出，企业社会责任的研究进一步深化。

刘藏岩（2005）认为，那些以可持续发展，坚持以社会发展和人类进步为追求目标的企业，持之以恒地承担着社会责任，这种行为不仅为这些企业创造了更好的生存环境，使它们能长期获得社会公众的肯定与支持，并且使他们获得丰厚的利润回报。

贾存斗和张文魁（2006）认为，企业社会责任包括两个方面的内容：一是尽可能生产高技术高质量的产品，以树立企业良好的声誉；二是注重资源的节约和环境的保护等可持续发展的要素。

殷格非（2006）认为，公众的消费行为会对企业履行社会责任起到很大的推动作用。因此，在全球企业社会责任运动中，鼓励和提倡消费者以监督的方式，来促进那些包含公平贸易、道德贸易、环境保护等内容的生产和经营行为，进而来推动企业社会责任的履行。

可见，这一阶段的中国学者，更多肯定的是企业履行社会责任的必要性和重要性，认为提高企业的社会责任感是实现全球发展和社会稳定的必然要求。同时，更多的企业界人士也意识到了履行企业社会责任的深远意义。

第三阶段，2006 年至今。这一时期的文献表明，许多学者不仅研究整体的企业社会责任，而且涉及单个社会责任研究，尤其是环境责任研究、慈善责任研究和利益相关者研究更受学者们的关注。学者们从节能减排、环境会计、环境立法、环境金融和环境保险等多个视角研究企业、社会、政府等在环境保护中应当承担的责任和所发挥的积极作用。

黎友焕（2007）认为，企业社会责任问题具有历史性和阶段性特征，处于经济发展的不同阶段，社会对企业所赋予责任的含义不同。他把企业社会责任界定为：在某个特定社会发展时期，企业对利益相关者应该履行的经济、法规、伦理、自愿性慈善及其他相关责任。

周建等（2008）对我国上市公司企业绩效进行研究发现，企业绩效与对国家的贡献率呈显著正相关，与对员工的贡献率呈显著负相关，与对投资者和社会公益的贡献率呈负相关，但不显著。

温素彬和方苑（2008）按照资本形态的不同，构建了企业社会责任的利益相关者模型，认为大多数企业社会责任变量对当期财务绩效的影响为负，但从长期角度来看，是对其财务绩效具有正向影响作用的。

钟洪武（2007）的专著《慈善捐赠与企业绩效》，以西方学者的研究成果为起点，构建了一个分析捐赠与绩效关系的范式体系。他提出企业可以通过捐赠满足利益相关者的期望和要求，减少经营中的风险因素，实现企业价值保值，还能直接或间接提升企业经营的财务绩效。

王倩（2014）基于中国和美国 2003~2010 年上市公司的数据，从制度环境角度研究企业社会责任与企业财务绩效的关系。研究发现，不同的制度背景下，企业社会责任对企业财务绩效的影响程度是不同的。企业社会责任与企业财务绩效的关系在发达地区要强于发展中地区。

陈定洋等（2011）表明，当前企业利益与社会利益矛盾的凸显和社会公平公正期望的提升，使企业社会责任问题在我国变得日益紧迫、上下关注。党中央发出了"科学发展"的号召。科学发展这一制度环境，是对中国企业承担社会责任的期待。而中国企业社会责任的实现，则亟待制度化建设的保证，即要求企业产权制度明晰化，企业社会责任法制化，企业社会责任评价体系科学化，企业社会责任信息披露制度化，企业社会责任监督主体多元化。

徐珊和黄健柏（2015）以沪市上市公司为样本，基于利益相关者理论，在综合采用熵权法度量企业社会责任的指标权重与指数法测算企业社会责任的基础上，研究了媒体监督对企业社会责任的影响，并考察了政府干预与行业特征在影响媒体治理效应方面的作用。研究发现：①媒体监督对上市公司的社会责任有显著的正向影响，并且相较于一般性的报道，媒体的负面报道在其中起到的作用更为显著；②考虑到广告、声誉等经济动机，媒体监督对企业社会责任的影响在竞争性行业、环境高敏感性行业及消费者高敏感性行业中表现得更加显著；③在地方政府干预程度较高的地区，媒体在督促企业履行社会责任方面的监督作用会弱于市场化程度高的地区。

汪亚明等（2015）用569家上市公司2009~2011年的数据，实证考察了企业社会责任自我表述与实践实质性的关系。结果显示，当面对较多的来自公众关注和监督的压力时，企业社会责任自我表述就会给企业带来正面的约束力，促使企业的社会责任实践更具有实质性。同时还发现企业可见度和市场化程度在企业社会责任自我表述与实践实质性之间起着显著的正向调节作用。研究首次基于中国企业的数据检验了企业社会责任的意义建构理论模型，同时也为深入了解和规范中国企业的企业社会责任自我表述提供了实证启示。

实证结果显示：避险效应在长期内是显著存在的，且在低竞争行业企业、国有企业和出口企业中更为强烈，短期的误差效应仅存在于高竞争行业企业，不存在于私营企业和出口企业之中。若以所有企业为样本，则企业社会责任表现的避险效应体现为年均5.7%~10.2%的风险溢价；若按产品市场竞争程度分组，该效应在低竞争行业中高达9.66%~13.44%。短期内，企业社会责任表现的预期误差效应可使投资者从高竞争行业的对冲组合中获得年均2.42%~3.12%的超额收益。

陈承等（2015）结合利益相关者、社会资本等理论视角，借鉴前人观点对中小企业社会责任概念和内涵进行了界定和阐释，并构建了一个包括核心利益相关者责任、社会公众责任和管理过程责任的三维度模型。运用探索性因素分析和验证性因素分析方法对该模型进行实证检验，研究结果证实了所开发的中小企业社会责任量表具有良好的可靠性和有效性。

齐岳和林龙（2015）从投资者的角度在投资组合过程中研究企业社会责任。在 Markowitz（均值-方差）理论模型上添加企业社会责任的三个一级指标期望作为目标函数，由此将传统的投资组合模型扩展为五个目标函数的投资组合选择模型，而且根据经济学中经典的效用函数理论证明了此模型的正确性。引入主流的企业社会责任评价标准，并对一些典型公司进行打分量化。研究发现：根据此模型计算出来的部分投资组合回报率显著高于同期的市场指数。研究结果表明，这种关注企业社会责任的多目标投资组合选择模型，不仅让投资者可以直接控制企业社会责任，而且实际数据证明了此模型的优势之处，从而为关注企业社会责任的投资者提供一种投资的方法和思路。

陈占武（2015）介绍了社会责任投资方法，并从制度环境、经济基础等方面分析我国社会投资现状，指出社会责任投资的发展趋势。此外，还提出社会企业在社会责任投资中的作用，有利于引起企业对社会责任的重视。

可见，本阶段国内学者对企业社会责任的研究中，应用性的实证研究的成果明显增多，主要内容包括社会责任与企业价值的关系、SA8000 标准认证调查、企业社会责任衡量体系、公众调查、产业集群治理、跨国企业社会责任研究等。此外，定量化分析企业社会责任现状的研究也逐渐增多，包括企业社会责任与企业绩效的关系研究。我国学术界开始从重视理论研究，忽视社会实际的状况，转向应用性更紧密的研究。

第二节　企业社会责任的研究回顾

关于企业社会责任的问题，学者们已经取得了大量的研究成果，相关的文献也非常的丰富。由于在不同时期不同学者关注的热点不同，研究的方法不同，学科领域也不尽相同。本章第一节中，尽管笔者以时间和过程为线索，对企业社会责任在国际和国内的发展进行了理论基础的简要概括，但是要想了解和掌握企业社会责任的研究现状和存在的不足，还需要对文献进行更进一步的分析。因此，下面笔者按研究方法和学科类别这两条脉络对已有的文献进行回顾和评述。

一、按研究方法进行企业社会责任的研究回顾

按照研究方法来划分，关于企业社会责任的研究主要包括理论研究和实证研究两个大类。早期的大部分研究属于理论研究的范畴，内容包括企业社会责任的概念界定、企业社会责任的评价方法等（Preston and O'Bannon，1997）。实证方面的研究主要包括：Weber（2008）通过案例分析的方法对企业社会责任评价体系进行研究；Pava 和 Krausz（1996）的研究考察了不同的企业社会责任和业绩的关系，试图得出具有规律性的、普世性的结论。然而研究结果表明，二者之间存在着正相关、负相关及不相关的结论。也就是说，不同的条件下国外学者们针对不同的研究对象，所得出来的企业社会责任和企业的绩效的关系并没有完全统一的结论。

我国的现象又是如何呢？国外学者对我国的企业社会责任和企业绩效关系的研究情况。Pegg（2012）研究发现，中石油的海外项目中企业社会责任表现非常优秀，但很难得出我国企业在境外很好地履行社会责任的结论。原因是有人质疑其履行企业社会责任的动机是出于经济利益的考虑。Zeng 等（2011）对污染程度不同的中小规模企业进行研究，结果发现环境管理驱动力和企业经济绩效之间的关系有很大的差异。同时，环境绩效和经济绩效呈正相关，环境绩效和财务指标成中度相关，与非财务指标的相关性不显著。

我国学者对企业社会责任的研究成果主要集中在企业社会责任的信息披露和评价体系的探讨。李正和向锐（2007）首先将我国企业社会责任信息披露界定为六大类共 17 小类，其次通过对计量方法的文献回顾，指出指数法是评价我国企业社会责任信息披露的最佳方法，最后通过对上市公司年度报告的指数评分指出我国企业社会责任信息披露的现状。李立清（2006）以湖南省上规模的公司为例，对企业社会责任评价体系进行了设计，分别以 13 个子因素为一级指标，38 个次级因素为二级指标，结论表明小规模的企业履行社会责任的程度不如大型企业。李伟阳等（2011）提出了一种新的企业社会责任评价方法。赵杨和孔祥纬（2010）构建了包含 106 个指标的企业社会责任评价体系。与李立清（2006）的指标体系相比，考察的指标数量更多，但有些指标缺乏可衡量性，并且没有给出每项指标的权重比例，因此，借鉴起来欠缺可操作性。

刘淑华等（2011）探讨了国有企业企业社会责任评价方法，从社会责任内涵出发，提出国有企业社会责任评价体系需要包含七方面的责任：员工、股东、供

应商、消费者、社区、政府和环境等，并且给出每个方面责任的计量方法。但不足的是并未对无法定量化的项目进行定性计量的转化，也没有对指标权重赋值。沈占波和杜鹏（2009）借鉴层次分析法（analytical hierarchy process，AHP）对企业社会责任评价指标进行研究，通过企业社会责任"七因素"的基础上，将企业社会责任分为三个层次，利用层次分析法给各个指标赋予权重。这种方法的优点是根据不同重要程度赋予不同的权重，而且给出计算方法，以矩阵的方式进行演示，是一个企业社会责任量化研究思路的重要突破。

由此可见，从国际研究到国内研究，按研究方法可以分为理论研究和实证研究。国外的实证研究主要集中于企业社会责任与企业绩效的关系探讨，但针对不同的研究环境和研究对象，学者们所得出的结论包括正相关、负相关和不相关等。我国学者的研究主要集中在企业社会责任评价方法和评价体系构建方面。

二、按学科类别进行企业社会责任的研究回顾

近年来，我国学者对企业社会责任的研究取得了重大进展，依据学科领域的不同概括整理如下。

（1）管理学方面，尹开国等（2011）对国内外企业社会责任的研究现状、研究贡献和研究趋势进行了归纳和梳理；齐丽云和魏婷婷（2013）围绕"企业社会责任绩效评价"这一核心问题，采用结构方程模型（structural equation model，SEM）方法来构建企业社会责任绩效评价模型，并对选取的39家交通运输行业的上市公司进行评价和排序，同时该研究提出了基于结构方程模型的企业社会责任评价模型具有动态调整的结构特征，对企业社会责任评价理论的发展起到了积极的推动作用。王璇和辛春林（2013）也通过结构方程模型研究企业社会责任评价指标体系，并对石化企业进行实证检验。而买生等（2012）则首次把科学发展观引入企业社会责任评价体系，构建了包含科学发展表征指标的企业社会责任评价模型，研究结果表明，引入科学发展观的企业社会责任评价体系，能更好地促进企业社会责任的发展水平。宋建波和盛春艳（2009）以利益相关者对企业承担社会责任的期望为视角，运用指数法和层次分析法建立了我国制造业上市公司的企业社会责任评价体系，研究结果表明这种评价方法的推出有助于企业进行利益相关者管理。雷振华（2013）首次从企业属性的角度，采用不同层次指标构建企业社会责任评价指标体系，并利用层次分析法和多层模糊评价模型构建了企业社会责任评价指数。张坤和章辉美（2013）提出了熵权基点理论的企业社会责任评价指标体

系方法。陈宏辉和贾生华（2004）提出企业社会责任利益相关者的三维分类方法。李庆华和胡建政（2011）对企业社会责任与企业竞争优势的关系进行了研究，结果表明，企业社会责任总体指标与企业竞争优势具有显著正相关，对于分项指标则不显著，而子样本之间则均存在差异。

（2）市场营销学方面，刘凤军等（2012）以612个汽车消费者为样本，对企业社会责任与品牌影响力的关系进行研究，结果显示，企业社会责任承诺、企业社会责任水平及企业社会责任时间选择可以显著提高品牌影响力，而企业社会责任关联度对品牌影响力的作用呈负相关。田虹和袁海霞（2013）研究了企业社会责任匹配性对消费者品牌态度的影响，提出了选择适合企业的社会事业履行社会责任有利于企业品牌的维护和知名度的提升。田敏等（2014）研究了不同方式的企业社会责任行为对消费者品牌评价的影响关系。田志龙等（2011）通过对六个行业1 022名消费者进行研究发现，正面的企业社会责任行为会提升消费者的购买意向，不同消费者群体对不同产品类别的企业社会责任信息的反应存在差异。马龙龙（2011）以MBA（master of business administration，即工商管理硕士）研究生为样本研究我国的消费者与企业社会责任的关系。研究结果表明，企业社会责任水平影响着我国消费者的购买决策，而消费者的购买决策对企业社会责任行为的响应是有条件的，受到消费者类型的影响。消费者响应企业社会责任行为的动机来自利益驱使和价值认同。谢佩洪和周祖城（2009）探讨了企业社会责任对消费者购买意向产生影响的具体原因。研究结果表明，企业社会责任行为对消费者购买意向产生直接的正向影响，还通过企业的声誉和消费者对企业的认同感对消费者购买意向产生间接的正向影响，而且间接作用的强度要远大于直接作用。

（3）会计学方面，冯巧根（2009）探讨了企业社会责任与企业价值的关系，企业社会责任和社会责任投资的关系，从企业社会责任伦理观察的角度提出了重构管理会计框架的理论模型。研究指出，将基于伦理的企业社会责任嵌入管理会计的框架结构中，有助于提高管理会计的控制功能，从而提升企业的长期经济效益。万寿义和刘正阳（2013）研究发现，公司价值与承担不同维度企业社会责任成本其表现的相关性和显著性存在差异。王清刚（2012）研究了企业社会责任管理中的风险控制问题，并以风险为导向构建了企业社会责任管理框架，采用案例研究法对BJNY集团的环境、健康和安全进行研究，从而论证了其所构建的企业社会责任管理框架有利于企业的风险控制。沈弋等（2014）探讨了在大数据环境下，企业社会责任信息披露问题。

（4）财务金融学方面，付强和刘益（2013）研究了技术创新型企业的企业社会责任对绩效的影响，研究结果发现，技术创新型企业的企业社会责任表现会促进企业社会绩效，企业社会绩效会促进企业财务绩效；同时，媒体曝光度会正向调节企业社会责任对社会绩效影响机制。王琦和吴冲（2013）研究发现企业在其生命周期的不同阶段，其承担社会责任所产生财务效应具有动态性。张兆国等（2013）以 2007~2011 年沪深 A 股上市公司为研究样本，实证分析了企业社会责任与企业绩效之间的关系，结果发现，滞后一期的企业社会责任对当期企业绩效显著正相关，当期的企业绩效对当期企业社会责任有显著正影响。尹开国等（2014）基于内生性的角度分析企业社会责任与企业绩效的关系问题。孙伟和周瑶（2012）研究发现企业社会责任信息披露程度与股价波动率幅度存在显著负相关性，因此投资者可以利用披露的社会责任信息来降低自身与企业内部人的信息不对称，从而进行有效投资决策。温素彬和方苑（2008）以 46 家上市公司 2003~2007 年的数据为依据，运用面板数据模型从利益相关者角度研究发现，企业履行企业社会责任程度与企业价值的关系是，短期时间内呈负相关，长期则呈正相关。张旭等（2010）以 59 家医药公司 2003~2007 年的数据为依据，通过实证研究发现，企业承担社会责任的程度与企业竞争力呈正相关关系。王晓巍和陈慧（2011）研究发现，企业承担的对不同利益相关者的社会责任与企业价值存在正相关关系，企业对不同利益相关者的社会责任对企业价值的影响程度不同。杨自业和尹开国（2009）研究发现中国上市公司的社会绩效与财务绩效呈显著正相关，企业社会绩效的各个子维度的水平与企业财务水平的相关性存在差异。段云和李菲（2014）研究发现，A 股上市公司对政府和员工的社会责任表现会影响 QFII（qualified foreign institutional investors，即合格境外投资者）选股偏好。

综合以上分析发现，越来越多学科领域的学者加入企业社会责任问题的研究当中。从研究主题和内容上看，已有研究大多讨论企业社会责任评价体系的构建方法，有的在构建体系之后对企业的企业社会责任进行排序，大部分都是从不同的视角探讨企业社会责任评价体系。这些评价体系的提出有利于促进企业的社会责任意识，对于企业社会责任的实证研究奠定了理论基础。从所属的学科领域来看，对企业社会责任的评价体系研究主要集中在管理学领域。

此外，许多营销学学者也十分关注企业社会责任的问题研究，他们主要集中在企业履行社会责任与消费者的购买意向是否有相关性，以及是如何关联的，内在的关联因素是什么。同时，企业履行社会责任程度是如何影响企业的声誉，企业社会责任情况与企业品牌的维护和提升之间又是如何相关联的。

另外，一个对企业社会责任研究的热点主要集中在企业社会责任与企业绩效的关系研究。通过上述的研究，许多学者从不同视角研究二者的关系，如不同的企业类型、企业生命周期的不同阶段、企业社会绩效的不同维度，这种类型的研究主要集中在财务金融学的学科领域。这些研究促进了企业社会责任从定性研究转向定量研究的发展，也进一步充实了财务金融学科的研究内容。还有一部分从会计学领域进行的研究，大多数是通过结合案例研究来探讨企业社会责任对企业管理的意义等。目前国内还很少有学者从投资者角度研究企业社会责任（段云和李菲，2014）。

这些研究丰富了我国企业社会责任研究的内容，促进了社会对企业社会责任的关注。然而，随着我国资本市场的迅速发展，资本总量的快速增长，一些投资者包括个人投资者和机构投资者逐渐意识到，企业社会责任对可持续投资的重要性。因此，他们迫切希望借助某种方法或理论模型，实现这种可持续投资的愿望。换言之，就是投资组合过程中考虑企业社会责任因素，而前提是在实现投资回报率和降低风险因素的基础之上。然而，这种研究在我国目前现存的文献中很少被涉及，投资者所关注的这种可持续投资问题，正是社会责任投资的研究领域。

第三节　社会责任投资的相关研究回顾

对企业社会责任的研究和探索为社会责任投资理念发展起到积极的推动和促进作用。根据传统的社会责任观，企业存在和企业经营的目的是实现股东利益最大化。然而实践证明，要想获得更好的生存和发展，现代的企业不仅仅需要考虑股东利益，还应该考虑利益相关者的问题。为了鼓励企业在关注经济利益的同时兼顾社会利益，社会责任投资作为一种符合时代发展的新型的以可持续发展为动机的投资理念得到了产业界和学术界的高度关注。

从实践角度来看，社会责任投资主要表现为社会责任投资基金。1971 年全球第一只社会责任投资基金——帕斯全球基金（Pax World Fund）的成立，预示社会责任投资进入了新的阶段。继美国的帕斯全球基金成立之后，1984 年英国成立了友人准备基金，1990 年由 KLD（Kinder Lydenberg Domini & Co. Inc.）研究和分析公司创立的多米尼 400 社会指数（Domini social index，DSI）。1999 年美国出现了道琼斯可持续发展指数，同年日本成立了日兴生态基金。

据统计数据表明，美国社会投资共同基金已由 1995 年的 55 只发展到 2010 年的 250 只，资产规模由 120 亿美元增加到 3 161 亿美元；此外，社会责任投资的资产规模也有了大幅提升，已由 1995 年的 6 390 亿美元增加到 2010 年的 3.07 万亿美元；社会责任投资指数（SRI indexes）回报率也高于同期非社会责任投资指数，如富时可持续投资指数（FTSE KLD 400）从 1990 年成立至 2009 年 12 月 31 日，其收益率为 9.51%，而同期的标普指数（S&P 500）回报率仅为 8.66%[①]。

---

① 美国社会投资论坛：http://ussif.org/resources/sriguide/srifacts.cfm。

　　从理论研究来看，可查阅的文献表明，国外的研究也早于中国。而且实践走在理论之前，与之相关的文献，如社会责任基金的讨论，也是近几年才呈现较大增幅。

　　Mill（2006）认为企业社会责任和社会责任投资是相辅相成的关系。尽管二者均强调企业获取利润是在充分考虑社会因素和环境因素的基础上的行为，同时也指出企业社会责任与社会责任投资的区别之处在于二者考虑问题的角度和立场存在差异。企业社会责任是从企业的角度来考虑问题，而社会责任投资是以投资者的角度为出发点。中国学者朱忠明等（2010）认为"将投资获利与环境和社会问题相融合，是一种科学的可持续发展的新型投资模式"。杨大梅和肖玉超（2008）在介绍国外社会责任投资最新现状的基础上，阐述了国外非政府组织（Non Governmental Organizations，NGO）通过社会责任投资影响企业社会责任实施的五种战略及其对我国的启示。王俊（2008）从欧美关于企业社会责任与财务绩效的研究文献得出的结论是，二者之间有比较强的正相关性，但受计量时期的影响，得出的结论相关程度可能有所不同，存在负的结论；日本社会责任投资基金市场也得出类似结论，但受样本数量与产业类别限制，结论可能不够全面。

　　由于国际合作往来日趋频繁，西方社会的社会责任投资的理念也对我国企业经营理念和投资决策理论产生很大的影响和冲击。同时，由于企业社会责任披露的透明度的不断增加，更多的人关注到原先仅仅停留在口头上的企业社会责任问题。投资者希望基金公司和机构投资者在选股的时候应该选择有社会责任感的企业和行业机构，排斥那些曾经被曝出社会责任丑闻的企业。对于社会责任投资的研究可以追溯到 20 世纪 70 年代，Fogler 等（1975）就利用环境指标和市盈率（PE），以及共同基金对股价和社会责任投资进行探索。当公司投入大量的资金进行环境的改善时，公司的利润就会受到影响，从而影响到企业估值，根据资本市场有效理论假设，那些社会责任投资者就会抛弃不良社会责任感的企业股票，但是更多的投资者是以利润为导向的，这些人就会接手那些股票，从而导致了股价的高低是由于二者博弈的结果产生的，研究结果表明市盈率高的企业社会责任得分排名普遍较低。

　　Brammer 等（2006）从社区关系、员工关系、环境治理等几个角度入手，根据有效市场假设，在风险和公司其他要素不变的情况下，得出了社会责任投资和非社会责任投资的收益率一致的结论。而且，他们认为前人的研究大部分都以责任型基金为数据样本进行研究，那样很难识别绩效的好坏是由于什么造成的，究竟是公司的表现还是基金经理的管理水平令人疑惑。Guenster 等（2011）通过假设其他因素都一致的情况下，改变不同的环境投入条件，研究结果表明，企业的市场价值和公司的环境投资呈现正相关的关系。

　　由此可见，关于社会责任投资的探讨学术界也是纷争不断，对于社会责任投资与股市回报，社会责任投资与投资者收益的影响并没达成一致的结论。当西方学者对社会责任投资的研究大量涌现，许多结论还处于高度的争议阶段的同时，我国学者也逐渐开始关注社会责任投资的问题，尤其是在"2007 年 12 月深圳证券信息公司与泰达股份联合推出了国内资本市场第一只社会责任型投资指数——泰达环保指数，2008 年我国的首只社会责任基金——兴业社会责任基金的诞生"这两个事件之后。

国内可查到的文献表明社会责任投资研究较少，笔者以"社会责任投资"为关键词和题目在核心期刊检索，结果总计有 31 篇，其中 2008 年至今的有 23 篇，CSSCI（Chinese Social Sciences Citation Index，即中文社会科学引文索引）的有 14 篇[①]。与此同时，笔者还发现，国内学者研究更多的是对社会责任投资的概念和研究对象的探讨，刘波和郭文娜（2009）指出，"为准确界定社会责任投资，通过考察世界上许多有影响力的社会责任投资服务机构，对比分析这些机构对社会责任投资的定义，从中得到社会责任投资具有四个共同特征，即社会责任投资要获得金钱回报、社会责任投资还要获得非财务回报、社会责任投资追求可持续发展、社会责任投资是一种金融投资。这四个特征将社会责任投资与其他投资区别开来，共同构成了社会责任投资的内涵：社会责任投资是通过投资获取金钱回报，同时满足投资者的道德要求，实现环境、社会或公司治理的改善，进而推动可持续发展的金融投资方式"。于东智和邓雄（2009）认为，目前对社会责任投资比较权威的定义是美国社会责任投资论坛（Social Investment Forum，SIF）的定义：社会责任投资是这样一种投资过程，即以消极（如将不符合道德或伦理标准的烟草、军火、赌博等行业剔除在投资组合外）和积极（即遵循社会、环境、可持续发展及企业社会责任等标准发展起来的一系列标准来筛选投资对象）的投资筛选方法，在严格的金融分析框架内，综合考虑投资的社会效应和环境效应。

胡伟和许家林（2009）认为，社会公众对企业履行社会责任的关注，催生了社会责任指数的推出；通过对社会责任指数的投资价值比较分析，指出在我国推行社会责任指数有利于提高投资价值；进而，得出的结论是鼓励和推动基金公司开展社会责任指数的相关投资产品，而且这将是我国未来资本市场发展的方向。刘凤元（2010）以高能耗和高污染排放的上市公司为研究对象，以生态效应作为企业无形资产纳入研究，探讨绿色投资人的假设在我国是否成立。其研究结果表明，企业生态效益环境绩效并没有显著影响其股票溢价，因此绿色投资人的假设在我国并不成立，而且投资者对企业评价的焦点主要还是集中在财务数据的表现上。刘丽珍（2011）借助政策网络分析方法，通过分析社会责任投

---

① http://epub.cnki.net/kns/brief/result.aspx?dbprefix=CJFQ。

资的利益相关者在社会网络中的作用，构建支持社会责任投资发展的网络化公共政策，有助于形成一个完整而有效的治理机制，促进我国社会责任投资的健康发展。

谈多娇和张兆国（2011）应用经济学理论进行研究，指出如果将社会责任投资机会作为"产品"，根据经济学的供求关系理论，其研究结果表明"产品"较少，出现供不应求的情况时，社会责任投资有利于提高企业的市场价值。孙硕和张新杨（2011）探讨了社会责任投资与公司价值的关系，构建了社会责任投资对公司价值提升的模型；而且研究认为，企业的绩效管理水平、员工的劳动生产率水平、行业属性和发展阶段等因素是决定企业社会责任投资的重要因素。朱忠明等（2010）提出"社会责任投资可通过投资组合筛选、股东倡导、社区投资等三种方式实现"，在我国推广社会责任投资有利于改变投资者的投资理念、改善投资环境、引导企业积极主动地承担企业社会责任。同时指出，要想进一步完善我国资本市场机制，除了政府部门应该在立法上进一步加强，而且作为非政府组织和普通民众也需要进一步加强社会责任投资意识，同时也应该大力推广社会责任基金，使之得到更多的投资者的关注和青睐。王昶和陈昕（2012）以美国为例，首先概括介绍了社会责任投资在美国发展的历程和原因、投资者的动机、投资的方式、投资的业绩，然后从中总结了对我国的启示，以期为社会责任投资在中国的健康发展提供可借鉴的经验。伍旭中（2012）基于政府、社会与企业社会责任的博弈分析，探析企业社会责任实现机制的政府治理策略和措施、中间组织建设和社会责任投资意识培养及企业自身履行社会责任行为。田虹和王汉瑛（2016）采用批判性学习视角，在回顾西方社会责任投资的起源、投资主体和筛选策略的基础上，对存在研究冲突的核心领域和延展领域进行了梳理和分析，最后结合中国情境从回避和内化冲突的角度构建了社会责任投资多维模型。

也有少数学者就社会责任投资的实践应用做了相关的研究分析。马虹和李杰（2015）基于企业社会责任表现对公司股票收益率可能存在避险效应和预期误差效应的两种假设，同时考虑这两种效应在产品市场竞争程度不同的企业间存在非对称性，使用2009~2013年百余家A股上市企业的股票收益率数据检验社会责任投资组合的超额收益。郑若娟和胡璐（2014）首先分析和比较社会责任投资的社会筛选、股东主张和社区投资三种策略；在此基础上应用案例分析法探讨我国社会责任投资策略及其社会绩效；其次选取兴全基金等四家社会责任投资基金作为实证研究的样本，对社会责任投资基金的财务绩效收益与各自比较基准和市场基准的收益加以比较。研究表明，社会责任投资在我国仍处于起步阶段，对资本市场和企业均产生一定社会影响，但主要是理念，实际社会绩效仍不显著。社会责任基金的收益均不低于比较基准和市场平均水平，且有较好的抗风险能力。乔海曙和龙靓（2009）通过社会责任投资资产组合层面的绩效实证研究表明：筛选标准、期限、参照基准、资产的区域配置，以及基金的成本和费率对社会责任投资基金的绩效都存在一定的影响。总体上，并无显著的统计结果证明社会责任投资与传统投资存在明显的差别。此外，公司层面社会责任投资活动与公司的财务绩效之间存在正向相关关系，尤其是公司治理层面。唐鹏程和杨树旺（2016）选取模糊定性比较分析从企业社会责任价值的非对称性及维度间的互补性入手，探究不同地理位置与产权性质下的企业社会责任投资模式。研究发现，企业采取组合且集中的模式更容易提升企业价值；对于一般企业应以投资者及供应商和客户关系为基础，辅以雇员关系管理或环境保护，而社区回馈则并不重要；在纳入地理位置与产权性质作为情境因素后，投资者关系管理的优先性被进一步凸显。中心地区的国有企业相较于偏远地区则享受到了制度环境优化释放的红利，其投资模式更应该强化投资者的地位。民营企业在中心地区可以采取前瞻性的环境保护策略，偏远地区则应该突出社区回馈的作用。周海炜等（2015）界定了社会责任投资在海外水电工程中的具体内涵和投资范围，并以海外水电合作开发的利益相关者分析为基础，从投资主体选择机制、资本引入机制、投资内容选择机制和利益分配机制四个方面阐述了我国海外水电工程合作开发的社会责任投资机制的具体内涵，为我国海外水电工程的社会责任投资指明方向。曹玉红等（2015）从社会责任投资角度出发，建立一个基于可持续性平衡计分卡（balanced score card，BSC）的决策实验室-网络分析法（decision-making trial and evaluation laboratory-analytic network process，DEMATEL-ANP）多准则决策模型，并提出了基于该模型的投资者选择社会责任投资的思路及决策流程。以上海某通讯公司选择社会责任投资为例，对 BSC-DEMATEL-ANP 模型进行了应用，证明了该模型的可行性和实用性。张蕙（2009）对社会责任投资的财务绩效，以及社会责任投资能否影响企业行为使其以更负责任的方式运营这两个关键问题进行了梳理与分析，研究发现，两个关键问题都尚无定论，许多重要的社会责任投资问题还有待未来研究去解决。

相对于发达国家，我国社会责任投资的实践和理论还处于起步阶段。作为我国内地首只社会责任投资产品，2008 年兴全基金的出现，上证社会责任指数、深证社会责任指数的发布，以及 2012 年央视财经频道联合北京大学、南开大学等五大高校共同评价遴选的以"成长、创新、回报、公司治理、社会责任"五个维度为基础的央视财经 50 指数的发布，都表明我国对社会责任投资进入了新的探索阶段，然而对于基金公司或机构投资者来讲，如何实现社会责任投资与财务绩效高度契合，这就涉及多目标投资组合的问题。

第四节　多目标投资组合的研究回顾

一、多目标投资组合在国外的相关研究

自现代投资组合理论诞生后，关于投资组合的许多经典理论也相继涌现，依据本书所搜集的文献资料，国内学者在这方面的研究较少，因此在做文献评述时将主要针对国外学者的研究成果进行探讨。由于投资者所面临的未来投资是具有不确定性的，现代投资组合理论的核心理念就是通过多元化的投资方式来分散一部分"非系统性"风险，即"不把鸡蛋放在一个篮子里"。

Markowitz（1952）的传统投资组合理论是建立在降低风险，增大回报率这两个目标的基础上的。也正因为该理论的提出，解决了投资组合研究的定量分析的理论基础问题。由于投资是针对未来的收益的一种预期，所以存在着诸多的不确定性因素，因此该模型是在不确定性的假设前提下，投资者在做出对未来预期的决策时，将在"有效边界"上进行投资组合的寻找和选择，即在某个特定的预期回报率下寻找方差最小的点，又或者在某个特定的方差条件下寻找预期回报率最大的点。可见，投资者在做出投资决策时要平衡多方面的因素，不仅需要考虑预期回报率的问题，还要考虑由此带来的投资风险问题。

在 Markowitz（均值-方差）理论模型基础之上，许多学者对投资组合的问题也进行了大量的研究和论证。这些研究极大地促进了投资组合相关理论的发展，包括资本资产定价模型，证券市场的单因素模型、套利定价理论等，这些理论的发展构成了现代金融研究的核心体系。

然而，现实社会中投资者的投资需求千差万别，投资取向也不尽相同。除了追求回报率和考虑风险因素外，可能还包括其他所关心的要素，如股息率、交易流动性、研发费用、股票换手率、企业社会责任等因素。这些因素的存在使原先的传统投资组合模型不足以解决现实的投资问题，包括 Markowitz（1991）自己也对以两个维度考虑投资目标问题产生怀疑。这些额外的考虑可能来自投资者自身的需要，或者是资产定价模型中影响预期回报率的因素，如 Fama 和 French（1992）探讨了账簿价值和市场价值的比率、Harvey 和 Siddiqe（2000）探讨的

证券回报率的偏度问题、Chan 等（2001）讨论的公司研发费用等问题。因此本书正是在这样的现实基础上，在传统投资组合基础上加以研究，运用多目标规划的方法，针对只添加企业社会责任的因素来对 Markowitz（均值-方差）理论模型加以扩展。

为了考察有社会责任感的投资的市场反应，Stone 等（2001）构建了一个证券回报率的预测模型，通过资产定价模型的 β、市场价值、证券的增长、股票的股息率计算证券的回报率，通过对有社会责任的投资筛选，从而产生第二组筛选过的证券回报率。比较这两组证券的回报率结果发现，有社会责任感的投资不会对投资组合的回报率产生显著的影响。Guerard 和 Mark（2003）通过证券分析师的估计和重新评估等方法来计算证券的预期回报率，同时把公司研发费用设定为一个约束条件，比较有无研发费用作为约束条件的投资组合后，发现研发费用不会导致投资组合预期回报率下降。

Anagnostopoulos 和 Mamanis（2010）把投资者选择的证券数目设定为目标函数，研究表明适当的证券数量有利于投资组合绩效的提升，如果数量过多，虽然可以大量分散投资组合风险，但同时也增加了投资者的成本，因此不利于整体投资组合的绩效表现。Xidonas 等（2011）认为，绝大部分学者的研究对投资组合选择模型的求解得出的都是有效解集，在此基础上投资者可以根据自己的偏好在该有效解的集合中做出选择，但在这种决策模型中并没有体现出投资者的喜好，因此，他提出，可以根据投资者对投资组合偏好排序，并且将其加入投资决策中。

Merton（1972）将有效投资组合边界明确地推导出来，并且清楚地表达了其性质。这些性质中，最重要的是阐明了分离定理，并且证实了其在共同基金定理中的应用。Steuer 等（2005b）首先比较了当前的投资组合选择理论，即将标准投资者理论与发展中的非标准投资者理论作比较，并且讨论了附加参数，如分红、流动性、社会责任、卖空等；其次用投资组合选择模型，对非标准投资者承担的多目标随机规划问题、包括均值和方差确定性等价公式进行了探索；再次讨论了非劣解集的曲面问题，计算和分析多准则优化的工具和技术；最后又列出了一系列可用的用来扩展多准则投资组合选择模型的材料。Steuer 等（2005a）研究了可以用来计算（均值-方差）投资组合选择问题的非劣解集，介绍了一种能大规模计算（均值-方差）非劣解集的高速承载力，展示了如何将附加变量，如分红、流动性、社会责任、销售增长等添加到多目标投资组合选择模型中去，讨论了包含附加变量的投资组合优化问题的必要的解决方法的类型。Steuer 等（2005b）拓展了多准则投资组合选择模型，通过检验非劣解集对各种变量的敏感性证实了其实用性，并且观测了非劣解集平面到非劣解集曲面的转换，此外，多准则提供了例证，阐明为什么总是低于非劣解集的市场投资组合能成为期望的那个多目标结果。Hirschberger 等（2007）、Qi 等（2009a）发现了第三种可以解决 Markowitz 问题的方法，这个方法利用了可以计算 Markowitz 有效边界凸出的部分的算法的结果，然后在有效边界凸出的部分用多种方法，包括均匀分布描点。这个方法的优点是使虚线表示的速度可以被制造和修正，特别是在大型应用程序上面。Hirschberger 等（2010）提出了用参数二次规划的方法作为在大型应用程序上更有效的替代的建议，同时用 1 000~3 000 家证券公司的密集协方差矩阵的有效边界的计算结果表明，这个方法不仅是可以解决问题的，也是可以在合理期限内计算的。Qi 等（2010）首先回顾了投资组合优化理论的两个分支，呈现了基于我国详尽的抽样数据，大规模计算投资组合选择模型的结果，一些快速的结果支持删除简化，并发现一些简化技术、简化模型和原始模型的结果非常相似，而对于其他技术，这些结果是非常独特的。此外，投资组合优化的性能不同，从非常快到慢得让人难以忍受，所以它是非常挑剔的。Qi 等（2013b）研究了企业社会责任在中国的多维投资，利用大量的股票数据并从企业社会责任机构中评估它们在企业社会责任上的表现，通过对传统的投资组合选择模型的多目标扩展，制定了中国的企业社会责任并分析性地解决了扩展，并且用除样本以外的任意选择的非劣解集投资组合证明了优于 1/n 投资组合（等权重）的非劣解集投资组合。Hirschberger 等（2013）呈现了一种可以用来计算三准则非劣解集的方法，这三个准则中除了其中一个是最小化凸二次函数外，其他都是线性的；并且设计了一个可以精确地用图表表示的多参数算法，这个算法是基于由曲面构成的表面的 quad-lin-lin 程序的结果的非劣解集。通过这种方法，三目标非劣解曲面的图像可以被呈现出来，这样就可以在传统的投资组合选择模型中从所有方案中选择最优的结果；通过社会责任投资者的例子，证明了笔者的算法是优于标准的投资组合多准则决策投资者的。Qi 等（2017）基于 Merton 对有效边界的创造性的分析，提供了一种有附加线性参数的有效曲面的分析拓展。三个共同基金理论是传统投资组合选择理论的两个共同基金理论的高级维度。并绘出了 3D 图来描绘当前的三目标投资组合选择模型。Qi 等（2013a）介绍了中国股票存在大量的先前售股的独特性，股份的发行从根本上改变了市场的平衡，导致股票的供应相对于股票的需求占绝对主导地位。通过分析中国工商银行，发现了这种占据主导地位的状况可以用供需定理解释工商银行的股票为什么下跌，而不能用基本面分析。Steuer 和 Na（2003）提供了一种用多目标决策来解决金融问题的参考文献分类方法。一共整理了 265 条参考文献，并且根据程序规划的方法论、多目标决策、营运资本管理、投资组合分析等理论将其分类。参考文献回顾了多目标决策与金融结合的应用，展示了全世界在这方面做出的贡献，使迄今为止零碎的文献完整化，方便学者研究，并且强调了在解决金融问题上的应用本质。

国外关于多目标投资组合管理的研究取得了重大的发展，文献也非常丰富，笔者将它整理归纳后，大致分为如下七大类别：①探讨总体的多目标投资组合选择模型；②探讨确定投资者的各种目标，并计算投资组合权重；③探讨多目标投资组合的排序问题；④研究证券收益率的偏度问题；⑤研究不同风险的计量问题；⑥研究多目标投资组合的决策问题；⑦多目标决策在其他方面的应用。在第一类中，Spronk 和 Hallerbach（1997）、Hallerbach 和 Spronk（2002）的研究发现将多目标模型引入金融模型中具有许多益处。第二类中，通过引入整数变量，Chang 等（2000）对投资组合的样本种类进行控制，并通过借鉴多种数学方法进行模型求解。Ehrgott 等（2004）探讨了一个五目标（股息、标准差、一年期投资表现、三年期投资表现和标准普尔 500 排名）的投资组合选择模型。第三类中，Yu（1997）、Belton 和 Stewart（2002）采用多目标排序法，并分析了多目标投资组合管理中的编排的序列问题。第四类中，Stone（1973）探讨了偏度问题，Konno 等（1993）把偏度引入投资组合选择进行定量研究。第五类中，Zeleny（1977）、Konno 和 Yamazaki（1991）探讨了用绝对差来衡量风险，并在投资组合中用线性函数替代二次性函数。第六类中，Ballestero 和 Romero（1996）、Mansini 等（2003）通过借鉴数学规划的方法探讨了构建多目标投资组合管理的决策系统的途径。第七类中，Zopounidis 等（2015）讨论了多目标决策在金融决策不同领域的广泛应用，确定已有的和新兴的研究课题及未来的机遇和挑战。Ashton 和 Atkins（1979）以案例的形式研究了一些问题，并讨论了可能解决的方法。Barbarosoglu 和 Pinhas（1995）提供了一种应用于资本分配决策问题的层次分析法，用层次分析法来表达所有可量化和不可计量的因素作为一个模型。Booth 和 Bessler（1989）发展了两个目标规划模型（预测模型和久期模型）来协助银行建立最优策略管理利率风险。Bernardo 和 Lanser（1977）制定了图表来表示资本投资问题的理论框架。Gleason 和 Lilly（2007）用一个目标规划模型来解决保险公司决策中涉及的多个、经常相互矛盾的目标，并给出了一个例子。Goedhart 和 Spronk（1995）指出，当解决财务规划问题与多个目标的多目标规划时，分级目标的存在会导致技术上的困难。因此提出一个简单的互动方法来解决线性分式规划与多个变量的问题。

二、多目标投资组合在中国研究的文献评述

为了探讨我国学者对多目标投资组合选择的研究现状，本书通过梳理相关的文献，笔者发现[1]，输入"多目标投资组合"搜索所有期刊的结果，截至 2015 年为 12 条记录，其中核心期刊的为 6 条记录，如果检索 2008 年以后的，那么所有

---

[1] http://epub.cnki.net/kns/brief/result.aspx?dbprefix=CJFQ。

期刊搜索的结果为 8 条记录，核心期刊则为 3 条记录，可见我国在这方面的研究甚少，而且在这些对多目标投资组合研究文献中，大多数是对模型的构建和模型的求解。周洪涛等（2005）将风险、收益及偏度模糊化作为目标函数，通过遗传算法对多目标投资组合选择模型进行求解；严应超和张传新（2008）通过在 Markowitz（均值-方差）理论模型的基础上，提出了一个多目标的投资组合优化模型，并以目前我国证券市场上两种基本的金融资产即股票和债券为例，进行了具体的实证分析，得出了多目标投资组合模型要优于单一目标投资组合模型的结论；陈国华和廖小莲（2010）将投资组合预期收益极大化与投资组合绝对偏差和风险极小化作为目标，建立了一种多目标证券组合投资模型。由于多目标规划问题绝对最优解通常是不存在，他们采用理想点法求解，给出了数值算例，验证了模型的可行性；张丹丹（2011）利用历史数据对比分析了中国大陆基金各组成部分的规模和投资收益状况，结合投资目标做出差距分析，根据 Markowitz 的投资组合理论及其衍生出来的多目标投资组合模型，通过实证研究得出适应中国大陆当前的资本市场投资环境，并计算出基金投资目标的最优化投资比例。

　　而就将多目标决策应用在投资组合这个问题上，我国学者从 20 世纪 70 年代中期以来，已研究并形成了九种主要的决策分析方法。

　　（1）按化多为少法，李登峰等（1998）对决策者部分偏好信息不确知的多目标决策问题进行研究，拓展了加权平均规划方法，并提出和建立了最小加权平均偏差法，以实例表明该方法可行、有效且易于实现。刘德峰（1998）提出和建立了最大加权平方法与最小加权偏差平方法，可为解决信息不完全多目标决策问题提供新途径，且这两种方法同样适用于偏好信息完全确知和完全不确知两种极端情况的多目标决策问题。刘健（2001）给出了一种利用基点计算权重的多目标决策方法，同时表明该方法所需信息量小，并能获得满意的排序结果，即融入了人的主观意见又避免了各分目标之间的比较。

　　（2）根据分层序列法，翟晓燕（2003）提出多目标决策中对目标权数进行评估和排序的多层模糊评价模型，并给出应用该模型对目标权数进行计算和排序的方法及计算实例，使所计算的目标优先权数显得更加合理，更加符合实际应用的需要。夏洪胜等（1992）提出更广泛的多层多目标决策问题的数学模型，研究了下层多个决策人之间存在合作或部分合作的多层多目标决策问题的优化方法，把人工智能、控制理论应用于多层多目标决策问题。蒋艳等（2004）则通过引入权重最小变化量和敏感性系数等概念，研究了多目标决策中权重变化导致结果变化的临界条件，给出了方案排序对权重变化的敏感性分析方法，并通过一个实例来进行说明。

　　（3）依照目标规划法，吴清烈和徐南荣（1996）按照实际决策思维方式构造产生非劣解的辅助问题，充分考虑决策人在决策过程中的交互要求，通过决策人对目标希望水平的确定或修正获取有用的偏好信息，并对决策的交互过程做了详细描述，且用示例做了说明。贺北方等（2001）在优劣系数法的基础上，融入了目的规划和理想点的思路，增加了能使指标进行整体优劣比较的距离矩阵，建立了体现社会、经济、生态环境协调持续发展的指标体系。王效俐和吴健中（1995）给出的非线性规划模型，则以期望值规划和加权法思想为基础，自动确定各目标间的权系数，表明决策结果客观可靠，适用于所有风险型有限方案的多目标决策问题。

（4）基于层次分析法，熊锐和蒋晓亚（1994）将决策中的所有指标分为正向指标、逆向指标和中心指标三类，同时给出了构造这三类指标的判断矩阵的方法，且构造出来的判断矩阵自然满足一致性要求，扩展了层次分析法的应用领域。熊锐和曹锟生（1992）利用层次分析法求解定量型或混合型多目标决策的选优问题，并给出相应例证。郭金维等（2014）针对现有权重计算方法中存在的不足，提出了一种改进的熵权层次分析法。该方法将熵权法和层次分析法的中间过程相结合，将熵权法的底层指标客观权重与层次分析法的子准则主观权重对应结合后，再与上层指标权重综合，归一化后得到最终的指标权重，且结果表明求得的权重具有更高的可信度。

（5）就多目标群决策和多目标模糊决策，饶从军和肖新平（2006）应用模糊数学理论提出了一种求解多目标决策问题的客观赋权的模糊算法，把多目标决策问题转化为单目标规划问题进行求解，并通过实例说明了此方法的具体应用，最后进行理论分析，论证了该算法的先进性与有效性。耿兆强和邹益仁（2001）将用于个人的多目标决策的广义海明权距离法推广到群体多目标决策情形，利用工程模糊集理论中相对优属度的定义，引入群体广义海明权距离概念，提出了解决群体多目标决策问题的方法并通过实例说明了该方法的有效性及通用性。陈顺怀（2002）从可能度的定义出发，将模糊多目标决策的模糊判决原理推广到模糊随机多目标决策，提出了一种基于目标函数的可信度、可能度、满意度的决策方法，建立了可能度–可信度（possibility-reliability，PR）、可能度–可信度–满意度（possibility-reliability-satisfaction，PRS）的决策模型，可广泛应用于各种充满不确定性决策信息的复杂决策问题。

（6）按直接求非劣解法，沈世禄等（2008）结合多目标决策理论，根据指挥决策问题基本假设，把威胁度、目标重要性、武器防护能力等作为指挥决策方案的优选指标，提出了一种基于多目标决策理论的指挥决策方案优选算法。

（7）根据多属性效用法，黄本笑和刘成华（2005）从现行风险投资的评价方法及其存在的问题出发，建立了一个风险投资的多目标决策模型，并对此模型进行了实证分析。

（8）依照重排序法，张新波和蔡星（2007）提出一种多目标决策模型，该模型运用一种新的规范化方法，以各目标平均值为参考点，将具有不同量纲和不同物理含义的目标规范化成（-1，1）之间的值，拉大各方案之间的距离，提高分辨率，并应用实例表明，该方法可增强风险投资决策结果的科学性和稳定性。汪晓程和王瑛（2000）通过建立目标关联矩阵，运用线性变换将原来相互关联的目标变换成一组等价的独立目标，进而确定影响系统运行的主要因素及权重，同时将各方案的原目标取值转换为独立目标下的取值，为多目标问题的分析和决策提供了一种新方法。

（9）基于 TOPSIS（technique for order preference by similarity to an indeal solution）法，王万军（2009）采用密切值方法建立了多目标决策评价模型的排序方法。邬文帅等（2012）集成模糊理论、灰色系统理论和多目标决策理论，提出了一种改进的模糊多目标应急决策方法，该方法首先结合灰色关联度计算各决策方案到 TOPSIS 法正负理想解的距离，其次采用三角模糊数，处理决策信息的模糊性和不确定性，突出了各决策方案之间的关联影响。

此外，国内也有学者用其他理论拓展了多目标决策的相关研究。董雨等（2003）通过对多目标决策中常用解法的改进，提出了运用博弈论的方法求解多目标评价的思想，讨论了相互冲突的目标决策和非合作博弈问题中的三种类型，并给出了相应的求解路径。陈华友（2002）引进决策者偏好参数，提出了多目标决策问题的广义折中解概念，探讨了广义折中解的性质，给出了其数学规划的求解方法。刘勇等（2012）鉴于决策者风险态度对多目标决策的影响，提出一种基于前景理论的多目标灰色局势决策方法，首先利用奖优罚劣的线性变换算子对原始决策信息进行规范化处理，进而确定正负理想方案。基于前景理论和多目标灰色局势决策方法确定前景价值函数，并利用方案综合前景值最大化的多目标优化模型求解最优权向量，进而求得综合效果测度矩阵，而后采用区间数的可能度对每个事件的局势进行排序，最后通过实例验证了该模型的有效性和实用性。

齐岳（2007）提出，"投资者除了会关注方差和预期收益外，还会考虑一些别的目标，如交易流动性、股票的分红、企业社会责任、企业的研发费用等"。Qi 等（2009a）选取企业社会责任中的其中三个维度作为目标函数，把环境指数、公司指数和社会指数加入传统 Markowitz（均值-方差）理论模型，构建包含企业社会责任的多目标投资组合。

在前人的研究基础之上本书试图通过新的角度，即以企业社会责任新的评价方法——黎友焕和刘延平（2010）以《中国企业社会责任建设蓝皮书》的量化方法为基础，选取更为科学的和更具有可操作性的几个维度，添加到传统 Markowitz（均值-方差）理论模型中，来研究和构造多目标证券投资组合选择模型。

第三章　企业社会责任评价及分析

国外学者和一些组织机构，甚至包括政府部门对企业社会责任的评价方法和评价指标体系进行了大量的研究，取得了许多成果，对企业社会责任的定性研究具有积极的推动作用。

尽管近年来一些学者开展了对企业社会责任的评价体系研究，但目前尚未有统一的企业社会责任量化方法。评价企业社会责任的方法很多，笔者梳理了近年来的相关文献发现大致可以分为以下几种评价方法：如声誉评价法（Mahon and Wartick，2012）、内容分析法（Abbot and Monsen，1979；Clarkson et al.，2008；Lanis and Richardson，2012；齐丽云和魏婷婷，2013）、层次分析法（沈占波和杜鹏，2009；刘淑华等，2011）、综合评价指标体系法（黎友焕和刘延平，2010；买生等，2012；宋建波和盛春艳，2009）。这些衡量方法由于具有不同的适用条件而各有优劣势。

第一节　企业社会责任评价的理论依据和框架

对企业社会责任的争议，一直没有中断过，但是关于企业社会责任的内涵，主要存在两种观点，即利益相关者理论和社会责任层次责任理论（张玲丽，2008）。下文将通过这两个理论引出我国企业利益相关者的诉求，从而寻找出适合的评价指标体系的指标。

一、利益相关者理论

（一）利益相关者理论概述

作为利益相关者理论代表之一的 Freeman（1984）明确提出了利益相关者理论，将利益相关者定义为那些能够影响企业生存和发展，或者自身目标实现的群体或个人，并且率先运用利益相关者理论解释了企业承担社会责任的对象，为企业社会责任的研究提供了新的方法。他认为，利益相关者是指那些能够影响组织的行为、决策、活动或目标的人或团体，或者受组织的行为、决策和活动或目标影响的人或团体。他认为企业对不同的利益相关者有不同的责任，这些利益相关者包括股东、员工、消费者、债权人、供应商、社会和政府。企业的发展，需要各种利益相关者的投入或参与，企业所追求的是整体利益而不是个别主体的利益。利益相关者与企业的生存和发展息息相关，他们不仅承载着企业的经营风险，也负责对企业进行监督和制约。因此，从某种意义上讲，企业的经营决策必须考虑利益相关者的要求和接受他们的约束。由此可见，企业是一种智力和管理专业化投资的制度安排，企业的生存和发展不仅依赖于股东，还取决于其他的各种利益相关者期望得到的回馈。这一思想不仅从理论上阐述了管理的核心，同时也为绩效评价奠定了理论基础。从企业角度来讲，充分考虑利益相关者的诉求，尽量去满足他们的期望有利于企业更好的生存和长远的发展。

20 世纪 90 年代后期，利益相关者理论有了新的发展，美国学者 Clarkson（1999）根据与企业关系的密切程度，将利益相关者分为首要利益相关者和次要利益相关者，并且得到了广泛的认同。

（二）利益相关者理论对企业社会责任评价研究的贡献

自利益相关者理论被提出之后，许多学者都热衷于将其应用到企业社会责任研究中。Carroll（1991）认为利益相关者理论为企业社会责任研究指明了方向，为不同的利益相关者群体履行其社会责任界定了范围。Clarkson（1999）认为，利益相关者可以为企业社会责任研究提供"一种理论研究的框架"，在这个理论框架里，企业社会责任被界定为"企业与利益相关者相互之间的关系"。在最近的大量研究中，利益相关者理论逐渐成为企业社会责任研究的理论基础，现将其主要贡献整理归纳如下。

首先，修正了"股东至上论"的原则。经济发展的全球化，迫使企业进入了竞争与合作并存的阶段，并且形成了以企业为中心，大量的利益集团竞争协作的格局。单一的以股东利益为中心的治理模式已经很难适应企业发展的要求。取而代之的是向所有利益相关者共同治理的方式的改变，而且这种模式促使企业的社会责任也向多元化方向发展。企业除了要处理好与股东之间的关系外，还必须处理好与其他的利益相关者的关系，履行好相关的社会责任。从某种意义上讲，利益相关者理论为企业社会责任研究的发展扫清了障碍。因为企业社会责任理论向来主张企业应该站在全局角度，高度审视其与所有利益相关者及其与整个社会的关系问题，同时应该承担相应的社会责任。

其次，利益相关者理论的提出，有利于明确企业履行社会责任的对象和范围。一直以来，许多人所困惑的问题是企业承担社会责任的对象是什么？企业社会责任的概念比较抽象，甚至很多企业并不清楚该对谁承担社会责任，从而间接导致了部分企业逃避承担社会责任的行为。当利益相关者理论出现之后，这个问题的答案就变得明确起来了。利益相关者理论认为企业与股东、员工、供应商、消费者、环境及其所在的社区都存在着利害关系，企业在做出决策时应该充分考虑相互的利益，并且应该清楚地界定对这些利益相关者所应该承担的社会责任的内容和范围，因此，利益相关者就是企业承担社会责任的对象。

再次，利益相关者理论的推出，有利于界定社会责任的内容。每个利益相关者都有他们各自的利益诉求。企业几乎很难全部实现，但对于其中合理合法并且符合伦理道德准则的要求，企业则应该尽量去满足，这就是企业需要去承担的社会责任。通过利益要求进行社会责任内容的界定，克服了早先界定社会责任内容时的模糊性的缺陷。

最后，利益相关者理论的出现为衡量企业社会责任履行情况提供了可操作的方法。一直以来，企业社会责任在一些基本概念界定上不清晰，同时，企业应该履行社会责任的范围也比较模糊，使客观地评价企业社会责任的履行情况难以操作。当引入利益相关者理论之后，产生了一些衡量企业实施社会责任绩效的方法，而这些方法都是以利益相关者理论为基础的。

二、社会责任层次责任理论

（一）Carroll 的层次责任理论模型

作为层次责任理论的代表人物，Carroll 和 Buchhotz（2000）认为，企业社会责任是社会希望企业履行的义务,社会不仅希望企业承担经济上创造财富的责任,更希望企业扮演企业公民的角色,遵守法律法规、注重人文关怀、重视相关者的伦理关系、增加公益投入等。因此,全面的企业社会责任就是企业要履行经济责任、法律责任、伦理责任及自由决定的责任。

企业应该承担经济责任体现了作为营利性组织的本质属性;对于企业来讲,经济责任是最基本也是最重要的社会责任,但不是唯一的责任。

企业的法律责任要求企业在进行生产和经营活动与追求利润的时候,需要在法律许可的范围内进行的。作为社会的一个组成部分,社会赋予并支持企业承担生产性任务、为社会提供产品和服务的权利,同时也要求企业在法律框架内实现经济目标。

企业伦理责任是指未上升为法律要求但企业应该履行的义务,包括一些企业的行为规范和准则,而这些行为规范和准则正是体现了企业对利益相关者的关注。虽然社会的经济和法律责任中都隐含着一定的伦理规范,但公众社会仍然期望企业遵循那些尚且未成为法律的社会公众的伦理规范。

慈善责任是指那些除了经济、法律、伦理责任之外的,社会通常还会对企业寄予的一些法律没有规定的或者隐性的期望,是否承担或应该承担什么样的责任完全由个人或企业自行判断和选择,可以由企业自由选择和判断为某些社会群体做出贡献的责任,包括慈善事业,或捐赠行为,或会为吸毒者提供住房,或提供日托中心等。

从企业考虑履行内容的先后顺序和重要性程度来看,Carroll(1979)认为这是金字塔形结构,经济责任占的比重最大,也是作为整个塔形结构的基础,法律责任、伦理责任和慈善责任则依次向上递减。

(二)黎友焕的企业社会责任三层次理论模型

黎友焕(2007)在 Carroll(1979)的四个责任理论和三个同心责任圈理论的基础上,重新界定了企业社会责任的概念,即在某些特定的社会发展阶段,企业应该对其利益相关者履行经济责任、法规责任、慈善责任及其他相关的责任。相比较而言,黎友焕(2007)的理解有如下区别。

首先,黎友焕(2007)的提法中是以法规责任替代了原先的法律责任。体现了其认为企业不仅应该履行法律责任,还应该履行法律之外的一些政府的规则制度和行业规定的规章制度,行业道德规范和行业道德标准,甚至企业内部的规则制度,也包括了一些国际公约。因此法规的范围更广,不仅包括法律,也包括规章、规则等法律以外的约束制度。

其次，不同于 Carroll（1991）的慈善责任，黎友焕在对企业社会责任的定义中认为，在经济责任、法规责任、伦理责任之外，就应是具有不受约束的自由选择的自愿性的原则。

再次，强调动态性原则，黎友焕（2007）认为，Carroll 对企业社会责任的定义中没有说明动态性是不科学的，他认为企业都是在特定的社会环境下生存和发展的，在不同历史背景下的企业社会责任也是具有动态性的，甚至同一家企业由于其发展的阶段不同，所应该履行的社会责任的内容也该有所区别。

最后，不同于 Carroll（1991）的四个层次的金字塔式的社会责任，从下向上分别为经济、法律、伦理和慈善责任，黎友焕（2007）则把社会责任分为三个层次，经济责任和法规责任处于第一层次，将伦理责任和慈善责任放置在第二层次，而将其他相关的责任放置在第三层次。

由于黎友焕（2007）的企业社会责任的评价模型是建立在国际公认的金字塔模型和 Carroll 的四层次理论的基础之上，并且考虑了现实中的动态性等特点，进行了调整，在其《中国企业社会责任建设蓝皮书》中还结合了陈宏辉和贾生华（2004）的利益相关者的三维理论，所以更加贴近中国的国情，其衡量方法也具有较好的可操作性。因此，本书的研究决定采用这种企业社会责任指标评价体系对样本企业的社会责任进行研究。

三、企业社会责任评价框架

由于陈宏辉和贾生华（2004）结合利益相关者理论，开创性地提出了从主动性、重要性和紧急性三个维度上将我国的企业利益相关者分为核心利益相关者、蛰伏利益相关者和边缘利益相关者三大类。而将关系最近的包括股东、员工、管理者列为企业的核心利益相关者；将产业链上游的供应商、消费者、债权人、经销商和政府列为蛰伏利益相关者范畴；将关系最远，又具有模糊概念的利益相关者的特殊利益团体和社区列为边缘利益相关者。

此外，在利益相关者理论基础之上，对于这些具体的二级指标可以借鉴 Carroll（1991）四个责任理论，即经济责任、法律责任、伦理责任和慈善责任再进行三级指标的分解。根据不同的利益相关者的诉求差异，在这些三级责任指标基础上设置能够代表各自利益相关者衡量标准的各项评价指标。例如，在对管理者的伦理责任的评价中，管理者的经济责任可以用薪酬增长率、销售利润率、资产报酬率和企业所得率等指标进行测量。对于有些指标在四级指标中无法获取，可以通过进一步的转换到更下一个层级，即第五级指标甚至第六级指标来表示。例如，对管理者的伦理责任，可以通过管理者的社会地位状况、营运能力指标、创新能力指标、竞争发展能力指标、战略社会责任指标、社会责任报告指标等加以测度。

而社会责任报告质量指标，只能通过第五级指标，即报告的透明度、报告的页数和字数、报告内容的全面性、报告的深度、报告是否可持续等进行衡量。当有一部分的第五级指标无法呈现第五级指标的时候，这些指标又转换到第六级指标。例如，代表战略社会责任指标的企业履行社会责任意识强度这项指标，只能通过企业文化是否服从于或包含于企业社会责任之中和企业是否支持关于企业社会责任的非政府组织等内容判断。具体逻辑框架详见图 1.2。

第二节　企业社会责任评价指标体系指标的选择

从利益相关者理论出发，企业在生产经营活动过程中要考虑到股东、员工、管理者、行业伙伴、消费者、债权人、政府、社区、特殊利益团体等利益相关者的诉求。因此，利益相关者理论是根据"企业内部相关、外部相关及社会关系"框架来构建以企业为核心的社会责任指标体系。不管从外部评级还是企业自身的自我评价，都应该结合企业所处的特定阶段和发展的规律来履行相应的社会责任。根据与利益相关者的关系远近程度划分为核心利益相关者、蛰伏利益相关者和边缘利益相关者。本节将借鉴《中国企业社会责任建设蓝皮书（2010）》，结合各种利益相关者的利益诉求，对企业社会责任评价指标体系的指标选择进行分析。

一、核心利益相关者的诉求

（一）企业对股东的责任

企业与股东之间的关系是企业内部关系中最为主要的构成部分。如果没有股东的股本将没有企业的存在。因此，企业首先应该对股东负有社会责任，而股东作为企业的投资方，其最大的诉求就是获得高的收益率和较低的风险。具体表现为股东所关心的问题是，利润分配、资产清理、股东权利等。企业的股东对企业拥有所有权，上市公司的股票都是可以自由交易的，所以股东对企业的要求则更为集中于获利能力。基于此，企业的法规责任和慈善责任是不重要的因素，而经济责任和伦理责任指标则是优先考虑的因素。企业对股东的经济责任体现在第四级指标，包括资产利润率、股东所得率、利润增长率、权益报酬率、资本保值增值率、每股股利、股利支付率和可持续增长率。而伦理责任则体现为是否按时召开股东大会，以及股东权益是否得到保障。

（二）企业对管理者的责任

企业的高层管理者通常代表企业的所有者行使管理权和经营权。不仅要付出大量的时间和精力，还要为企业的经营和决策负有不可推卸的责任。从经营管理者的角度来看，他们的利益诉求包括更多报酬、更多的时间、更少地承担风险。因此，转换为评价指标则包括第三个层级的经济责任和伦理责任。经济责任分解到第四层级包括管理薪酬增长率、销售利润率、资产报酬率和企业所得率。从伦理指标来看则包括管理者的社会地位状况、企业的营运能力指标等因素。对于管理者来讲，法规责任和慈善责任是相当不重要的指标因素。

（三）企业对员工的责任

企业的员工作为企业的主要雇员，也是企业内部构成中人数最多的群体，他们的利益和命运与企业的运营息息相关，员工对企业的认同程度直接影响到企业的生存和发展。此外，员工在企业中相对处于弱势地位，员工权益关系到人权的问题。基于此，企业在经营过程中应该兼顾到保障员工的诉求问题。从第三层级上看，包括经济责任、法规责任、伦理责任、慈善责任。经济责任体现为工资支付率、小时工资率、员工工资增长率、单位员工理论增长率、人力资本投资水平、人力资本维持能力、员工所得率、员工劳动生产率。从法规责任角度看，主要考虑企业是否遵守劳动法、劳动合同法、就业促进法、是否遵守工伤保险条例，这些看似不起眼的权益保障，却有很多用人单位很难保障员工的这些合法权益。企业对员工所应该履行的伦理责任包括是否使用童工、劳动保险支付率、周工作时间、周最少休息天数、职业病是否能够得到相应的医治和休息等问题。还包括员工的宗教信仰和员工的满意度等一系列的指标。在员工的权利方面，为了更为细化地体现出企业对弱势群体的义务，把它细分到第五级指标，包括结社自由和集体谈判权利、辞职自由、带薪休假、参与工资治理、组织工会和罢工自由、拒扣押金和证件的自由。从慈善责任的维度包括员工的培训比例、员工的年均教育投入经费、法定福利支付比率等。

二、蛰伏利益相关者的诉求

（一）企业对行业伙伴的责任

行业伙伴包括处于产业链的上游和下游的企业合作伙伴，包括供应商、经销商及同业的竞争对手等。供应商是与企业关系较为密切的利益相关者，没有供应商的供货和原材料，企业将无法进行正常的生产和经营活动。作为产业链的上游企业，供应商们关注企业社会责任的目的在于选择最符合自己利益的客户。从供应商的角度，主要考虑是否有赊销行为，以及回款率和超期结算比率、订货比例、订货增长率等指标。其他行业竞争者更多的是从法规责任视角考察企业是否遵守公司法、价格法、行业规范和商业道德准则，也包括是否存在恶性竞争的行为。对于行业伙伴，慈善责任是相对而言不重要的因素。

（二）企业对消费者的责任

这里说的消费者是指广义的消费者，包括顾客和产业链下游的经销商。企业对消费者的责任是企业最基本的责任，企业履行社会责任状况的好坏，很大程度上取决于消费者做出的评价。消费者对企业的利益诉求表现为企业的产品质量、产品的售后服务、消费者满意度、企业的优惠政策和持续经营能力等。法规责任的指标转换为能够量化的指标则是企业是否遵守食品卫生法、产品质量法、清洁生产促进法，是否遵守消费者权益保护法、安全生产法。伦理责任的指标转换为易于量化的指标包括质量抽查合格率、是否提供售后服务、消费者满意度、违规产品罚款比率、消费者投诉次数等。经济责任和慈善责任在此就被弱化掉。

（三）企业对债权人的责任

债权人和股东都是企业的投资人，但二者的利益诉求有很大的区别。而且从与企业的关系远近来看，股东是核心利益相关者，债权人属于蛰伏利益相关者。企业使用债权人的资金，应该对债权人承担到期还本付息的合同义务和责任。此外，由于企业占用债权人的资金，而企业的经营利润却与债权人无关，所以相对来讲，企业应该将自己的经营风险的情况向债权人说明，并提供借贷安全的责任。转换为可以量化的指标中，经济责任的指标包括流动比率、速动比率、资产负债率、利息保障倍数、现金流动比率、债权人所得率等。可量化的指标中，法规责任的指标包括是否拥有企业破产对企业的质取权、是否定期进行外部审计和内部审计。

（四）企业对政府的责任

政府的宏观政策对企业的经营导向、经营风险均有不可忽略的作用，尤其是一些特定的行业，如房地产业，与利率的关系、与房产税的关系、贷款比例问题，都在很大程度上影响着企业的经营成败。由于企业负有向政府缴纳税金的责任和义务，企业税收收入是构成政府收入的主要来源，因此政府与企业也是重要的利益相关者。作为企业公民，企业应履行企业公民的义务，同时政府也要求企业履行慈善事业、福利事业和公益活动等。因此转换为可以易于量化的责任指标则主要包括经济责任、法规责任、慈善责任。其中，经济责任的指标包括税款上缴率、资产税费率、纳税增长率、罚项支付比率、销售利税率和政府所得率。法规责任的指标包括企业是否遵循企业所得税法、反洗钱法及其他一些法律法规。慈善责任的指标包括参与政府组织的公益活动次数，其他对政府的支助行为。

三、边缘利益相关者的诉求

虽然许多西方学者均支持特殊利益团体和社区都是企业的利益相关者的说法（Clarkson，1999），但我国学者陈宏辉和贾生华（2004）认为，尽管我国的企业越来越重视环境管理、与社区的关系，但它们恐怕还只能是边缘利益相关者。

（一）企业对社区的责任

企业的许多业务活动都是在特定的社会环境下运行的，与其所在的社区有着密不可分的联系，但企业的生产和经营活动带动社区经济繁荣的同时，也使社区居民成为企业的负面影响和伤害的最直接受害者。资源过度开发、资源浪费和环境污染会极大地阻碍社会的可持续发展，而造成这些结果的原因很可能是源于企业不当的经营行为。因此，企业对社区的责任集中表现为对资源的合理开发和环境的保护责任，如增强企业的环保意识、增加环保经费、注意节能降耗等。此外，企业也经常以设立慈善基金或向福利机构和慈善机构捐献物资等方式表达企业的社会责任行为，甚至可以提供社区人员的就业和实习机会、设立奖助学等教育扶持基金等。因此，在社会责任评价体系中体现为环保支出比率、环保经费增长率、单位收入不可再生资源消耗量、单位收入材料消耗量、单位收入耗能量、单位收入耗水量、单位收入排费量、设立奖学金等教育基金的项目数和金额、捐赠收入比等指标。

（二）企业对特殊利益团体的责任

特殊利益团体通常包括非政府组织、国际机构（如联合国、国际劳工组织）、国际共享资源（如南北极的生命体、国际海域），或者外星球的生命体，企业通常不监督对这些类别的群体直接造成的影响，但可能会通过间接的方式向这类利益相关者进行传递影响，因此转换为可量化的指标通常包括是否遵守《国际劳工组织宪章》，是否遵守《联合国儿童权益公约》，是否遵守《世界人权宣言》，是否执行 ISO9000，是否执行 ISO14000。

第三节　企业社会责任评分方法和评分标准

一、企业社会责任评分方法

各国都有一些对企业社会责任进行量化的机构，但是公布出来打分方法的却很少。因此人们对于打分的方法的客观性如何，以及如何自己给企业打分，存在一些争议。国际上常见的企业社会责任评价体系包括道琼斯可持续发展指数、财富 50 评估指标、富时社会责任指数、Ethibel（Netherlands）、KLD 公司，即目前的摩根斯坦利推出的 KLD 量化方法等。国内常用的包括上海证券交易所推出的上证社会责任指数、企业社会责任研究中心发布的中国 100 强企业社会责任发展评价与润灵环球责任评级[①]推出的 RKS-ESNG 评价体系。但是这些机构的评价方法没有公布具体的评价过程和步骤。本书采用的是《中国社会责任建设蓝皮书的（2010）》的评价方法进行企业社会责任的量化。在一级指标中采用的是三个指标体系，即核心利益相关者、边缘利益相关者和蛰伏利益相关者。

　　这种企业社会责任综合评价指标体系共分为 6 级层次指标，其中包括 3 个一级指标、9 个二级指标、36 个三级指标、100 个四级指标、31 个五级指标、10 个六级指标，也就是说从层次来看是分为 6 个层级共计 146 项指标的划分评价方式，其中前三级指标是按照国内利益相关者理论和层次责任理论的定义划分的，后三级指标是在原课题组多轮反复讨论后拟定的（黎友焕和刘延平，2010）。

　　由于前三级指标按照传统的理论进行划分，基本不会有什么争议。而后三级的划分由于涉及的指标的数目繁多，在具体的量化打分工作过程中会存在困难和争议。例如，三级指标是以大家所公认的经济责任、法规责任、伦理责任和慈善责任为宗旨。每个二级指标下都有三级指标，而二级指标隶属于一级指标。例如，一级指标的股东利益包括股东、员工和管理者；蛰伏利益相关者包括行业伙伴、消费者、债权人和政府；边缘利益相关者则包括社区和特殊利益团体。

　　为了能够直观地呈现出关于企业社会责任的评价体系，下面将企业社会责任综合评价指标体系的前三级结构及前两级权重整理如表 3.1 所示（由于三级指标的权重和四级指标、五级指标、六级指标及其对应的权重太多，请详见《中国企业社会责任建设蓝皮书》，考虑到篇幅的原因，本书就不再表述）。

表 3.1　企业社会责任综合评价指标体系及权重列表（部分）

一级指标	二级指标	三级指标
核心利益相关者（0.502）	股东（0.202） 员工（0.145） 管理者（0.155）	每项二级指标下所对应的经济责任、法规责任、伦理责任、慈善责任及权重
蛰伏利益相关者（0.258）	行业伙伴（0.047） 消费者（0.105） 债权人（0.061） 政府（0.045）	每项二级指标下所对应的经济责任、法规责任、伦理责任、慈善责任及权重

---

① http://www.rksratings.com/。

续表

一级指标	二级指标	三级指标
边缘利益相关者（0.241）	社区（0.133） 特殊利益团体（0.108）	每项二级指标下所对应经济责任、法规责任、伦理责任、慈善责任及权重

资料来源：中国企业社会责任建设蓝皮书

　　《中国企业社会责任建设蓝皮书》的评价方法是通过调查问卷，运用层次分析法对企业社会责任进行定量研究，并且评价体系给出了各层次的权重和组合权重，构建了综合评价模型，先前未曾有人（包括此书作者）运用此评价模型进行过定性加定量的社会责任量化研究。

二、评价指标的确定

　　本书将统计出来的企业履行社会责任的得分称为社会责任值，社会责任值的确定通常是以定性和定量指标两个方面相结合进行衡量的。

（一）定量指标

　　定量指标通常是指直接选取对应的数值，如某公司的利润增长率的计量方法为

$$（本期收益－上期收益）/上期收益=30\%$$

那么按本书的评价体系就是将30%作为对利润增长率社会责任值的评价。

（二）定性指标

　　对于判断性定性指标是指无法直接获取到的数据，但是根据信息收集渠道获得的信息表明，对相应的利益相关者有利的答案作为数值"1"，反之，不利的答案作为"0"，通常也将这样的判断性指标称为二值变量。例如，上市公司是否按时召开股东大会，如果按时召开股东大会，则意味着股东的权益得到保障，那么该项指标的评价为1；反之，则取0值。

　　对于其他的定性指标，本书通常规定设置一个目标区间，每个区间将赋予相应的数值进行量化，数值范围通常设为[0, 1]。例如，"企业社会责任报告的透明度"这一指标，本书将其分为5个区间，从高到低为"非常透明、透明、一般、不透明、差"，其对应的分值分别为1、0.8、0.5、0.2、0。如果确定某公司的企业

社会责任报告透明度为"一般",则该项指标所对应的分值为 0.5。

各项指标本身的数值用"v"(value 的第一个字母)表示,各项指标的级数用下脚标 m 表示,在同一层次所对应的位次用下脚标 n 表示,那么第 m 级的第 n 个指标数值则用 v_{mn} 表示。例如,第 4 级的第 3 个指标,其权重就是 v_{43}。其他的依此类推。

三、评价模型的确定

指标的权重用字母"w"(weight 简写)表示,指标的级数用下脚标 i 表示,在同一层级对应的位次用下脚标 j 表示,那么第 i 级的第 j 个指标的权重则为 w_{ij}。例如,第 4 级第 3 个指标,其权重则为 w_{43},依此类推。

如果某一家企业的企业社会责任综合评价最终得分值即该企业的社会责任指数,为"s"(score 的简称),那么企业社会责任综合评价模型为

$$s_k = \sum_{i=1}^{6} \sum_{j=1}^{100} w_{kij} v_{kij} \qquad (3.1)$$

其中,　$k = 1, 2, \cdots, n$。

式(3.1)表明,本书研究的对象共有 n 家企业,第 k 家企业的社会责任指标为 s_k,同时表明,一家企业的社会责任综合评价值为每一项指标所对应的社会责任值的加权平均。

第四节　企业社会责任评价指标体系应用及分析

本节以认可度很高的行业划分标准,在所有行业中任意选择出 30 家上市公司作为样本,对本书所构建的企业社会责任评价指标体系进行运用研究。通过手工收集和数据库的方式进行初始数据收集,并通过统计软件计算出 2007~2011 年的样本公司企业社会责任的综合得分和评价结果。

一、样本选择和数据来源

（一）样本选择

为了能够体现投资组合的分散性原则，使得所选样本能够覆盖所有的行业，本书选取了具有代表性的企业。通过对样本企业的社会责任的量化，将其作为社会责任投资的函数关系。下面就选股的方法进行简要介绍。本书按照在金融研究中常用的、国际认可度很高的行业划分标准进行选股，即按全球行业分类标准进行行业划分的选股方式。由于全球行业分类标准分类包括四个层次的 10 个部门、24 个产业，68 个行业和 154 个子行业，本书在第一层次的 10 个部门中分别选出 3 家样本企业，这 3 家企业又是在这个部门中代表大规模、中等规模和小规模的企业。因此选出的股票样本数为 30 家。样本如表 3.2 所示。

表 3.2　研究样本的构成情况

行业代码	行业名称	大规模		中等规模		小规模	
		股票代码	公司名称	股票代码	公司名称	股票代码	公司名称
1010	能源	600188	兖州煤业	000939	凯迪电力	000835	四川圣达
1510	原材料	600019	宝钢股份	000510	金路集团	600532	华阳科技
2010	资本货物	000157	中联重科	600066	宇通客车	600463	空港股份
2520	耐用消费品与服装	000527	美的电器	000158	常山股份	000803	金宇车城
3020	食品、饮料与烟草	600519	贵州茅台	600359	新农开发	600962	国鲁中投
3520	制药与生物科技	600276	恒瑞医药	600789	鲁抗医药	600613	永生投资
4010	工商银行	601398	工商银行	600000	浦发银行	600015	华夏银行
4520	技术硬件与设备	000063	中兴通讯	000977	浪潮信息	002027	七喜控股
5010	电信业务	600050	中国联通	600804	鹏博士	002148	北纬通信
5510	公共事业	600900	长江电力	000767	漳泽电力	600982	宁波热电

资料来源：Wind 资讯金融数据库

（二）数据的来源

在我国，企业社会责任管理制度的建设还不够完善，尽管许多企业都公布了它们的社会责任报告，但是依然存在着一些企业报告过多的企业正面的信息，而掩盖了负面的信息，从而导致了信息披露的客观性存在质疑的问题。因此，笔者在进行社会责任评价时，采用尽可能全面的收集信息的方式，如通过多渠道收集信息的方式。

首先，企业主动发布的各种公告，包括企业社会责任报告、企业年报、企业半年报、企业季报和企业月报等。

其次，各个监管部门发布和披露的各企业的社会责任履行情况，包括中国证监会、上海证券交易所和深圳证券交易所网站发布的一些上市公司的重大事件，也包括违规信息等。

再次，各类金融研究机构，包括 RESSET 金融研究数据库、Wind 资讯金融数据库、国泰安数据库和 CCER 经济金融数据库。

最后，各财经网站和民间组织，包括上市公司资讯网（www.cnlist.com）、巨潮资讯网（www.cninfo.com）、新浪网、凤凰网、金蜜蜂网、润灵环球责任评级、企业社会责任中国网及企业社会责任研究中心等。

具体而言，每股收益（每股股利）、净利润率、资产负债率、利息保障倍率、流动比率、每股经营现金净流量这六个指标从国泰安 CSMAR 数据库或上市公司资讯网就可以获得。例如，员工人数、高管人数和高管报酬三个数据来自上市公司资讯网年报中"董事、监事、高管人员和员工情况"的信息披露。资产总额、应付账款、支付的各项税费、收到的税费返还等数据可以通过 CCER 经济金融数据库获取。企业的罚款支出、企业对员工的教育投入经费的支出、企业的慈善事业捐赠支出等数据可以通过巨潮资讯网公布的企业年报的附注收集到相关信息。

通过上述方法和渠道，对涉及企业社会责任指标的相关事项进行信息的收集、判断、整理，依据评价标准，给每项指标打分，然后乘以各自的权重，再逐级加权。把统计出的各个企业的最后得分值称为社会责任值。由于有些指标，如财务数据等无法直接获取，因此，这部分数据通过定性的方式来评价。

二、企业履行社会责任情况评价

（一）样本公司社会责任二级指标综合得分

通过各种数据收集渠道，将获取的资讯进行处理，转化为可以量化的数值，对各项量化社会责任指标的第六级中的 146 项指标分别给予赋值，然后通过其权重比例，再逐渐地向上一级加权求和，当发现有些数据需要进行标准化时，就采用相应的方法对其进行标准化。由于评价指标的项目繁多，而篇幅有限，所以第三级到第六级的计算结果就不在这里呈现。为了直观了解各个利益相关者的企业社会责任履行情况,下面将 2007~2011 年 30 家样本企业的 9 个二级指标社会责任得分值列出,如表 3.3~表 3.7 所示。

表 3.3 2007 年企业社会责任 9 个二级指标得分值

股票代码	股东	员工	管理者	行业伙伴	消费者	债权人	政府	社区	特殊利益团体
000063	0.058	0.098	0.061	0.017	0.016	0.040	0.000	0.063	0.076
000157	0.168	0.110	0.100	0.028	0.061	0.051	0.012	0.062	0.076
000158	0.102	0.200	0.061	0.017	0.016	0.038	0.002	0.036	0.076
000510	0.129	0.151	0.087	0.017	0.029	0.041	0.005	0.069	0.076
000527	0.152	0.105	0.114	0.017	0.061	0.043	0.003	0.068	0.076
000767	0.146	0.104	0.103	0.017	0.029	0.040	0.003	0.064	0.076
000803	0.130	0.109	0.066	0.017	0.029	0.044	0.012	0.032	0.076
000835	0.150	0.124	0.113	0.017	0.029	0.044	0.007	0.036	0.076
000939	0.144	0.169	0.079	0.017	0.029	0.039	0.007	0.058	0.076
000977	0.099	0.256	0.054	0.017	0.029	0.043	0.006	0.031	0.076
002027	0.177	0.136	0.079	0.017	0.029	0.047	0.006	0.031	0.076
002148	0.093	0.192	0.122	0.017	0.048	0.367	0.002	0.061	0.076
600000	0.144	0.171	0.085	0.017	0.029	0.034	0.009	0.064	0.076
600015	0.137	0.122	0.086	0.017	0.029	0.036	0.001	0.037	0.076
600019	0.117	0.129	0.065	0.028	0.016	0.043	0.004	0.064	0.076
600050	0.131	0.133	0.133	0.017	0.029	0.036	0.008	0.030	0.076
600066	0.178	0.124	0.101	0.017	0.061	0.056	0.003	0.033	0.076
600188	0.115	0.126	0.084	0.017	0.016	0.048	0.007	0.034	0.076
600276	0.129	0.134	0.069	0.028	0.016	0.071	0.005	0.034	0.076
600359	0.131	0.133	0.079	0.017	0.029	0.045	0.005	0.073	0.076
600463	0.111	0.121	0.060	0.017	0.016	0.038	−0.001	0.036	0.076
600519	0.101	0.135	0.076	0.017	0.016	0.054	0.006	0.032	0.076
600532	0.147	0.121	0.065	0.017	0.016	0.044	0.008	0.043	0.076
600613	0.096	0.234	0.054	0.017	0.016	0.040	0.014	0.058	0.076
600789	0.093	0.108	0.060	0.017	0.016	0.037	0.004	0.032	0.076
600804	0.164	0.070	0.065	0.017	0.016	0.044	0.002	0.035	0.076
600900	0.146	0.128	0.116	0.017	0.029	0.042	−0.041	0.032	0.076
600962	0.131	0.108	0.066	0.028	0.029	0.038	0.001	0.037	0.076
600982	0.107	0.137	0.110	0.017	0.016	0.041	0.006	0.037	0.076
601398	0.128	0.098	0.082	0.028	0.029	0.031	0.010	0.069	0.076

表 3.4 2008 年企业社会责任 9 个二级指标得分值

股票代码	股东	员工	管理者	行业伙伴	消费者	债权人	政府	社区	特殊利益团体
000063	0.112	0.134	0.117	0.005	0.016	0.023	0.000	0.096	0.076
000157	0.146	0.137	0.156	0.016	0.061	0.004	0.012	0.091	0.076
000158	0.169	0.133	0.098	0.005	0.016	0.000	0.002	0.074	0.076
000510	0.118	0.125	0.016	0.005	0.029	0.004	0.005	0.074	0.076
000527	0.167	0.133	0.116	0.005	0.061	0.004	0.003	0.089	0.076
000767	0.144	0.131	-0.112	0.005	0.029	0.004	0.003	0.086	0.076
000803	0.127	0.126	0.071	0.005	0.029	0.004	0.012	0.074	0.076
000835	0.166	0.126	0.155	0.005	0.029	0.004	0.007	0.073	0.076
000939	0.137	0.139	0.119	0.005	0.016	0.004	0.007	0.073	0.076
000977	0.130	0.136	0.040	0.005	0.016	0.000	0.006	0.074	0.076
002027	0.121	0.125	0.024	0.005	0.029	0.000	0.006	0.074	0.076
002148	0.143	0.138	0.185	0.005	0.048	0.000	0.002	0.073	0.076
600000	0.167	0.132	0.213	0.005	0.029	0.008	0.009	0.074	0.076
600015	0.137	0.135	0.146	0.005	0.029	0.008	0.001	0.075	0.076
600019	0.162	0.130	0.063	0.016	0.016	0.000	0.004	0.077	0.076
600050	0.176	0.141	0.163	0.005	0.029	0.004	0.008	0.077	0.076
600066	0.169	0.128	0.115	0.005	0.061	0.004	0.003	0.089	0.076
600188	0.141	0.135	0.296	0.005	0.016	0.000	0.007	0.074	0.076
600276	0.145	0.127	0.222	0.016	0.016	0.000	0.005	0.072	0.076
600359	0.120	0.127	-0.037	0.005	0.029	0.004	0.005	0.114	0.076
600463	0.162	0.125	0.125	0.005	0.016	0.000	-0.001	0.072	0.076
600519	0.150	0.142	0.419	0.005	0.016	0.000	0.006	0.076	0.076
600532	0.119	0.132	-0.041	0.005	0.016	0.000	0.008	0.083	0.076
600613	0.121	0.136	0.064	0.005	0.016	0.000	0.014	0.073	0.076
600789	0.127	0.128	0.049	0.005	0.016	0.000	0.004	0.080	0.076
600804	0.163	0.124	0.132	0.005	0.016	0.000	0.002	0.072	0.076
600900	0.164	0.129	0.247	0.005	0.029	0.004	-0.041	0.070	0.076
600962	0.174	0.135	0.104	0.016	0.029	0.004	0.001	0.079	0.076
600982	0.140	0.128	0.089	0.005	0.016	0.000	0.006	0.075	0.076
601398	0.155	0.132	0.165	0.016	0.029	0.008	0.010	0.075	0.076

表 3.5　2009 年企业社会责任 9 个二级指标得分值

股票代码	股东	员工	管理者	行业伙伴	消费者	债权人	政府	社区	特殊利益团体
000063	0.152	0.119	0.094	0.005	0.016	0.034	0.032	0.045	0.076
000157	0.157	0.077	0.077	0.016	0.061	0.026	0.028	0.115	0.076
000158	0.118	0.104	0.088	0.005	0.016	0.023	0.025	0.047	0.076
000510	0.128	0.127	0.065	0.005	0.029	0.019	0.033	0.133	0.076
000527	0.151	0.112	0.099	0.005	0.061	0.027	0.018	0.126	0.076
000767	0.129	0.061	0.060	0.005	0.029	0.015	0.022	0.138	0.076
000803	0.133	0.096	0.065	0.005	0.029	0.025	0.040	0.125	0.076
000835	0.142	0.080	0.076	0.005	0.029	0.037	0.028	0.129	0.076
000939	0.146	0.107	0.070	0.005	0.016	0.026	0.036	0.109	0.076
000977	0.134	0.125	0.059	0.005	0.016	0.068	0.021	0.135	0.076
002027	0.096	0.145	0.057	0.005	0.029	0.043	0.019	0.045	0.076
002148	0.163	0.087	0.076	0.005	0.048	0.110	0.039	0.106	0.076
600000	0.139	0.099	0.087	0.005	0.029	0.007	0.043	0.056	0.076
600015	0.147	0.110	0.064	0.005	0.029	0.007	0.042	0.050	0.076
600019	0.154	0.090	0.091	0.016	0.016	0.019	0.023	0.127	0.076
600050	0.132	0.091	0.068	0.005	0.029	0.011	0.037	0.049	0.076
600066	0.165	0.117	0.079	0.005	0.061	0.026	0.026	0.057	0.076
600188	0.155	0.116	0.076	0.005	0.016	0.051	0.035	0.100	0.076
600276	0.174	0.058	0.083	0.016	0.016	0.155	0.034	0.102	0.076
600359	0.138	0.120	0.071	0.005	0.029	0.027	0.019	0.129	0.076
600463	0.147	0.074	0.070	0.005	0.016	0.026	0.039	0.045	0.076
600519	0.156	0.113	0.081	0.005	0.016	0.069	0.045	0.049	0.076
600532	0.130	0.088	0.065	0.005	0.016	0.021	0.016	0.148	0.076
600613	0.098	0.065	0.041	0.005	0.016	0.049	0.031	0.185	0.076
600789	0.135	0.093	0.069	0.005	0.016	0.025	0.029	0.131	0.076
600804	0.135	0.130	0.077	0.005	0.016	0.052	0.037	0.115	0.076
600900	0.153	0.109	0.092	0.005	0.029	0.013	0.035	0.085	0.076
600962	0.148	0.094	0.059	0.016	0.029	0.030	0.028	0.131	0.076
600982	0.154	0.101	0.077	0.005	0.016	0.056	0.023	0.124	0.076
601398	0.147	0.106	0.089	0.016	0.029	0.007	0.041	0.047	0.076

表 3.6　2010 年企业社会责任 9 个二级指标得分值

股票代码	股东	员工	管理者	行业伙伴	消费者	债权人	政府	社区	特殊利益团体
000063	0.160	0.114	0.096	0.004	0.017	0.034	0.036	0.088	0.076
000157	0.176	0.129	0.127	0.016	0.061	0.026	0.029	0.093	0.076
000158	0.153	0.141	0.077	0.005	0.016	0.023	0.027	0.106	0.076
000510	0.129	0.145	0.090	0.005	0.030	0.019	0.033	0.111	0.076
000527	0.147	0.120	0.099	0.005	0.061	0.027	0.020	0.098	0.076
000767	0.105	0.083	0.065	0.004	0.030	0.015	0.023	0.119	0.076
000803	0.110	0.088	0.062	0.005	0.030	0.025	0.041	0.103	0.076
000835	0.114	0.130	0.084	0.005	0.030	0.037	0.024	0.101	0.076
000939	0.136	0.122	0.124	0.005	0.030	0.026	0.038	0.095	0.076
000977	0.133	0.116	0.093	0.005	0.017	0.069	0.027	0.117	0.076
002027	0.129	0.085	0.074	0.005	0.030	0.044	0.021	0.114	0.076
002148	0.158	0.096	0.133	0.005	0.048	0.110	0.040	0.090	0.076
600000	0.148	0.094	0.146	0.029	0.007	0.045	0.127	0.076	
600015	0.150	0.138	0.136	0.005	0.030	0.008	0.044	0.077	0.076
600019	0.152	0.101	0.112	0.016	0.017	0.019	0.022	0.082	0.076
600050	0.141	0.090	0.087	0.005	0.029	0.011	0.037	0.064	0.076
600066	0.170	0.142	0.108	0.005	0.061	0.026	0.025	0.069	0.076
600188	0.150	0.119	0.139	0.005	0.017	0.052	0.034	0.061	0.076
600276	0.147	0.080	0.130	0.016	0.017	0.156	0.035	0.066	0.076
600359	0.147	0.126	0.081	0.005	0.029	0.027	0.031	0.122	0.076
600463	0.148	0.112	0.115	0.005	0.017	0.026	0.042	0.080	0.076
600519	0.158	0.109	0.152	0.005	0.017	0.069	0.045	0.056	0.076
600532	0.107	0.139	0.068	0.005	0.016	0.022	0.019	0.125	0.076
600613	0.103	0.084	0.102	0.005	0.049	0.032	0.133	0.076	
600789	0.118	0.093	0.105	0.005	0.016	0.025	0.030	0.130	0.076
600804	0.151	0.081	0.121	0.005	0.052	0.039	0.072	0.076	
600900	0.154	0.106	0.142	0.005	0.030	0.013	0.036	0.058	0.076
600962	0.114	0.087	0.071	0.016	0.030	0.030	0.028	0.074	0.076
600982	0.156	0.099	0.118	0.005	0.016	0.056	0.026	0.109	0.076
601398	0.150	0.091	0.149	0.016	0.029	0.007	0.043	0.085	0.076

表 3.7　2011 年企业社会责任 9 个二级指标得分值

股票代码	股东	员工	管理者	行业伙伴	消费者	债权人	政府	社区	特殊利益团体
000063	0.150	0.093	0.087	0.004	0.017	0.034	0.035	0.098	0.076
000157	0.169	0.136	0.124	0.016	0.061	0.026	0.029	0.077	0.076
000158	0.143	0.090	0.081	0.005	0.016	0.023	0.020	0.101	0.076
000510	0.100	0.141	0.068	0.005	0.030	0.019	0.023	0.106	0.076
000527	0.157	0.084	0.096	0.005	0.061	0.027	0.022	0.088	0.076
000767	0.096	0.142	0.062	0.004	0.030	0.015	0.017	0.111	0.076
000803	0.116	0.103	0.093	0.005	0.030	0.025	0.027	0.109	0.076
000835	0.108	0.126	0.074	0.005	0.030	0.037	0.021	0.093	0.076
000939	0.154	0.085	0.136	0.005	0.030	0.026	0.031	0.080	0.076
000977	0.127	0.135	0.102	0.005	0.017	0.069	0.028	0.095	0.076
002027	0.100	0.119	0.071	0.005	0.030	0.044	0.023	0.103	0.076
002148	0.152	0.094	0.099	0.005	0.048	0.110	0.037	0.090	0.076
600000	0.150	0.104	0.142	0.029	0.007	0.042	0.119	0.076
600015	0.157	0.138	0.133	0.005	0.030	0.008	0.041	0.125	0.076
600019	0.151	0.099	0.090	0.016	0.017	0.019	0.019	0.058	0.076
600050	0.129	0.106	0.084	0.005	0.029	0.011	0.038	0.064	0.076
600066	0.171	0.125	0.108	0.005	0.061	0.026	0.026	0.066	0.076
600188	0.172	0.130	0.127	0.005	0.017	0.052	0.032	0.053	0.076
600276	0.164	0.087	0.130	0.016	0.017	0.156	0.033	0.061	0.076
600359	0.094	0.091	0.059	0.005	0.029	0.027	0.024	0.114	0.076
600463	0.146	0.088	0.118	0.005	0.017	0.026	0.040	0.085	0.076
600519	0.179	0.120	0.149	0.005	0.017	0.069	0.043	0.050	0.076
600532	0.097	0.139	0.065	0.005	0.016	0.022	0.018	0.117	0.076
600613	0.135	0.101	0.121	0.005	0.016	0.049	0.036	0.127	0.076
600789	0.101	0.107	0.077	0.005	0.016	0.025	0.030	0.122	0.076
600804	0.118	0.145	0.112	0.005	0.016	0.052	0.039	0.069	0.076
600900	0.153	0.116	0.139	0.005	0.030	0.013	0.034	0.056	0.076
600962	0.133	0.127	0.105	0.016	0.030	0.030	0.031	0.072	0.076
600982	0.156	0.109	0.115	0.005	0.016	0.056	0.025	0.082	0.076
601398	0.153	0.122	0.146	0.016	0.029	0.007	0.040	0.074	0.076

　　表 3.3~表 3.7 的二级指标的评分能够宏观地比较所选的 30 家样本企业，2007~2011 年的 9 种利益相关者的企业社会责任履行的表现情况。不同利益相关者可以按照自己所关注的维度进行分析对比，甚至在投资过程中也具有较好的参考价值。如果要利用多目标的方法进行投资组合构建，在投资对象选择和模型构建过程中，可以获取这些企业对利益相关者责任履行的情况及变化趋势。

（二）样本公司社会责任综合得分及排序

　　由于这种评价体系的二级指标所考察对象的数量比较多，衡量的角度比较细，不利于从企业整体的角度分析和判断企业社会责任履行情况，对于不同研究对象的企业社会责任履行的趋势也难以判断，因此为了更为直观地了解所选样本企业的社会责任履行情况，下面就在 2007~2011 年的 9 个二级指标的基础上，进行数据的整理，即分别进行加权求和，并且分别对每年的企业社会责任履行的得分情况由高分到低分进行排序，如表 3.8 所示。

表 3.8　2007~2011 年企业社会责任综合得分和排名顺序情况

排名	2007 年		2008 年		2009 年		2010 年		2011 年	
1	北纬通信	0.902	贵州茅台	0.888	恒瑞医药	0.775	北纬通信	0.679	恒瑞医药	0.663
2	中联重科	0.590	兖州煤业	0.750	北纬通信	0.688	中联重科	0.656	中联重科	0.637
3	宇通客车	0.572	浦发银行	0.712	贵州茅台	0.627	恒瑞医药	0.645	华夏银行	0.635
4	美的电器	0.562	中联重科	0.698	鹏博士	0.561	贵州茅台	0.609	北纬通信	0.635
5	浦发银行	0.552	长江电力	0.682	兖州煤业	0.558	宇通客车	0.605	贵州茅台	0.631
6	凯迪电力	0.541	恒瑞医药	0.679	浪潮信息	0.534	浦发银行	0.601	浦发银行	0.600
7	永生投资	0.529	中国联通	0.678	中兴通讯	0.526	华夏银行	0.586	永生投资	0.590
8	金路集团	0.527	北纬通信	0.670	宁波热电	0.522	宁波热电	0.582	兖州煤业	0.589
9	浪潮信息	0.523	工商银行	0.665	宇通客车	0.488	兖州煤业	0.577	宇通客车	0.588
10	七喜控股	0.521	美的电器	0.652	凯迪电力	0.475	美的电器	0.577	工商银行	0.587
11	四川圣达	0.519	宇通客车	0.649	长江电力	0.470	浪潮信息	0.576	浪潮信息	0.577
12	中国联通	0.518	四川圣达	0.641	美的电器	0.470	凯迪电力	0.575	宁波热电	0.563
13	*ST 新农	0.511	国投中鲁	0.617	工商银行	0.460	工商银行	0.569	鹏博士	0.555
14	*ST 漳电	0.505	华夏银行	0.611	四川圣达	0.457	*ST 新农	0.566	凯迪电力	0.547
15	恒瑞医药	0.485	鹏博士	0.590	金宇车城	0.453	金路集团	0.561	长江电力	0.545
16	工商银行	0.475	凯迪电力	0.588	七喜控股	0.449	中兴通讯	0.549	国投中鲁	0.543
17	常山股份	0.472	空港股份	0.579	空港股份	0.448	常山股份	0.547	美的电器	0.538
18	宁波热电	0.470	中兴通讯	0.579	金路集团	0.447	长江电力	0.543	空港股份	0.523
19	长江电力	0.469	常山股份	0.574	浦发银行	0.447	空港股份	0.543	中兴通讯	0.517

排名	2007 年		2008 年		2009 年		2010 年		2011 年	
20	宝钢股份	0.465	宝钢股份	0.544	国投中鲁	0.443	鹏博士	0.537	金宇车城	0.507
21	华夏银行	0.465	宁波热电	0.535	华夏银行	0.443	四川圣达	0.523	四川圣达	0.494
22	*ST 华科	0.461	金宇车城	0.524	*ST 新农	0.440	*ST 华科	0.461	金宇车城	0.524
23	兖州煤业	0.447	永生投资	0.505	中联重科	0.439	兖州煤业	0.447	永生投资	0.505
24	国投中鲁	0.438	鲁抗医药	0.486	宝钢股份	0.432	国投中鲁	0.438	鲁抗医药	0.486
25	金宇车城	0.438	浪潮信息	0.483	鲁抗医药	0.427	金宇车城	0.438	浪潮信息	0.483
26	贵州茅台	0.437	七喜控股	0.464	常山股份	0.416	贵州茅台	0.437	七喜控股	0.464
27	鹏博士	0.413	金路集团	0.451	中国联通	0.415	鹏博士	0.413	金路集团	0.451
28	空港股份	0.398	*ST 新农	0.442	永生投资	0.409	空港股份	0.398	*ST 新农	0.442
29	鲁抗医药	0.367	*ST 华科	0.397	*ST 华科	0.399	鲁抗医药	0.367	*ST 华科	0.397
30	中兴通讯	0.352	*ST 漳电	0.365	*ST 漳电	0.397	中兴通讯	0.352	*ST 漳电	0.365

注：*ST 表示退市风险

通过表 3.8 可以看出，2007 年上市公司社会责任履行情况得分最高的是北纬通信（002148），得分为 0.902；在这五年的总分排名当中，北纬通信有两年的得分为第一名。2007 年排名前五的分别是北纬通信（002148）、中联重科（000157）、宇通客车（600066）、美的电器（000527）、浦发银行（600000），北纬通信在 2008 年排名最差为第八名，其他年度都在前五名。2007 年排名为第二名的中联重科（000157），在 2007~2011 年的排名中，也有 4 次排名都在前五名，其中有 3 次排名为第二名。2007 年排名在第三位的宇通客车（600066），在 2008~2011 年的排名中分别为第十一、第九、第五和第九名，基本上排名都在前 10 名。

可见，采用这样的企业社会责任评价体系得出来的评价结果具有较好的稳定性。因为相对来讲，一家企业的社会责任履行情况较为平稳，企业的社会责任意识培养和实施需要一定的过程，如果用某种评价体系得出的同一家企业在不同年份的结果差异很大，而且大批量的企业测量的结果出现这种差异的现象，那么从某种角度证明这种评价方法稳定性不好。由此可见，本书采用的评价方法具有较好的科学性。

（三）样本公司社会责任三个一级指标综合得分

表 3.3~表 3.7 的二级指标的综合评分能够宏观地比较所选的 30 家样本企业，2007 年~2011 年的 9 种利益相关者的企业社会责任履行的表现情况。由于本书研究的目的是从投资者视角对企业社会责任进行研究，也就是在传统的投资组合模型中，添加企业社会责任的利益相关者的各个维度，从而构建出改进的社会责任

投资模型。

从理论上讲可以进行无限制的添加利益相关者的维度要素,包括添加企业社会责任中的 9 个二级指标,从而构建出包括风险和方差维度在内的 11 个维度的社会责任投资组合选择模型。但是高维空间难以用图形呈现出来,对模型有效性的验证也提出了挑战。

同时,表 3.8 是将所有的社会责任维度转化为一个指标,而且以 5 年的数据进行呈现和展示,对于构建三维的社会责任投资模型具有很好的实证基础,但对于多目标的社会责任模型的研究,三维的模型的研究不足以代表高维空间的所有可能的情况。因此,为了研究的客观性和可操作性,本书决定将 9 个二级指标转化为 3 个一级指标进行研究。从而构造出包括企业社会责任的三个一级指标和经典投资组合选择模型中的风险和收益两个维度在内的,具有五个目标的社会责任投资模型。

因此,下面有必要对表 3.3~表 3.7 的二级指标的综合评分进行计算和整理,如表 3.9 所示。

表 3.9 企业社会责任中核心/蛰伏/边缘利益相关者平均得分值

股票代码	公司名称	核心利益相关者 5 年平均值	蛰伏利益相关者 5 年平均值	边缘利益相关者 5 年平均值
000063	中兴通讯	0.313	0.187	0.187
000157	中联重科	0.376	0.187	0.165
000158	常山股份	0.355	0.161	0.122
000510	金路集团	0.341	0.169	0.131
000527	美的电器	0.347	0.180	0.172
000767	*ST 漳电	0.300	0.183	0.161
000803	金宇车城	0.308	0.172	0.129
000835	四川圣达	0.340	0.161	0.121
000939	凯迪电力	0.365	0.183	0.113
000977	浪潮信息	0.356	0.167	0.125
002027	七喜控股	0.316	0.156	0.133
002148	北纬通信	0.362	0.231	0.132
600000	浦发银行	0.359	0.195	0.188
600015	华夏银行	0.369	0.195	0.169
600019	宝钢股份	0.329	0.159	0.143
600050	中国联通	0.338	0.164	0.140
600066	宇通客车	0.367	0.185	0.177
600188	兖州煤业	0.343	0.176	0.146
600276	恒瑞医药	0.346	0.203	0.085

续表

股票代码	公司名称	核心利益相关者 5 年平均值	蛰伏利益相关者 5 年平均值	边缘利益相关者 5 年平均值
600359	*ST 新农	0.301	0.184	0.207
600463	空港股份	0.325	0.182	0.095
600519	贵州茅台	0.364	0.175	0.153
600532	*ST 华科	0.327	0.175	0.169
600613	永生投资	0.295	0.150	0.112
600789	鲁抗医药	0.298	0.158	0.149
600804	鹏博士	0.345	0.163	0.108
600900	长江电力	0.369	0.156	0.095
600962	国投中鲁	0.334	0.163	0.154
600982	宁波热电	0.342	0.165	0.127
601398	工商银行	0.335	0.194	0.162

注：*ST 表示退市风险

三、小结

本书以投资者的视角研究企业社会责任，构建了包括企业社会责任中的三方面的利益相关者，即核心利益相关者、蛰伏利益相关者、边缘利益相关者在内的新添加的三个维度，并且结合新添加的三个维度与经典模型的风险和收益进行研究。而投资行为是面向未来的某种预期，包括传统投资组合的研究也是建立在历史数据的平均值和趋势的基础上进行的预测，因此，对于考虑社会责任的投资组合研究也是如此，建立在研究对象历史的社会责任数据上，即其社会责任履行情况的基础之上的研究。因此，本章进行的大量的工作正是为了获取历史数据，为了构造社会责任投资模型所做的基础工作。

而我国的企业社会责任评价体系尚不完善，很难有完全没有争议的和十分易于操作的社会责任评价体系，因此，本书通过利益相关者和社会责任层次责任理论的论证，采用了目前普遍认同的《中国企业社会责任建设蓝皮书》的评价体系进行社会责任履行情况的研究。为了研究样本的普遍性和代表性，本书通过全球行业分类标准行业划分方法，在所有的行业中选取研究样本；为了排除样本对象的市值大小会影响研究的结论，本书在所有行业中选取了大、中、小市值的企业作为研究对象。

此外，为了保证所构建的社会责任评价体系衡量的全面性和客观性，本书通过定性和定量相结合的方法，对涉及企业社会责任履行的信息进行大量的梳理和评价，对 100 多项指标尽可能地予以客观的评价与衡量，得出了 2007~2011 年的企业社会责任的二级指标得分值，见表 3.3~表 3.7，并结合研究的需要进行数据的分析和处理，得出了更易于整体分析企业的社会责任履行情况的分值，见表 3.8 。为了进一步实现社会责任模型的研究，本书分析了企业社会责任评价体系中的三个一级指标，并且得出了这三个维度的 2007~2011 年的 5 年社会责任平均值，为后续的研究奠定了坚实的基础。

综上所述，本章所建立的企业社会责任评价指标体系从理论基础的论述，到评价体系的构架，到运用评价体系对样本企业进行打分，再到打分的结果都验证了评价体系的科学性与合理性，在此基础之上，计算出了企业社会责任的三个一级指标，为后续的社会责任的多目标投资组合模型的构建和检验起到关键基础性的作用。

第四章　企业社会责任投资基金的基本分析

目前国内共有四只社会责任股票投资基金，分别为兴全社会责任股票型证券投资基金（简称兴全基金）、汇添富社会责任股票型证券投资基金（简称添富基金）、建信社会责任股票型证券投资基金（简称建信基金）及建信上证社会责任交易型开放式指数证券投资基金联接基金（简称建信责任）。其中，建信责任暂不考虑。

本章将从社会责任投资基金的基本情况，如持股数量、换手率、行业配置、股票配置、投资策略、基本分析等角度展开研究，说明全部三只主动型社会责任投资基金近年的表现，并基于中国社会科学院企业社会责任研究中心公布的上市公司企业社会责任指数排名来衡量基金重仓股的社会责任投资情况。提出用重仓股二级行业稳定比率来衡量基金的投资分布和换手频率。分析了这三只基金的踩雷状况，以确保从多个角度衡量社会责任投资基金是否真正按照社会责任的标准进行投资选股。

第一节　社会责任投资基金介绍及近年表现

一、基金的基本情况

（1）兴全基金，基金代码为340007，成立日期为2008年4月30日。为混合型基金，其预期收益和风险高于货币型基金、债券型基金，而低于股票型基金，属于证券投资基金中较高风险、较高收益的品种。

（2）添富基金，基金代码为 470028，成立日期为 2011 年 3 月 29 日。为混合型基金，属于证券投资基金中的中等风险品种，其预期风险和预期收益水平低于股票型基金，高于债券型基金和货币市场基金。配置大类资产比例并精选优质社会责任公司。

（3）建信社会责任股票型证券投资基金，基金代码为 530019，成立日期为 2012 年 8 月 14 日。为混合型基金，其预期收益及预期风险水平低于股票型基金，高于债券型基金及货币市场工具，属于中高收益风险特征的基金。

（4）建信责任，基金代码为 510090，成立日期为 2010 年 5 月 28 日，通过复制追踪标的指数来调整投资组合权重，所以暂不考虑。

二、基金投资方向、策略

（一）兴全基金（340007）投资方向及策略[①]

（1）投资目标：追求当期投资收益实现与长期资本增值，同时强调上市公司在持续发展、法律、道德责任等方面的履行情况。

（2）投资方向：投资范围为具有良好流动性的金融工具，包括依法公开发行上市的股票、国债、金融债、企业债、回购、央行票据、可转换债券、权证、资产支持证券，以及经证监会批准允许基金投资的其他金融工具等。

各类资产的投资比例为：股票投资比例为 65%~95%；债券投资比例为 0~30%；资产支持证券投资比例为 0~20%；权证投资比例 0~3%；现金或者到期日在一年以内的政府债券不小于基金资产净值的 5%。基金投资组合中突出社会责任投资股票的合计投资比例不低于股票资产的 80%。

（3）投资策略：采用"自上而下"与"自下而上"相结合的投资策略。

第一，大类资产配置策略。采取"自上而下"的方法，定性与定量研究相结合，在股票与债券等资产类别之间进行资产配置。在宏观与微观层面对各类资产的价值增长能力展开综合评估，动态优化资产配置。通过动态跟踪海内外主要经济体的 GDP、CPI（consumer price index，即居民消费价格指数）、利率等宏观经

---

① 资料来源：东方财富网，更新于 2016 年 12 月 14 日。

济指标，以及估值水平、盈利预期、流动性、投资者心态等市场指标，确定未来市场变动趋势。

通过全面评估上述各种关键指标的变动趋势，对股票、债券等大类资产的风险和收益特征进行预测。根据上述定性和定量指标的分析结果，运用资产配置优化模型，在给定收益条件下，追求风险最小化目标，最终确定大类资产投资权重，实现资产合理配置。

第二，行业配置策略。根据行业所处生命周期、景气周期、行业盈利与发展趋势等因素对各行业进行评估，从中选取盈利能力较好、持续发展潜力强的行业。在此基础上，采用"兴业双层行业筛选法"进行优化调整，首先运用"消极筛选法"低配或规避在持续发展责任、法律责任、内外部道德责任履行等方面具有较差表现的行业；其次，运用"积极筛选法"超配或寻求在持续发展责任、法律责任、内外部道德责任履行等方面具有较好表现的行业，定期动态优化行业配置资产。

第三，股票投资策略。采用"兴全社会责任四维选股模型"精选股票。股票选择程序如下。

根据公司的经济责任表现指标，定期对股票进行初步筛选，经济责任较好的股票进入基础股票池；同时，剔除社会责任表现指标特别差的某些公司。在此基础上，按照经济责任、持续发展责任、法律责任、道德责任等不同社会责任对公司价值的相对贡献，对基础股票池中的股票进行二次筛选，进入备选股票池。对于备选股票池，基金将定期（一般一个季度）或不定期（突发事件）进行四维风险因子度量，以判断经济责任、持续发展责任、法律责任、道德责任对公司价值的相对贡献因子大小。同时，将结合研究员对公司社会责任情况的实地调研，定期、动态调整股票组合，并根据实际估值、市场环境等多种因素做出投资决策，从而构建实际股票组合。股票选择标准如下。

其一，经济责任表现。公司经济责任是指公司生产、盈利、满足消费需求的责任表现，其核心是公司创造利润、实现价值的能力。公司的经济责任表现可以通过三个方面进行考察。首先，财务指标——衡量公司创造利润的表现。主要通过估值指标[如动态市盈率（PEG）、市净率（P/B）等]和增长指标[如主营业务增长率（SG）、EBIT 等]进行多重考察。其次，产品与服务——衡量公司利润创造的源泉。要求公司所生产或营销的产品和服务具有较强的竞争力，能为公司实现利润，并提高消费者健康水平和生活质量水平，具体而言：产品和服务安全、健康、环保，符合国家消费者商品安全条例；实施质量控制措施和顾客满意原则；对质量安全问题能迅速反应，并采取合理措施；产品广告、包装与产品内容一致。在具体的量化指标选择上，通过品牌指标（如市场占有率、行业集中度、品牌渗透率等）和质量指标（如产品合格率、产品返修率等）等进行考察。最后，治理结构——衡量利润创造的保证。从多个角度考察公司的治理状况：信息披露程度和强度、董事会的独立性及多样性、执行赔偿、是否关心股东利益等。对那些管理结构较差，委托-代理制度混乱，以及在大股东操纵、内部人控制、担保欺骗、行受贿等方面存在可疑或违法行为的公司，将不予投资。相反，寻求具有以下特征的公司：具有多样化且独立的董事会；具有健全、可操作性强、权责明确的公司管理治理规则，能保证内控的贯彻实施；具有完善的风险管理和内部人监督体系；能强化信息披露，保证公司的透明度；注重培养健康、有道德的公司文化。同时，通过股东制衡表现（如大股东持股比例、股东持股量的集中度等）、管理层激励表现（如是否实施股权激励制度、高管人员的持股比例等）等具体量化指标进行考察。

其二，其他责任表现。首先，持续发展责任——保证企业与社会可持续发展的责任。从两方面对公司进行考察：一方面是环保责任，即公司保护和利用现有资源的责任履行情况。在评估公司环境保护方面的表现时，要求公司始终遵守国家及所在地方政府的环境政策和条例；有专门为保护环境及提高资源利用效率制订的方案及措施；每年有稳定的预算经费用于环境保护及治理。除上述三个基本标准外，更偏好于满足以下一个或多个要求的公司：公司本身拥有新能源开发、环保相关产品研发、经营等环保产业的一项或多项业务；实施独创性的有效防止污染、节约自然资源的环境保护方案，以表明公司正走在可持续发展的道路上；高层管理者具有环境保护意识和责任，并对那些在环境保护上做出成绩者给予奖赏；对可能造成环境污染的项目进行披露，并采取措施把污染降低到最低程度。在量化指标选择上，通过计算公司的单位收入能耗、单位工业产值主要污染物排放量、环保投资率、横向比较公司在同行业的环保表现等方法，评估公司的环保责任表现。另一方面是创新责任，即公司研发、创造新产品、新资源的责任。从公司来看，其研发能力、业务创新实力与公司的长期绩效紧密相关；从社会来看，一国的科研与创新能力是实现社会可持续发展的关键点，因此公司的创新能力表现也是基金重点关注的因素之一。基金寻求满足以下一个或多个要求的公司：拥有一项或多项在本行业具有先进水平的自主研发技术；每年新产品推出的速度和数量居行业前列；制定了切实可行的政策，奖励在创新方面做出突出贡献的员工；每年有稳定的经费专用于公司产品或服务的研发、创新。在量化指标的选择上，通过两大类指标考察公司的创新能力：一是创新产出指标，如新产品产值率、专利水平等项；二是创新潜力指标，包括技术创新投入率、技术开发人员比率等项。其次，法律责任——履行法律法规各项义务的责任。从两方面对公司进行考察：一方面是税收责任，即公司按照有关法律法规的规定，照章纳税和承担政府规定的其他责任义务。具体来看，要求公司积极配合政府的干预和监督，不逃税、偷税、漏税或非法避税；依照各项法律制度及时缴税、纳税；不存在挤占、挪用国家税款的违法行为。在具体的量化指标上，可通过资产纳税率、税款上缴率等指标对该项进行考察。另一方面是雇主责任，即公司承担对职工的福利、安全、教育等方面的责任。具体来看，要求公司严格遵守政府建立的各项劳动政策法规和制度条例，提供完备的员工利益保障；具有完备的员工健康安全保障体系及良好的安全性表现记录；强调使用法律来保障劳资双方的合法权益。在具体的量化指标上，可通过工资支付率、法定福利支付率、社保提取率、社保支付率等指标对该项进行考察。最后，道德责任——满足社会准则、规范和价值观、回报社会的责任。从两方面对公司进行考察。一方面是内部道德责任，即公司对内部员工的福利、未来发展等方面所承担的责任。基金寻求满足以下要求的公司：实施良好的员工培训计划，树立健康的劳工关系及劳资共赢的观念；建立效益挂钩的绩效制度与利益分享的激励机制。在具体的量化指标选择上，可以通过员工培训支出比率、员工人均年培训经费、员工工资增长率、就业贡献率等指标对该项进行考察。另一方面是外部道德责任，即公司对社会慈善事业和其他公益事业的社会责任。所投资的公司须有良好的反馈社会意识，积极投身于有益于国家和社会和谐发展的项目和产业，积极参与公益事业，主动把企业发展与社会发展融为一体，实现企业与社会的共同发展。具体而言，偏好于满足以下一个或多个要求的公司：坚定支持所在地的建设和活动，与公司所在地居民和社区的各类发展组织具有良好的合作关系；参与国家政策积极引导、大力提倡的投资项目或产业（如西部开发等）；在公司慈善、员工志愿者计划、弱势群体扶助等公益方面有较完善的实施计划及良好表现。在具体的量化指标选择上，可通过捐赠收入比率等指标对该项进行考察。

在精选股票的同时强调以下两个原则：一是行业内社会责任的相对表现；二是辅以优化行业配置策略调整最终的股票投资组合，以避免过高的行业配置风险。以四维社会责任综合指标作为投资评价依据，将定期（一般是一个季度）或不定期（突发事件）进行社会责任指标度量，并对不符合下述标准的股票予以剔除：一是相关指标发生变化导致其综合社会责任指标排名下降，不再符合相应股票组合入选标准的股票；二是发生重大、突发事件，导致某项指标严重违反基金设定的社会责任标准的股票。剔除的股票品种池将及时告知托管行。

第四，债券投资策略。采取久期偏离、收益率曲线配置和类属配置、无风险套利、杠杆策略和个券选择策略等积极投资策略，发现、确认并利用市场失衡实现组合增值。这些积极投资策略是在遵守投资纪律并有效管理风险的基础上做出的。基金还将凭借多年的可转债投资研究力量积累进行可转债品种投资，着重对可转债的发行条款、对应基础股票进行分析与研究，重点关注那些有较好盈利能力或成长前景的上市公司的可转债，并依据科学、完善的"兴业可转债评价体系"选择具有较高投资价值的个券进行投资。另外，对于公司发行的各类债券，将参考"兴全社会责任四维选股模型"对相关公司进行筛选。

第五，权证投资策略。综合考虑权证定价模型、市场供求关系、交易制度设计等多种因素对权证进行投资，主要运用的投资策略是正股价值发现驱动的杠杆投资策略、组合套利策略及复制性组合投资策略等。在进行充分风险控制和遵守证监会相关法律规定的基础上，投资于未来出现的新投资品种。

（二）添富基金（470028）投资方向及策略[①]

（1）投资目标：精选积极履行社会责任，并具有良好的公司治理结构、诚信优秀的管理层、独特核心竞争优势的优质上市公司，谋求基金资产的稳健增值。

（2）投资方向：具有良好流动性的金融工具，包括国内依法发行上市的股票、债券、货币市场工具、权证、资产支持证券及法律法规或证监会允许基金投资的其他金融工具。

投资组合比例为：股票资产占基金资产的 60%~95%；债券资产、货币市场工具、权证、资产支持证券及法律法规或证监会允许基金投资的其他证券品种占基金资产的 5%~40%，其中，基金持有全部权证的市值不得超过基金资产净值的 3%，基金保留的现金或投资于到期日在一年以内的政府债券的比例合计不低于基金资产净值的 5%，基金投资于积极履行社会责任的上市公司股票比例不低于股票资产的 80%。

（3）投资策略：第一，资产配置策略。综合分析和持续跟踪基本面、政策面、市场面等多方面因素（其中，基本面因素包括国民生产总值、居民消费价格指数、工业增加值、失业率水平、固定资产投资总量、发电量等宏观经济统计数据；政策面因素包括存款准备金率、存贷款利率、再贴现率、公开市场操作等货币政策、政府购买总量、转移支付水平及税收政策等财务政策；市场面因素包括市场参与者情绪、市场资金供求变化、市场 P/E 与历史平均水平的偏离程度等），结合全球宏观经济形势，研判国内经济的发展趋势，并在严格管理投资组合风险的前提下，确定或调整投资组合中股票、债券、货币市场工具和法律法规或证监会允许基金投资的其他品种的投资比例。

第二，个股精选策略。采用"自下而上"的个股精选策略，精选积极履行社会责任，并具有良好的公司治理结构、诚信优秀的管理层、独特核心竞争优势的优质上市公司。为了深刻理解投资对象的特征，持之以恒地贯彻和保持基金股票投资风格，基金管理人应用过滤模型来动态建立和维护核心股票库，审慎精选，严格高效管理风险，力求实现基金投资目标。

---

① 资料来源：东方财富网，更新于 2016 年 10 月 29 日。

首先，在全部股票中，按照基金投资范围的界定、基金管理人投资管理制度要求及股票投资限制，剔除其中不符合投资要求的股票（包括但不限于法律法规或公司制度明确禁止投资的股票、筹码集中度高且流动性差的股票、涉及重大案件和诉讼的股票等），筛选得到的公司组成基金的初选股票库。初选股票库将不定期地更新。

其次，基于初选股票库，基金管理人从利益相关者责任（包括但不限于上市公司对股东、债权人、职工、国家等的责任）和资源、环境责任（包括但不限于上市公司对生态环保承担的责任）等方面，将净资产收益率、资产负债率、职工获益率、资产纳税率、单位净利润废物排放量等定义为基金所关注的社会责任指标。各指标具体计算公式如下：

$$净资产收益率 = 上市公司净利润 \div 上市公司平均净资产 \times 100\%$$

$$资产负债率 = 上市公司负债总额 \div 上市公司资产总额 \times 100\%$$

$$职工获益率 = 上市公司支付职工工资、福利及社保基金总额$$
$$\div 上市公司营业收入总额 \times 100\%$$

$$资产纳税率 = 上市公司企业纳税总额 \div 上市公司平均资产总额 \times 100\%$$

$$单位净利润废物排放量 = 上市公司年废物排放量 \div 上市公司年净利润 \times 100\%$$

根据上述社会责任指标，基金管理人对备选股票进行动态综合评级，选择排名在前 1/3 的上市公司作为积极履行社会责任的上市公司。

在此基础上，基金管理人通过扎实的案例研究和详尽紧密的实地调研，结合卖方研究的分析，从信息披露、重要股东状况、激励约束机制等方面衡量公司治理结构，从管理层稳定性、工作能力、品行等方面考察管理层，从经营许可、规模、资源、技术、品牌、创新能力等方面评估竞争优势，从中选择具有良好的公司治理结构、诚信优秀的管理层、独特核心竞争优势的优质上市公司，组成基金的精选股票库。

再次，在精选股票库的基础上，基金管理人从内在价值、相对价值、收购价值等方面，考察动态市盈率（PEG）、市盈率（P/E）、市净率（P/B）、企业价值/息税前利润（EV/EBIT）、企业价值/息税、折旧、摊销前利润（EV/EBITDA）、自由现金流贴现（DCF）等一系列估值指标，从中选择估值水平相对合理的公司，组成基金的核心股票库。

最后，基金经理按照基金的投资决策程序，审慎精选，权衡风险收益特征后，根据二级市场波动情况构建股票组合并动态调整。

第三，债券投资策略。综合考虑收益性、风险性和流动性，在深入分析宏观经济、货币政策及市场结构的基础上，灵活运用各种消极和积极策略。

消极债券投资的目标是在满足现金管理需要的基础上为基金资产提供稳定的收益。主要通过利率免疫策略进行消极债券投资。利率免疫策略就是构造一个恰当的债券组合，使利率变动导致的价格波动风险与再投资风险相互抵消。这样无论市场利率如何变化，债券组合都能获得一个比较确定的收益率。

积极债券投资的目标是利用市场定价的无效率来获得低风险，甚至是无风险的超额收益。基金的积极债券投资主要基于对利率期限结构的研究。

利率期限结构描述了债券市场的平均收益率水平及不同期限债券之间的收益率差别，它取决于三个要素——货币市场利率、均衡真实利率和预期通货膨胀率。在深入分析利率期限结构的基础上，基金将运用利率预期策略、收益率曲线追踪策略进行积极投资。

基金也将从债券市场的结构变化中寻求积极投资的机会。国内债券市场正处于发展阶段，交易制度、债券品种体系和投资者结构也在逐步完善，这些结构变化会产生低风险，甚至无风险的套利机会。基金将借助经济理论和金融分析方法努力把握市场结构变化所带来的影响，并在此基础上寻求低风险，甚至无风险的套利机会，主要通过跨市场套利策略和跨品种套利策略来完成。

第四，权证投资策略。低成本避险和合理杠杆操作。将权证看做辅助性投资工具，其投资原则为优化基金资产的风险收益特征，有利于基金资产增值，有利于加强基金风险控制。在权证理论定价模型的基础上，综合考虑权证标的证券的基本面趋势、权证的市场供求关系及交易制度设计等多种因素，对权证进行合理定价。

第五，资产支持证券投资策略。分析资产支持证券的资产特征，估计违约率和提前偿付比率，并利用收益率曲线和期权定价模型，对资产支持证券进行估值。基金将严格控制资产支持证券的总体投资规模并进行分散投资，以降低流动性风险。

（三）建信基金（530019）投资方向及策略[①]

（1）投资目标：在有效控制风险的前提下，追求基金资产的稳健增值，力争在中长期为投资者创造高于业绩比较基准的投资回报。

（2）投资范围：具有良好流动性的金融工具，包括国内依法发行上市的股票（包含中小板、创业板及其他经证监会核准上市的股票）、债券、货币市场工具、银行存款、权证、资产支持证券、股指期货，以及法律法规和证监会允许基金投资的其他金融工具，但需符合证监会的相关规定。如法律法规或监管机构以后允许基金投资其他品种，基金管理人在履行适当程序后，可以将其纳入投资范围。

投资组合比例为：股票资产占基金资产的比例为60%~95%，其中投资于积极

---

① 资料来源：东方财富网，更新于2016年10月1日。

履行社会责任的上市公司股票比例不低于股票资产的 80%；债券、货币市场工具、银行存款、权证、资产支持证券，以及法律法规和证监会允许基金投资的其他证券品种占基金资产的比例为 0~40%，其中权证占基金资产净值的 0~3%，任何交易日日终在扣除股指期货合约需缴纳的交易保证金后现金或者到期日在一年以内的政府债券的比例合计不低于基金资产净值的 5%，其他金融工具的投资比例符合法律法规和监管机构的规定。

（3）投资理念：上市公司在谋求自身利益的同时兼顾社会责任是一种共赢战略，可真正意义上实现自身的可持续发展，并给投资者带来长期稳健的收益。在长期价值投资理念的基础上，坚持社会责任投资，重点考察企业社会责任的履行，立足企业基本面，"自下而上"精选个股，努力实现基金的投资目标。

（4）投资策略：第一，大类资产配置策略。根据各项重要的经济指标分析宏观经济发展变动趋势，判断当前所处的经济周期，进而对未来做出科学预测。在此基础上，结合对流动性及资金流向的分析，综合股市和债市的估值及风险分析进行灵活的大类资产配置。此外，将持续地进行定期与不定期的资产配置风险监控，适时地做出相应的调整。

其一，对宏观经济发展变动趋势的判断。宏观研究员根据各项重要的经济指标，如 GDP、产出缺口、通货膨胀率、利率水平、货币信贷数据等因素判断当前宏观经济所处的周期，并根据具体情况推荐适合投资的资产类别。一般来说，在经济复苏阶段，投资股票类资产可以获得较高的收益；在经济过热阶段，适当降低股票投资比例可以降低系统性风险；在滞胀阶段，最佳的资产配置策略应当是降低股票仓位持有现金；在经济萧条阶段，债券类资产是优先选择的投资品种。凭借实力雄厚的宏观经济研究团队，对宏观经济发展变动趋势做出判断，从而指导基金投资的大类资产配置策略。

其二，对流动性和资金流向的分析。资产价格的长期变化是由社会发展和经济变动的内在规律决定的，但是资产价格的短期变化受流动性和资金流向的影响。这一点在股票市场上体现得尤其明显。此外，通过对宏观经济运行规律的深入研究，以及对估值的客观分析能判断大类资产价格变动趋势，却无法得知资产价格变动的节奏，但资金流向分析可以弥补这一缺点。基于以上判断，基金将对流动性和资金的流向进行监控，充分利用目前可得的信息，着重从货币供应量、银行信贷、储蓄存款余额、股市成交量和成交额、银行回购利率走势等方面进行判断。

其三，对股市及债市估值及风险分析。采用相对估值法和绝对估值法相结合的方法衡量股市的估值水平及风险。其中，相对估值法主要是通过将 A 股当前估值水平与历史估值水平，以及与同一时期 H 股和国际股市的估值水平进行比较，再结合对 A 股合理溢价波动区间的分析，判断当前 A 股市场估值水平是否合理；绝对估值法则主要采用 FED 模型、DCF 模型和 DDM 模型计算 A 股市场的合理估值水平，并与当前市场估值进行比较，从而判断市场的估值风险。

从以下两方面分析债券市场估值和风险：一方面，通过对利率走势、利率期限结构等因素的分析，预测债券的投资收益和风险；另一方面，对宏观经济、行业前景及公司财务进行严谨的分析，考察其对企业信用利差的影响，从而进行信用类债券的估值和风险分析。

具体来说，资产配置具体流程如下：①根据各项重要的经济指标分析宏观经济发展变动趋势，判断当前所处的经济周期；②进行流动性及资金流向的分析，确定中、短期的市场变化方向；③计算股票市场、债券市场估值水平及风险分析，评价不同市场的估值优势；④对不同调整方案的风险、收益进行模拟，确定最终资产配置方案。

第二，行业配置策略。其一，行业的筛选。在定性分析方面，采用"双向行业筛选法"对投资的行业进行调整，首先运用"积极筛选法"超配或寻求在持续发展责任、法律责任、内外部道德责任履行等方面具有较好表现的行业；其次运用"消极筛选法"低配或规避在持续发展责任、法律责任、内外部道德责任履行等方面具有较差表现的行业，定期动态优化行业配置资产。

其二，行业的配置。从定性分析和定量分析两个角度对行业进行考察，并据此进行股票投资的行业配置。

在定性分析方面，以宏观经济运行和经济景气周期监测为基础，利用经济周期、行业的市场容量和增长空间、行业发展政策、行业结构变化趋势、行业自身景气周期等多个指标把握不同行业的景气度变化情况和业绩增长趋势，动态调整行业资产配置权重，积极把握行业景气变化中的投资机会。重点关注如下几类行业：国家经济政策重点扶持的行业、受益于当前经济运行周期的行业、长期增长前景看好的行业、行业景气度高或处于拐点的行业。

定量分析指标主要包括行业相对估值水平、行业相对利润增长率、行业 PEG等。重点关注相对估值水平合理、利润增长率高、PEG 较低的行业。

第三，个股投资策略。采取"社会责任"和"基本面"双因素选股策略。首先利用"建信社会贡献筛选模型"进行第一轮筛选，其次由研究员从基本面角度进行第二轮筛选。经过两轮筛选后，投资团队再在此基础上进行"自上而下"和"自下而上"的个股选择，实现股票资产的配置和调整。

其一，"社会责任"筛选。首先利用"建信社会贡献筛选模型"对上市公司进行"社会责任"的筛选。企业社会责任是指企业在创造利润、对股东利益负责的同时，还要承担对员工、环境和社会的责任。而企业社会责任的履行其实就是指企业对股东、员工、国家、社会等利益相关者做出的贡献。因此基金建立了"建信社会贡献筛选模型"对企业的社会责任进行量化衡量。"建信社会贡献筛选模型"通过一系列的社会责任指标综合衡量上市公司为社会相关方创造的价值及对社会造成的成本，进而综合衡量上市公司的社会责任贡献程度。社会责任指标包括但不限于：利用净利润来衡量公司为股东创造的价值，利用除增值税以外的消费税、营业税、所得税、资源税、城建税等支付的税收来衡量公司为国家创造的价值，利用支付给职工的工资、福利及社保基金总额等来衡量公司为员工所创造的价值，利用借款利息来衡量公司为银行等债权人创造的价值，利用企业对外捐赠等来衡量公司为其他利益相关者创造的价值，利用上市公司因废水、废气、固体废物等排放造成的环境成本减去公司环保项目等支出来衡量公司因环境污染等因素对社会造成的社会成本。

利用"建信社会贡献筛选模型"对上市公司的上述社会责任指标进行量化衡量，对上市公司的社会贡献程度进行综合评价和动态综合评级，同时将选择各行业的上市公司中社会责任贡献程度最好的80%作为积极履行社会责任的上市公司。

其二，"基本面"筛选。经过第一轮社会责任筛选之后，公司研究员在此基础上从基本面角度进行第二轮筛选，采用的基本面筛选方法为四因素模型，即考虑"治理结构、竞争能力、财务状况及估值水平"四个方面的因素。治理结构分析主要考察公司是否已建立起完善的法人治理结构，公司的经营活动是否高效、有序等；竞争能力分析主要考察公司的管理者素质、市场营销能力、技术创新能力、专有技术、特许权、品牌、重要客户等方面；财务状况分析主要考察公司的财务安全性指标，反映行业特性的主要财务指标、公司股权和债权融资能力与成本分析、公司再投资收益率分析等；估值水平分析，如果公司具有竞争能力、财务状况良好，但是股价已经被严重高估，股票将丧失吸引力。因此将对股票进行估值分析，基金管理人将关注 PE、PB、PS 等指标。对于这些指标，除了静态分析以外，基金管理人还将根据对公司的深入研究及盈利预测，进行动态分析。综上所述，基金将重点关注公司治理结构完善、竞争能力强、财务状况良好、估值合理，甚至低估的公司，来实现对投资组合的合理构建。

其三，市场调研与动态调整。重视市场调研，获取第一手信息，以提高投资的准确性，尽可能规避基本面风险。公司研究员或基金投资团队将对重点公司进行实地调研，在调研基础上形成投资决策。投资团队在通过上述"自上而下"和"自下而上"相结合的方式进行个股选择的同时，将根据宏观经济、政策及公司基本面的变化，对个股投资比例进行动态调整，以此来持续优化投资组合，提高投资收益。

第四，新股申购策略。基金将研究首次发行（initial public offerings，IPO）股票及增发新股的上市公司的社会责任履行情况和基本面因素，根据股票市场整体定价水平，估计新股上市交易的合理价格，同时参考一级市场资金供求关系，从而制定相应的新股申购策略。基金对于通过参与新股认购所获得的股票，将根据其市场价格相对于其合理内在价值的高低，确定继续持有或者卖出。

第五，债券投资策略。在债券组合的构造和调整上，综合运用久期管理策略、期限配置策略、类属配置策略、套利策略等组合管理手段进行日常管理。

其一，久期管理策略。建立了债券分析框架和量化模型，预测利率变化趋势，确定投资组合的目标平均久期，实现久期管理。将债券市场视为金融市场整体的一个有机部分，通过"自上而下"对宏观经济形势、财政与货币政策及债券市场资金供求等因素的分析，主动判断利率和收益率曲线可能移动的方向与方式，并据此确定收益资产组合的平均久期。当预测利率和收益率水平上升时，建立较短平均久期或缩短现有收益资产组合的平均久期；当预测利率和收益率水平下降时，建立较长平均久期或增加现有收益资产组合的平均久期。

建立的分析框架包括宏观经济指标和货币金融指标，分析金融市场中各种关联因素的变化，从而判断债券市场趋势。宏观经济指标有 GDP、CPI/PPI（producer price index，即生产价格指数）、固定资产投资、进出口贸易；货币金融指标包括货币供应量 M1/M2、新增贷款、新增存款、超额准备金率。

其二，期限配置策略。基金资产组合中长期、中期、短期债券主要根据收益率曲线形状的变化进行合理配置。具体来说，基金在确定收益资产组合平均久期的基础上，将结合收益率曲线变化的预测，适时采用跟踪收益率曲线的骑乘策略或者基于收益率曲线变化的子弹、杠铃及梯形策略构造组合，并进行动态调整。

其三，类属配置策略。基金资产在不同类属债券资产间的配置策略主要依靠信用利差管理和信用风险管理来实现。在信用利差管理策略方面，首先分析经济周期和相关市场变化对信用利差曲线的影响；其次将分析信用债市场容量、结构、流动性等变化趋势对信用利差曲线的影响；最后综合各种因素，分析信用利差曲线整体及各类型信用债信用利差走势，确定各类债券的投资比例。同时将根据经济运行周期，分析公司债券、企业债券等信用债发行人所处行业发展状况、行业景气度、市场地位，并结合发行人的财务状况、债务水平、管理能力等因素，评价债券发行人的信用风险、债券的信用级别，对各类信用债券的信用风险进行有效的管理。

其四，套利策略。在市场低效或无效状况下，将根据市场实际情况，积极运用各类套利及优化策略对收益资产投资组合进行管理与调整，捕捉交易机会，以获取超额收益。

一是回购套利：适时运用多种回购交易套利策略以增强静态组合的收益率，如运用回购与现券的套利、不同回购期限之间的套利进行相对低风险套利操作等，从而获得杠杆放大收益。

二是跨市场套利：利用同一只债券类投资工具在不同市场（主要是银行间市场与交易所市场）的交易价格差进行套利，从而提高收益资产组合的投资收益。

第六，股指期货投资策略。通过对所投资股票头寸的流动性、风险程度等因素的评估，确定是否需要进行套期保值。进行股指期货投资的目的是对股票组合进行套期保值，即减小现货资产的价格波动风险，从而使套期保值组合的风险最小。将采取以下步骤开展组合资产的套期保值。

其一，确定套期保值目标现货组合、期限及交易方向。套期保值的目标现货组合是指需要进行套期保值的股票资产，这部分资产可以是基金持有或者将要持有的所有股票资产，也可以是部分股票资产。通过对国内外宏观经济运行趋势、财政及货币政策、市场资金供需状况、股票市场估值水平、固定收益类资产收益水平等因素进行分析，结合对股票头寸的流动性、风险程度等因素的测评，以确定需要进行套期保值的股票组合和套期保值期限。

根据期货合约的不同交易方向，套期保值分为两类，即买入套期保值、卖出套期保值。买入套期保值（又称多头套期保值）是在期货市场买入期货合约，用期货市场多头对冲现货市场上行风险，主要用于降低基金建仓期股票价格大幅上涨的风险；卖出套期保值（又称空头套期保值）是在期货市场中卖出期货合约，用期货市场空头对冲现货市场的下行风险，以规避基金运作期间股票价格下跌的风险。将根据实际需要确定交易方向。

其二，选择股指期货合约开仓种类。在期货合约选择方面，将遵循品种相同或相近，以及月份相同或相近的原则。如果市场上存在以不同指数为标的的股票指数期货，则将选择与目标现货组合相关性较强的指数为标的的股票指数期货进行套期保值。综合权衡所承担的基差风险、合约的流动性及展期成本等因素，确定最有利的合约或者合约组合进行开仓。

其三，根据最优套期保值比例确定期货头寸。通过最优套期保值比例来确定期货头寸，以目标资产组合与期货标的指数之间的 β 系数作为最优套期保值比例。

其四，初始套期保值组合的构建及调整。计算得到最优的套期保值比例后，将其转换为具体的期货合约数，计算得到合约数量后，根据选择股指期货合约开仓种类构建套期保值组合。

其五，合约的展期。当标的指数期货存在两种及两种以上近月合约时，利用各类近期合约的择机转换策略从而获取最大的套保收益，原则上将以价差的波动程度作为合约转换的主要依据。一般情况下，基金将根据价差的变化在各类近期合约的转换过程中完成合约的展期，但当价差稳定时，将持有现有的合约组合到期，交割结算完成后重新计算最优套期保值比例、选择开仓合约种类，从而重新构造股指货合约组合对现货投资组合继续进行套期保值。

其六，动态调整。基于现货组合市值、股票组合 β 值的变动情况，动态确定套期保值过程中的最优套期保值比例，并适时对组合中的期货头寸进行调整。因此将根据目标资产 β 值的稳定性和调整成本，设定一定的阀值，当套期保值比例变化率超过该阀值时，调整期货合约数，以达到较好的套期保值效果。

第七，权证投资策略。权证投资以权证的市场价值分析为基础，配以权证定价模型寻求其合理估值水平，以主动式的科学投资管理为手段，充分考虑权证资产的收益性、流动性及风险性特征，通过资产配置、品种与类属选择，追求基金资产稳定的当期收益。

第八，资产支持证券投资策略。综合运用久期管理、收益率曲线、个券选择和把握市场交易机会等积极策略，在严格控制风险的情况下，通过信用研究和流动性管理，选择风险调整后收益较高的品种进行投资，以期获得长期稳定收益。

三、基金近几年表现

1. 持有股票数量

笔者根据半年报和年报，统计了三只基金自成立日起持有股票数量的变动情况，见表 4.1。

表 4.1　基金持股数量（单位：只）

时间	340007	470028	530019
2011 年半年报	47	34	0
2011 年年报	42	20	0
2012 年半年报	43	51	0
2012 年年报	45	39	0
2013 年半年报	55	39	34
2013 年年报	62	46	39
2014 年半年报	62	44	46
2014 年年报	48	41	33
2015 年半年报	52	55	40
2015 年年报	41	92	40
平均值	49.7	46.1	38.7

由表 4.1 可知，兴全基金持有股票数量在 41~62 只，平均值为 49.7 只；添富基金持有股票数量在 20~92 只，平均值为 46.1 只；建信基金成立较晚，从 2013

年起，其股票持有数量在 33~46 只，平均值为 38.7 只。

2. 换手率

换手率用于衡量基金投资组合变化的频率及基金经理持有某只股票平均时间的长短，由表 4.2 可知，兴全基金平均换手率为 1.321 0；汇添富基金平均换手率为 3.136 5；建信基金平均换手率为 4.708 3。

表 4.2　基金换手率（单位：%）

年份	340007	470028	530019
2010	1.364 0	0.000 0	0.000 0
2011	0.858 5	0.962 1	0.000 0
2012	1.463 3	4.494 8	0.000 0
2013	1.324 9	3.867 5	4.804 4
2014	1.092 1	3.136 3	3.073 4
2015	1.823 1	3.221 9	6.247 2
平均值	1.321 0	3.136 5	4.708 3

3. 行业配置

基金的行业配置反映了基金对行业的投资偏好，如表 4.3 所示，兴全基金主要集中于制造业 C（平均值 61.25%）以及信息传输、软件和信息技术服务业 I（平均值 12.57%）；汇添富基金主要集中于 C 制造业，平均值 44.75%；建信基金主要集中于 C 制造业（平均值 47.18%）。

表 4.3　基金行业配置（单位：%）

兴全基金 行业配置	行业 1	占比	行业 2	占比	行业 3	占比
2011 年半年报	制造业 C	49.31	金融业 J	13.83	信息传输、软件和信息技术服务业 I	9.61
2011 年年报	制造业 C	58.94	金融业 J	14.02	信息传输、软件和信息技术服务业 I	6.13
2012 年半年报	制造业 C	36.18	金融业 J	21.18	采掘业 B	7.58
2012 年年报	制造业 C	49.73	金融业 J	21.48	房地产业 K	9.67
2013 年半年报	制造业 C	76.34	综合 S	9.66	批发和零售贸易 H	2.34
2013 年年报	制造业 C	73.48	信息传输、软件和信息技术服务业 I	7.71	综合 S	3.93
2014 年半年报	制造业 C	70.26	信息传输、软件和信息技术服务业 I	14.20	综合 S	2.61

续表

兴全基金行业配置	行业1	占比	行业2	占比	行业3	占比
2014 年年报	制造业 C	63.98	信息传输、软件和信息技术服务业 I	19.06	电力、热力、燃气及水生产和供应业	7.99
2015 年半年报	制造业 C	61.34	信息传输、软件和信息技术服务业 I	19.00	建筑业 E	4.50
2015 年年报	制造业 C	72.93	信息传输、软件和信息技术服务业 I	12.30	交通运输、仓储和邮政业 G	3.78
添富基金行业配置	行业1	占比	行业2	占比	行业3	占比
2011 年半年报	制造业 C	19.37	采掘业 B	7.04	批发和零售贸易 H	3.85
2011 年年报	制造业 C	45.17	采掘业 B	11.29	批发和零售贸易 H	7.57
2012 年半年报	制造业 C	45.80	房地产业 K	10.22	采掘业 B	5.77
2012 年年报	制造业 C	49.20	房地产业 K	13.16	建筑业 E	12.01
2013 年半年报	制造业 C	55.22	建筑业 E	10.57	房地产业 K	10.00
2013 年年报	制造业 C	80.07	信息传输、软件和信息技术服务业 I	3.93	批发和零售贸易 H	2.02
2014 年半年报	制造业 C	63.72	信息传输、软件和信息技术服务业 I	12.34	批发和零售贸易 H	5.99
2014 年年报	信息传输、软件和信息技术服务业 I	41.53	制造业 C	26.28	金融业 J	20.83
2015 年半年报	信息传输、软件和信息技术服务业 I	61.94	制造业 C	24.88	文化、体育和娱乐业 R	4.81
2015 年年报	制造业 C	37.79	信息传输、软件和信息技术服务业 I	25.56	建筑业 E	7.01
建信基金行业配置	行业1	占比	行业2	占比	行业3	占比
2013 年半年报	制造业 C	47.97	房地产业 K	12.63	金融业 J	9.21
2013 年年报	制造业 C	44.19	信息传输、软件和信息技术服务业 I	14.91	交通运输、仓储和邮政业 G	4.50
2014 年半年报	制造业 C	72.41	信息传输、软件和信息技术服务业 I	4.06	租赁和商务服务业 L	2.55
2014 年年报	制造业 C	24.45	金融业 J	28.19	房地产业 K	20.63
2015 年半年报	制造业 C	47.25	信息传输、软件和信息技术服务业 I	10.44	房地产业 K	9.64
2015 年年报	制造业 C	46.81	信息传输、软件和信息技术服务业 I	21.84	水利、环境和公共设施管理 N	5.15

4. 关于股票配置

根据证监会网站的数据，并查阅了一些烟草相关股票，笔者发现三只基金没有持有烟草相关股票。2011 年 3 月 15 日，双汇"瘦肉精"事件曝光，而兴全基金 2011 年二季度的十大重仓股中出现了双汇发展（股票代码：000895），并在第三季度和第四季度，净值比例不断上升。

综上，目前三只社会责任基金并未完全落实以"社会责任"选股的投资标准，至少在公告中，笔者很难读出这样的内容。但是，如果以价值投资的一些标准来衡量，这三只基金在换手率、股票持有数等方面比目前一些价值投资基金更要满足要求。其中一个重要原因是这三只基金均追求稳定，因为各基金在报告中也曾提到偏好估值低或是有瓶颈行业中的龙头企业。

第二节　基金重仓股的社会责任投资情况

为了测度三只基金是否按照社会责任投资的标准甄选股票，这里参考 2013 年中国社会科学院企业社会责任研究中心公布的上市公司企业社会责任指数排名的前 100 名结果[①]。基金的全部持股比例仅在年报和半年报中公布，而基金的前十重仓股是每季的公开数据，因此本书选取季度数据进行分析。本书将各基金每季度持有的前十重仓股与中国社会科学院的名单进行比对，笔者发现三只基金的表现都很不理想。

一、兴全基金重仓股分析

通过基金的季报可以得到兴全基金 2008 年二季度至 2015 年一季度的重仓股信息，见表 4.4。

---

① 资料来源：责任云（www.zerenyun.com）。

表 4.4　兴全基金重仓股信息（单位：%）

时间	重仓股 1	重仓股 2	重仓股 3	重仓股 4	重仓股 5	重仓股 6	重仓股 7	重仓股 8	重仓股 9	重仓股 10	重仓股在 100 强中的数目/只
2008 年 6 月	600036	600176	600016	600000	600686	600270	600616	600019	601006	600798	3
重仓股比例	5.090 0	4.770 0	3.000 0	2.560 0	2.060 0	1.340 0	1.210 0	1.200 0	1.050 0	0.800 0	
2008 年 9 月	600036	600176	600016	600123	600600	600019	600686	000061	600309	600270	3
重仓股比例	8.510 0	6.380 0	4.490 0	4.210 0	4.030 0	4.010 0	3.450 0	2.790 0	2.600 0	2.600 0	
2008 年 12 月	000629	600036	600600	600196	600123	600309	600000	002091	600500	000061	3
重仓股比例	9.880 0	6.610 0	4.890 0	3.760 0	3.640 0	3.300 0	2.250 0	2.190 0	1.930 0	1.860 0	
2009 年 3 月	000629	600036	601318	600770	600276	600309	601328	600426	600586	600123	2
重仓股比例	6.160 0	4.600 0	3.120 0	3.100 0	3.090 0	3.060 0	2.780 0	2.720 0	2.600 0	2.480 0	
2009 年 6 月	600276	002038	000933	600770	600036	601328	601088	000839	000009	002065	2
重仓股比例	6.440 0	3.900 0	3.900 0	3.650 0	3.570 0	3.280 0	2.820 0	2.630 0	2.480 0	2.480 0	
2009 年 9 月	600276	600000	002038	002001	600315	600415	600770	002065	000422	600269	1
重仓股比例	7.580 0	4.280 0	4.170 0	3.410 0	3.360 0	2.970 0	2.680 0	2.680 0	2.580 0	2.470 0	
2009 年 12 月	600276	002038	601318	600316	600036	600570	600000	002092	000422	002001	3
重仓股比例	7.050 0	3.440 0	3.370 0	3.250 0	3.180 0	3.140 0	3.100 0	2.900 0	2.780 0	2.560 0	
2010 年 3 月	002007	600276	601318	601166	600000	600036	600570	600316	002038	002001	4
重仓股比例	5.020 0	4.930 0	4.050 0	3.910 0	3.630 0	3.610 0	3.440 0	3.250 0	3.230 0	2.660 0	
2010 年 6 月	601318	002007	600276	600570	600036	600000	002038	600315	002065	601607	3
重仓股比例	7.360 0	5.950 0	5.120 0	3.530 0	3.280 0	2.980 0	2.970 0	2.950 0	2.570 0	2.420 0	
2010 年 9 月	601318	002007	600276	600036	600887	600570	600315	600316	002250	600352	2
重仓股比例	7.660 0	5.910 0	5.760 0	3.790 0	3.610 0	3.610 0	3.520 0	3.510 0	3.360 0	2.970 0	
2010 年 12 月	600276	601318	600570	002250	600316	600887	600036	600123	600298	600970	2
重仓股比例	7.060 0	5.800 0	4.700 0	3.930 0	3.710 0	3.550 0	3.280 0	2.900 0	2.770 0	2.680 0	
2011 年 3 月	600316	600570	600104	601318	600276	600036	002250	002073	600887	600970	3
重仓股比例	5.350 0	4.940 0	4.760 0	4.630 0	4.510 0	3.930 0	3.800 0	3.770 0	3.640 0	3.130 0	
2011 年 6 月	600316	601318	600570	600276	600036	002073	002250	000895	600887	002001	2
重仓股比例	7.230 0	5.480 0	5.280 0	5.220 0	4.480 0	4.470 0	4.270 0	4.250 0	4.180 0	3.420 0	
2011 年 9 月	002450	600316	002250	600887	000776	600570	000895	002073	600276	002422	2
重仓股比例	5.930 0	5.580 0	5.430 0	5.140 0	5.120 0	4.840 0	4.670 0	4.480 0	4.430 0	3.790 0	
2011 年 12 月	002450	600887	002250	000895	600276	600316	000776	601318	002073	002001	2
重仓股比例	6.610 0	6.310 0	5.360 0	5.120 0	4.800 0	4.750 0	4.220 0	3.730 0	3.590 0	3.390 0	
2012 年 3 月	601166	000776	002250	002450	000895	601318	600276	600316	002001	600036	4
重仓股比例	5.860 0	5.640 0	5.510 0	5.440 0	5.200 0	4.270 0	4.170 0	3.820 0	3.540 0	3.230 0	

续表

时间	重仓股 1	重仓股 2	重仓股 3	重仓股 4	重仓股 5	重仓股 6	重仓股 7	重仓股 8	重仓股 9	重仓股 10	重仓股在 100 强中的数目/只
2012 年 6 月	002250	000776	601318	600256	600276	601166	002001	000895	600157	002450	3
重仓股比例	6.180 0	5.930 0	5.390 0	4.590 0	4.560 0	4.500 0	4.430 0	4.290 0	4.230 0	4.030 0	
2012 年 9 月	002250	600256	002450	601318	600276	601166	002001	000895	600157	600315	2
重仓股比例	6.780 0	5.200 0	5.050 0	4.980 0	4.790 0	4.700 0	3.980 0	3.790 0	3.400 0	2.920 0	
2012 年 12 月	600256	601166	002250	002450	600036	601318	600276	002001	600000	000895	4
重仓股比例	8.340 0	6.880 0	6.760 0	5.540 0	5.340 0	4.980 0	4.150 0	3.830 0	3.670 0	3.480 0	
2013 年 6 月	600256	600867	002450	002250	002241	600332	002038	300088	000895	002008	0
重仓股比例	9.658 9	6.973 3	6.649 7	5.411 0	4.192 9	4.073 7	3.461 1	3.330 0	3.258 1	2.888 3	
2013 年 9 月	600256	600867	002250	000895	002475	300146	300088	600332	002038	300079	0
重仓股比例	9.368 4	8.585 1	6.597 2	4.278 5	4.228 0	4.210 0	4.101 1	4.057 0	3.712 3	3.221 4	
2013 年 12 月	600867	300146	002475	000895	600256	002038	002250	300088	002008	002450	0
重仓股比例	7.498 2	5.242 1	5.025 7	4.206 2	3.931 3	3.710 2	3.702 5	3.477 9	3.279 8	3.169 6	
2014 年 3 月	600867	002475	600256	300146	300017	300088	000895	002008	002250	002038	0
重仓股比例	7.413 0	6.277 1	5.991 3	5.851 9	5.286 7	4.937 3	4.075 7	3.610 4	3.536 5	3.527 5	
2014 年 6 月	600867	300017	002475	002450	300088	002250	002038	002008	000895	300049	0
重仓股比例	7.571 9	6.594 6	6.327 9	5.373 1	4.793 5	3.831 7	3.591 9	3.078 1	2.856 0	2.823 9	
2014 年 9 月	600867	002450	300017	600674	002502	002250	000625	300049	002008	002085	1
重仓股比例	7.865 5	7.312 4	6.556 0	5.176 4	4.495 6	4.332 4	4.146 1	3.589 5	3.380 1	3.062 0	
2014 年 12 月	300017	600674	000625	600867	600399	002450	002475	300049	002085	002502	1
重仓股比例	8.882 3	7.992 8	7.088 3	6.852 1	6.569 3	5.724 0	4.417 0	4.099 2	4.096 9	3.758 9	
2015 年 3 月	300017	002081	000625	002450	600867	300049	600674	600399	002085	002502	1
重仓股比例	7.852 5	6.203 7	5.653 7	5.330 1	5.327 3	4.905 1	4.650 1	4.230 9	3.768 8	3.580 2	

从表 4.4 可以看出，每一季度兴全基金重仓股在社会责任名单中的个数都没有超过 4 个，有五个季度的数据甚至为 0，通过计算，即用重仓股在 100 强中的数目之和/季度个数，可得兴全基金平均仅有 1.64（46/28）只重仓股在社会责任名单里。

二、建信基金重仓股分析

通过基金的季报可以得到建信基金 2011 年二季度至 2015 年一季度的重仓股信息，见表 4.5。

表 4.5　添富基金重仓股信息（单位：%）

时间	重仓股 1	重仓股 2	重仓股 3	重仓股 4	重仓股 5	重仓股 6	重仓股 7	重仓股 8	重仓股 9	重仓股 10	重仓股在 100 强中的个数/只
2011 年 6 月	600519	600415	002241	600535	000968	600123	000915	600079	600859	600062	1
重仓股比例	5.110 0	1.700 0	1.470 0	1.460 0	1.410 0	1.310 0	1.250 0	1.220 0	1.200 0	1.190 0	
2011 年 9 月	600519	600997	002241	000501	600859	600535	600887	601699	002123	601601	2
重仓股比例	8.350 0	2.890 0	2.520 0	2.360 0	2.230 0	2.200 0	2.140 0	2.060 0	1.920 0	1.920 0	
2011 年 12 月	600519	002241	600535	000501	000538	600887	600859	002353	600000	300124	2
重仓股比例	9.270 0	3.480 0	3.390 0	2.710 0	2.630 0	2.620 0	2.420 0	2.240 0	2.120 0	2.060 0	
2012 年 3 月	600519	000895	002241	600887	000538	000501	600403	600036	601699	600535	3
重仓股比例	4.770 0	3.690 0	3.480 0	3.150 0	3.100 0	2.910 0	2.870 0	2.740 0	2.470 0	2.220 0	
2012 年 6 月	600519	002241	002304	000895	000538	601601	000501	600535	002375	600403	2
重仓股比例	5.480 0	5.380 0	4.590 0	3.460 0	3.090 0	3.010 0	2.830 0	2.620 0	2.570 0	2.500 0	
2012 年 9 月	002241	600519	002304	002236	000538	600702	002375	000895	000799	000049	2
重仓股比例	7.150 0	4.820 0	4.590 0	4.480 0	3.480 0	3.380 0	3.090 0	2.780 0	2.720 0	2.720 0	
2012 年 12 月	002236	002241	601318	000671	600519	002353	600702	000538	000961	002007	2
重仓股比例	6.560 0	5.740 0	4.930 0	4.870 0	4.370 0	4.100 0	3.510 0	3.330 0	3.000 0	2.940 0	
2013 年 3 月	000671	002635	002236	000423	600518	002081	600389	002007	002353	600887	1
重仓股比例	6.310 0	5.580 0	5.270 0	4.920 0	4.870 0	4.500 0	3.910 0	3.780 0	3.780 0	3.620 0	
2013 年 6 月	000671	002081	002241	002635	002236	600406	002353	300157	002004	002415	1
重仓股比例	9.362 7	8.650 9	7.936 4	7.128 8	6.133 6	5.093 6	4.891 8	4.181 6	3.497 6	3.091 7	
2013 年 9 月	002241	002635	002236	000671	002007	002004	002148	600389	300168	601231	0
重仓股比例	9.809 4	8.450 7	7.393 4	7.018 3	6.366 2	5.289 6	4.729 9	4.423 0	3.768 9	3.281 8	
2013 年 12 月	002241	002635	002236	600389	002007	002049	300177	002475	300045	000915	0
重仓股比例	9.148 3	9.069 9	7.760 9	6.254 4	5.685 9	5.615 6	4.073 4	3.909 8	3.893 0	3.263 4	
2014 年 3 月	002635	300168	600422	300006	600998	300005	002007	000671	002437	000915	0
重仓股比例	8.495 2	5.035 5	4.260 3	4.109 7	3.819 7	3.562 2	3.528 7	3.398 6	3.194 7	3.079 6	
2014 年 6 月	002635	300312	002414	002555	002019	300168	300006	300016	002475	600998	0
重仓股比例	7.918 8	5.055 2	4.804 8	4.688 6	4.572 7	4.453 0	4.077 1	3.980 9	3.463 9	3.431 0	
2014 年 9 月	300168	002491	002019	300006	300016	300220	002382	300226	300043	600037	0
重仓股比例	9.668 4	5.887 4	5.794 4	4.910 8	4.777 2	4.688 6	4.656 0	4.495 0	3.870 2	3.583 0	
2014 年 12 月	300168	601318	601166	300016	300059	000948	002382	002657	600061	600184	2
重仓股比例	9.530 4	9.346 8	8.500 0	6.758 0	6.594 8	5.575 7	5.242 3	4.961 1	3.391 2	3.165 1	
2015 年 3 月	300085	600446	002175	300226	002649	002152	002657	300033	600271	002055	1
重仓股比例	7.267 2	7.091 8	6.369 3	5.952 4	5.716 0	5.419 0	5.373 0	4.981 6	3.247 8	3.107 0	

从表 4.5 可以看出，每一季度建信基金重仓股在社会责任名单中的个数都非

常少，有 5 个季度的数据甚至为 0，通过计算可得建信基金平均仅有 0.75（12/16）只重仓股在社会责任名单里。

三、添富基金重仓股分析

通过基金的季报可以得到添富基金 2012 年四季度至 2015 年一季度的重仓股信息，见表 4.6。

表 4.6　添富基金重仓股信息（单位：%）

时间	重仓股 1	重仓股 2	重仓股 3	重仓股 4	重仓股 5	重仓股 6	重仓股 7	重仓股 8	重仓股 9	重仓股 10	重仓股在 100 强中的个数/只
2012 年 12 月	601299	601390	600104	002055	600143	002595	601318	601628	002073	000543	4
重仓股比例	3.530 0	3.530 0	3.450 0	3.090 0	3.070 0	2.970 0	2.800 0	2.660 0	2.570 0	2.560 0	
2013 年 3 月	601318	600143	000651	002595	002073	300134	600048	600104	601058	000690	2
重仓股比例	8.914 1	4.999 8	4.996 7	4.703 6	4.495 1	4.442 3	4.399 1	3.460 6	3.132 2	3.064 2	
2013 年 6 月	000002	601318	600143	002073	002595	000527	300198	601058	002081	600757	2
重仓股比例	5.546 9	5.397 1	4.873 5	4.631 2	4.625 3	3.806 4	3.755 0	3.122 4	2.976 3	2.898 0	
2013 年 9 月	600089	002595	002065	002024	300198	002104	601126	300134	600859	000063	3
重仓股比例	4.983 5	4.797 9	4.689 1	4.603 8	4.442 4	3.047 0	3.041 3	2.917 0	2.849 1	2.542 6	
2013 年 12 月	600089	600690	000581	600585	002065	002470	000541	300296	002111	000651	2
重仓股比例	4.872 1	4.869 9	4.814 2	4.328 0	4.161 6	3.069 0	2.954 7	2.808 4	2.701 7	2.609 0	
2014 年 3 月	000541	002437	002065	600089	600690	300070	000581	300296	600580	603000	2
重仓股比例	5.152 7	4.693 9	3.956 9	3.563 8	3.133 8	3.069 2	2.957 0	2.883 4	2.764 8	2.665 7	
2014 年 6 月	000541	600690	002073	600580	002465	002104	002470	002013	300003	002049	1
重仓股比例	4.337 3	3.439 3	2.969 1	2.881 3	2.843 3	2.813 3	2.768 8	2.740 3	2.719 3	2.560 8	
2014 年 9 月	601098	002008	002100	002111	002470	002073	002366	601989	002104	600372	0
重仓股比例	4.415 6	4.297 6	3.481 9	2.855 5	2.645 2	2.638 6	2.470 8	2.458 9	2.442 0	2.428 7	
2014 年 12 月	601318	000002	600048	000024	601628	600089	600690	600036	601336	000651	9
重仓股比例	7.046 6	6.783 9	5.781 3	5.707 4	4.660 4	3.604 2	3.563 2	3.338 5	2.865 9	2.833 4	
2015 年 3 月	601318	000625	600089	600388	600690	300017	600048	600837	000776	000024	8
重仓股比例	8.782 3	4.934 8	4.806 0	4.543 5	4.420 1	4.382 1	3.499 4	3.223 0	3.201 0	2.748 6	

从表 4.5 可以看出，每一季度添富基金重仓股在社会责任名单中的个数都不多，仅在 2014 年四季度及 2015 年一季度的数据中与社会责任名单较为相符，有 1 个季度的数据为 0，通过计算可得添富基金平均有 3.33（33/10）只重仓股在社

会责任名单里。

四、结论

中国社会科学院公布的排名在社会责任评价方面具有权威性，而三只基金在名单内的平均重仓股数统计表明，它们的选股标准与主流的社会责任评价标准仍有差距，并不是真正意义上按照社会责任投资标准进行选股的。

第三节　重仓股二级行业稳定比率的算法和结果

本书基于证监会二级行业划分标准提出了二级行业稳定比率（测度前后两个季度基金投资于二级行业的稳定性）。传统的基金换手率指标测度的是基金持有个股的换手情况，而本书更关注基金投资于各个二级行业的情况，因而推出二级行业稳定比率的算法，具体如下。

（1）将重仓股按二级行业分类，从而将每只股票的持仓比例转化为各个二级行业的持仓比例，得到该基金在 90 个二级行业中的分配，权重为 x_1 到 x_{90}。例如，重仓股 a 与重仓股 b 均属于二级行业 A01，则 x_1 等于 a、b 两只股票的持仓比例之和，对于那些没有重仓股对应的二级行业，其持仓比例为 0。

（2）将二级行业持仓比例标准化（标准化后的结果是每季度 90 个二级行业的持仓比例和为 1）。A01 与 S90 行业的标准化持仓比例分别为

$$\frac{x_1}{x_1 + x_2 + \cdots + x_{90}} \qquad \frac{x_{90}}{x_1 + x_2 + \cdots + x_{90}} \qquad (4.1)$$

这样，得到的矩阵以季度为行，以二级行业分类为列。

（3）二级行业稳定比率的计算是基于该季度和前一季度数据进行的。以 A01 行业为例，其对应的取值 r_1 有以下三种情况：

如果本季度和前一季度的标准化持仓比例都为零，则 r_1 取值为零。

如果本季度和前一季度的标准化持仓比例都不为零，则 r_1 取两者中较小的值。

如果本季度和前一季度有且仅有一个值为零，则 r_1 取值为零。

（4）二级行业稳定比率的取值为 90 个二级行业对应的取值之和

$$二级行业稳定比率 = r_1 + r_2 + \cdots + r_{90} \qquad (4.2)$$

基于以上计算，本书推出定理 4.1 用以说明二级行业稳定比率的性质。

定理 4.1　二级行业稳定比率取值为 0~1，0 代表前一季度和本季度完全没有交叉，即完全不同（完全不稳定），1 代表前一季度和本季度完全交叉，即完全相同（完全稳定）。

证明：如式（4.1）所示，所有二级行业的标准化持仓比例均大于等于 0、小于等于 1，$r_1, r_2, \cdots, r_{90}$ 的取值亦大于等于 0、小于等于 1，因此二级行业稳定性比率大于等于零，又由式（4.1）和（4.2）可知，二级行业稳定比率取值最大为 1，证毕。

此比率衡量了基于二级行业的基金持股换手的情况和投资的稳定性，为了研究三只基金的情况，笔者对基金存续以来各季度的二级行业稳定性比率取平均值发现：兴全基金的二级行业稳定比率为 0.725 2（2008 年二季度至 2015 年一季度），添富基金的二级行业稳定比率为 0.596 6（2011 年二季度至 2015 年一季度），建信基金的二级行业稳定比率为 0.478 8（2012 年四季度至 2015 年一季度）。

三只基金的二级行业稳定性比率较低，这表明基金的持股换手比较快，而真正由社会责任评价体系进行评估的二级行业在一个季度内的变化不大，基金不应该换手过快。因此，从二级行业稳定性比率的角度判断，可以看出三只基金没有很好地遵循社会责任投资。

第五章 社会责任投资指数分析

第一节 社会责任投资指数概述

一、社会责任投资指数的定义

随着经济和金融全球化的增强，企业的发展越来越受到多元化因素的影响，资产的多样化配置更是加剧了投资的复杂程度。投资者关注的重点也从行业、地域扩大到企业的社会效应、员工和消费者满意度、公众影响力等更深层次的因素。于是，社会责任主题的指数化投资应运而生。社会责任的指数化投资着眼于企业长期优势，尤其是在低污染、低能耗、劳工权益等社会责任方面，给投资者以新的价值投资导向。通过社会责任投资指数所选取的在社会责任方面表现良好的企业，在未来能给予较大的回报是件大概率的事情。

总的来说，社会责任投资指数是企业社会责任与投资组合、社会责任投资和金融市场指数化发展相结合的产物。

二、社会责任投资指数的分类

随着社会责任投资指数的发展，社会责任投资指数也在逐渐增加。截至目前，已有如下的几种分类。

（1）按指数侧重点不同，可以对社会责任投资指数做不同的分类。例如，多米尼指数强调环境、公司道德，泰达指数关注环保、低碳经济，内地低碳关注低碳经济主题，如清洁能源发电、能源转换及储存、清洁生产及消费和废物处理等，卡尔弗特指数更为关注公司治理方面的因素，中证内地新能源则比较注重太阳能、风能等新能源生产因素。另外，在众多的社会责任投资指数中，也有一些专门针对特定行业的指数，如道琼斯公司就推出了全球化工行业可持续发展指数。从这个角度，也可以将社会责任投资指数划分为全行业和特定行业社会责任投资指数。

（2）根据指数的评价范围不同，也有不同的划分方式。

第一，分为全球性社会责任投资指数、区域性社会责任投资指数。社会责任投资指数的数量大幅度增加，很大程度上是由于各指数开始对评价地区有了区分。道琼斯可持续发展指数则是一个典型例子。其中，道琼斯可持续发展全球指数（Dow Jones sustinability world index）属于全球性社会责任投资指数，而道琼斯可持续发展北美指数（Dow Jones sustinability North American index）、道琼斯可持续发展欧洲指数（Dow Jones Euro STOXX sustinability index）、道琼斯可持续发展亚太指数（Dow Jones sustinability Asia Pacific index）和道琼斯可持续发展美国指数（Dow Jones sustinability US index）则是针对国家或地区的区域性社会责任投资指数。

第二，分为上证 A 股、深证 A 股和混合型。上证系列指数以上证 A 股为主要筛选范围，深证系列指数、央视系列指数则以深证 A 股为主要筛选范围，巨潮系列指数则包括了上证和深证的 A 股。

（3）按筛选方式区分，可将社会责任投资指数分为以消极筛选策略为主的社会责任投资指数和以积极筛选策略为主的社会责任投资指数。前者包括多米尼社会责任投资指数（其筛选出的公司均不涉及酿酒、烟草、赌博、军工或核能发电等行业）及卡尔弗特社会指数（它排除了环境记录有差评的公司，以及核能、武器、赌博等行业相关的公司）等。

（4）按指数的制定者不同，可以将社会责任投资指数分为有交易所或有交易所背景的公司组织参与制定的社会责任投资指数，以及由独立的指数公司、评级公司或金融资讯机构组建的社会责任投资指数。富时指数公司是伦敦证券交易所全资拥有的为英国提供股市指数及相关数据服务的公司。2001 年，富时指数公司创建的富时社会责任指数就是前者的代表。2004 年，富时指数公司与南非约翰内斯堡证券交易所创立的 FTSE-JSE 则是更好的例子。当然，后者的典型代表有卡尔弗特集团制定的卡尔弗特社会指数、Vigeo 公司创建的 advanced sustainability performance indices 指数体系等。中国的指数则多为前者，带有比较浓重的官方色彩。

第二节　国外社会责任投资指数发展分析

在帕斯全球基金建立 20 年后，Kinder 等于 1990 年 5 月创立了多米尼 400 指数，被广泛认为是世界上第一只社会责任投资指数。1999 年 9 月初，道琼斯公司与位于瑞士苏黎世的可持续资产管理公司（Sustainable Asset Management Inc., SAM）正式推出道琼斯可持续发展指数，从经济、社会及环境三个方面，从投资的角度评价企业可持续发展的能力，使社会责任投资指数的科学性和深刻性都得到了进一步提高。顺应投资者不再满足于消极筛选策略而希望采取积极筛选策略的时代需求，2001 年，富时指数公司创建富时社会责任指数，进一步推进了社会责任投资指数的发展。由于基金规模较小，并不具有建立正面筛选的资源，越来越多的专业机构致力于社会责任投资指数的建立填补了该市场的空缺。目前，国际上主要流行的有道琼斯可持续发展指数、富时社会责任指数、Domini 400 社会指数、MSCI ESG 研究及指数等几个社会责任投资指数，具有深刻的影响力，其科学性和参考性受到肯定。本书将在下文中对三个指数进行介绍，并简要分析其筛选标准，为我国发展社会责任投资指数提供参考。

一、道琼斯可持续发展指数系列

道琼斯可持续发展指数是跟踪企业在经济、社会及环境三个方面持续性经济表现的一个全球性指数，由道琼斯指数公司和 SAM 集团于 1999 年联合推出，是发布时间最长的全球可持续发展指数。

道琼斯可持续发展指数系列指数由一组全球、欧洲、北美和美国等道琼斯可持续发展指数组成，其既包含全球性指数，又包括区域性指数，如道琼斯可持续亚太指数、道琼斯可持续新兴市场指数（DJSI emerging markets）、道琼斯可持续欧洲指数、道琼斯可持续北美指数（DJSI North America）、道琼斯可持续澳大利亚指数（DJSI Australia）等，且还下设行业区分指数；还包括基准指数（道琼斯可持续发展全球指数等）、蓝筹股指数（道琼斯可持续发展全球 80 指数等）

及一些特殊指数和定制的从属指数。其中，道琼斯可持续发展全球指数按照社会、环境和经济标准进行筛选，覆盖了道琼斯世界指数中 2 500 家最大公司的约 10%比重的上市公司。该指数早在 1999 年 9 月 8 日率先发布。2001 年 10 月 15 日，发布了道琼斯可持续发展欧洲指数，2005 年 8 月 23 日又引入道琼斯可持续发展北美和美国指数等。

　　所有的道琼斯可持续发展指数系列指数都是由道琼斯公司按照且依据可持续评价模型和相应的一些标准进行评估，并由 SAM 发布并对公司进行可持续性评价。所有道琼斯可持续发展指数都基于 SAM 提供的公司可持续性评分，从 S&P 全球市场指数的样本中选出在可持续方面表示"行业最佳"的样本，进入道琼斯可持续发展指数系列。例如，DJSI World 每年就从 S&P 全球市场指数最大的 2 500 只股中，选出各行业的可持续发展评分前 10%的公司组成。

　　公司可持续发展评价体系考察所有企业关于经济、环境和社会三个维度 22 个基本指标的表现，见表 5.1，除搜集来源于互联网络、公开可得信息、媒体报道、企业访问及公司文件等公开信息外，道琼斯公司每年向不同行业的公司发出针对其行业的、内容不同的问卷调查。其中，问卷调查反馈是最重要的评选信息，发放对象是企业 CEO 或企业相关投资机构中的高层管理人员，是指标体系中评价信息的最主要来源。公司文件包括公司可持续发展报告、环境报告、社会报告、年报等；公共信息是在过去两年中，媒体对有关公司的报道及投资公司对有关公司的研究报告等；前三种来源的数据相互对照，必要时可以直接与公司联系获得必要的验证。除此之外，道琼斯公司还通过采用外部审计等方式保证可持续发展指数研究的客观性和研究质量，自 1999 年开始，普华永道公司（Pricewaterhouse Coopers）就一直被道琼斯公司选定为可持续发展指数的外部审计单位。

表 5.1　道琼斯可持续发展指数评价体系

评价维度	基本指标	指标释义	权重
经济层面	公司治理	执行范围、公司治理政策、责任及承诺	6
	公司的基本资料	营业额、员工数、利润	
	财务的健全度	财务数据	
	策略规划	中心价值、经营挑战、环境或社会挑战	5.5
	消费者关系管理	提供服务、消费者满意度	
	供应链管理	供应商数量、选择及监督评比	
	投资者关系	投资者类型	
	风险及危机管理	危机管理规划	6
	评比/量测系统	重要绩效指标	
	产业特定准则	依产业状况而定	

续表

评价维度	基本指标	指标释义	权重
社会层面	员工满意度	陈述员工的满意度	5.5
	外部利害相关者	追踪员工的满意度、公司公民	
	人力资本指标	童工、无种族歧视、职工安全管理系统	3.5
	人力资源管理态度	人力资源策略	5.5
	组织学习	目标、组织学习工具	
	公开之报告书	环境面、社会面	3
	薪资福利	员工工资、股票分红	5
	职场特性	生涯规划、雇佣新人	
	产业特定准则	依产业状况而定	
环境层面	环境管理	环境政策、环境目标	3
	环境绩效	能源、水、废弃物、温室效应气体指标	6
	产业特定准则	依产业状况而定	

目前，随着众多的市场参与者使用该系列指数，该市场基准受到越来越多的关注。道琼斯可持续发展指数被认为是全球社会责任投资的参考标杆之一，截至2016年底全球使用道琼斯可持续发展指数的有15个国家的资产管理公司和银行的近55只产品，而以道琼斯可持续发展指数为资产配置的共同基金、独立账户及ETF的总资产规模接近60亿美元。很多公司已把成为道琼斯可持续发展指数的成份股作为企业目标，一些公司把内部评估、奖金派发与纳入指数挂钩，另外一些公司把从SAM评估中得到的反馈当做实施自身改进的动力。在持续改进的背景下，有效选取道琼斯可持续发展指数成份股的同业最优法则也在逐年提高准入门槛。因此，该系列指数为企业提高自身可持续发展能力提供了强大动力。

二、MSCI ESG 指数群

2010年9月7日，MSCI在吸收了RiskMetrics、Innovest及KLD等在社会责任投资领域有专业经验的先驱公司后，发布了一套新的MSCI ESG指数群。该指数群包括三类指数系列：①ESG行业最佳（ESG best-of-class）指数系列，如MSCI全球ESG指数，旨在包括某个行业或类别里符合要求且ESG评级较高的企业；②基于价值（value-based）指数，如MSCI KLD 400社会指数；③提供给某种特定价值或道德信仰的投资者和环境指数，如MSCI全球环境指数，提供给专注于投资某个特定环境主题，如新能源与清洁能源的投资者。整个指数体系依赖于 MSCI 内部的 ESG 研究团队和多元的研究体系。本节先介绍多米尼 400 社会责任投资指数——MSCI KLD 400 的前身，之后重点介绍 MSCI KLD 400 社会指数的筛选思路和方法。

（一）多米尼 400 社会责任投资指数

Domini 400 是 KLD Research & Analystics 公司于 1990 年创立的社会责任投资的第一只指数，为投资者提供了一只在综合参与社会责任的前提下由美国普通股票组成的市值加权指数，帮助投资者了解社会责任评选准则对公司财务绩效的影响。

多米尼 400 社会责任投资指数首先是由 KLD 使用了标准普尔 500 指数中一些传统的社会性筛选准则来筛选，大约有一半列名在标准普尔 500 指数中的公司符合了第一阶段的筛选。而剩下大约 150 家非列名在标准普尔 500 指数中的公司则需要再列入此指数中，但这些公司必须符合两个目标，第一是考虑这些公司必须能具有广泛的产业代表性，以期能向社会责任性投资人充分反映现存市场的状况。第二能界定出具有强烈企业社会责任性质的公司。虽然多米尼 400 社会指数是以标准普尔 500 指数中列名公司为首先选择基础，但并不代表多米尼 400 社会指数尝试去复制标准普尔 500 指数。因为多米尼 400 社会指数只是尝试去反映现存股票的市场行为，提供给一般社会责任性投资者作为参考。

以标准普尔 500 指数为蓝本，从这 500 家大型企业中选择 250 家符合社会责任投资准则的公司，加上其他 100 家符合准则的非标准普尔指数公司及 50 家对社会责任做出特别贡献或具有特定社会性质的公司，原则上，样本公司不涉及烟草、酒类、赌博、军火、成人娱乐、核能发电等行业，并经过包括市场资本总值、获利、流动性、股价、权益负债比率等经济指标的筛选，且在环境绩效、劳工关系、多样性、公民义务和产品相关议题等方面有良好的表现。KLD 400 指数是一只以消极筛选为主要策略的社会责任投资指数，对公司的分析多停留在定性的层面上。

（二）社会责任投资指数

社会责任投资指数继承了 KLD 400 消极筛选为主的基本思想，但在具体方法上，同 KLD 400 有了较大的差别。

MSCI KLD 400 的样本总量保留为 400 只，但全部来自 MSCI USA IMI ESG Index。排除的行业除了原来 KLD 400 上榜行业外，还新增转基因行业，且至少有 200 家为大盘股和小盘股。此外，ESG 评级低于 BB 级或影响监测得分低于 2

是无法被加入这个指数的；ESG 评级和影响监测得分是 MSCI ESG 的核心研究体系，是 MSCI ESG 指数系列建立的基本依据。

ESG 评级，即 MSCI ESG 无形资产评分机制（MSCI ESG IVA Scores），用来确定那些用传统方法无法分析到的 ESG 风险或者机会，通过有效研究、评级和对公司环境治理的分析，为机构投资者提供了一个更全面的环境、社会和治理集成解决方案。该体系给予企业从 CCC 到 AAA 七个不同等级评定。等级评定通过找出样本公司所在行业在环境、社会、治理方面的所有问题中（表 5.2）面临的 4~6 个最关键的风险或/和机会因素。相较于其他评级体系有以下几个特点。

（1）市场领先的公司治理见解：ESG 建立的公司治理模型是基于 96 个独特的指标来评估治理风险，并且根据不同的资本市场和所有权结构，有显著差异。

（2）每日更新：持续评估环境、社会和治理风险，包括日常监测 2 100 家媒体出版物、定期更新的公共文件和第三方数据集。

（3）深入分析风险敞口：MSCI 基于不同的业务部门和地理的风险，用 ESG 评级计算每个公司关键的环境、社会和治理风险敞口的大小。

（4）有效的会计风险指标：基于 60 个潜在关键财务比率的定量分析，强调财务报告的透明度和可靠性。

（5）有独到的不可或缺的见解：为投资组合经理和分析师新设计了单篇论文服务，强调关键风险因素和机遇。

（6）有深厚的行业背景和同业分析：访问 70 多个行业报告识别关键的环境、社会和治理问题，趋势和风险的变化格局。

（7）全面完整的董事会管理层数据，包括：董事会规模，任期与董事选举标准，董事年龄，以及金融、产业和关键董事会风险管理专业委员会的数据。

（8）ESG 集合和 PRI 承诺：将 ESG 整合到投资过程是 PRI 签署国的原则之一，日益受到资产所有者的委托和监督。ESG 评级旨在帮助客户满足这些需求并确定金融环境、社会和治理因素的相关性。

表 5.2　行业面临环境、社会、治理方面的问题总结

环境		社会		治理
碳排放	影响环境的资金支持	劳工管理	金融产品安全	腐败及不稳定
产品碳足迹	有毒排放物及废物	人力资源发展	隐私和数据安全	财务系统的不稳定
能源效率	包装材料及废物	健康和安全	卫生和人口风险保险	公司道德及造假
全球变暖风险保险	电子废物	供应链员工标准	在卫生和营养上的机会	反竞争行为
水资源压力	在清洁能源上的机会	有争议的采购	沟通机会	公司治理
生物多样性和土地使用	在绿色建筑上的机会	产品安全和质量	融资机会	
原材料采购	在可再生能源上的机会	化学安全	参与社会福利	

到目前为止，MSCI ESG 无形资产评分机制已为全球 6 000 多个公司和 350 000 个固定收益证券进行了评分。

MSCI ESG 研究体系的另一个部分是影响力监测（MSCI ESG impact monitor）得分。影响力监测得分体系主要考察公司为保证遵循国际条约或规范践行的公司政策、管理系统和思路，并关注公司面临的主要争议及其对相关机构设定标准的遵守情况。其中，公司面临的主要争议共分为 5 个方面 30 个表现，如表 5.3 所示。

表 5.3　影响力监测得分体系考察的主要争议问题

环境	顾客	人权和社区	劳动力权利及供应链管理	治理
土地使用及生物多样性保护	反竞争行为	对当地社区的不良影响	职工关系管理	公司道德——贿赂及造假
毒气泄漏和有毒物排放	营销及广告	对争议地区的支持——缅甸及苏丹	员工健康和安全	治理结构
能源和全球变暖	产品质量与产品安全	对争议地区的支持——其他国家	集体谈判及工会	争议性投资
水资源管理	顾客关系	言论自由及审查制度	歧视及员工多样性	其他争议
经营性非危险废物	其他争议	侵犯人权	童工使用	
产品与服务影响和冲击		其他争议	供应链其他争议	
供应链管理			其他争议	
其他争议				

MSCI KLD 400 指数进行每季度的定期调整和事件驱动型的调整，在 MSCI 相关研究机构进行样本筛选时，基于数学模型进行了大量的定量分析，与 KLD 400 指数标准制定方法有较大区别。

三、富时社会责任投资指数

富时社会责任投资指数系列是富时指数有限公司与 EIRIS 于 2001 年合作创立的一系列的可持续投资指数。主要挑选那些通过自身不断提高以达到指数标准的良好企业，只要达到 FTSE 4 good 的相关标准，就可以纳入相应的 FTSE 4 good global 指数、FTSE 4 good UK 指数、FTSE 4 good Europe 指数、FTSE 4 good US 指数等。流通市值最大的公司纳入可交易的 FTSE 4 good Global 100 指数、FTSE 4 good UK 50 指数、FTSE 4 good Europe 50 指数、FTSE 4 good US 100 指数。不可交易指数没有样本上限。富时社会责任投资指数实行每半年一次的调整，调整在每年 3 月和 9 月进行。

（1）透明度好。富时社会责任投资指数是由独立的富时 ESG 咨询委员会来监督管理，该咨询委员会由全球领先的负责任的市场从业人员和专家组成，用全球通用的环境、社会和治理原则和标准来比较确定企业环境、社会和治理绩效。当引进一个新的标准时，富时社会责任投资指数相关团队会与企业进行积极联系，并给予其试行期，同时注重过程中企业的参与和沟通；在筛选后期，测评结果也会定期分发给企业，指数团队不是单纯向企业"宣告"研究机构 EIRIS 的研究结果，而是通过给予企业更多信息使其更为了解要满足指数的相关筛选标准应做出哪些努力。

（2）标准完善。满足了公司需要的各种环境、社会和治理标准。

（3）客观。社会责任投资指数的创建旨在创建索引的指数跟踪基金、衍生品和绩效基准。通过企业报告、公司网站、必要时与相关企业的问卷和联系及其他公开信息获得指标体系需要的数据等方法，考察企业是否符合 FTSE 4 good 的相关标准。对企业测评的结果，EIRIS 定期分发给企业，企业在此基础上提出反馈，反馈信息也成为后期考察企业的依据。

（4）可投资性。股票加权方式处理，以确保指数可投资。并且排除属于烟草行业、无论任何程度涉及核武器的行业和武器行业的公司，之后再针对环境管理主题、全球变暖主题、人权和劳工权利主题、供应链劳工标准主题和反对贿赂主题等五个主题对企业进行积极筛选。针对不同主题，按不同的依据划分风险类别，再设定相关主题不同标准，不同标准下设具体衡量指标，并区分核心指标和期望指标，对不同风险类别制定由核心指标和期望指标组合而成的要求。

（5）流动性好。股票是经过筛选的，以确保指数是可交易的。符合条件的富时指数范围包括按照流动市值计算的最大的 3 000 家美国上市公司，每年的 4 月 15 日该指数都会重新划分其备选范围，并且包含了大约 90% 的大盘股，9% 的中盘股和 1% 的典型的社会责任、环境型股票，但是优先股、有限责任公司、皇室信托和封闭式基金不在富时社会责任投资指数的考虑范围之内。

第三节　国内社会责任投资指数发展分析

2008 年 1 月 2 日，深圳证券信息有限公司与天津泰达股份有限公司联合推出发布了泰达环保指数，并明确定义了其社会责任指数的性质，是我国国内资本市场第一只社会责任投资指数。目前，我国约有 20 只典型的社会责任投资指数，部分列举如表 5.4 所示。

表 5.4　部分社会责任投资指数

名称		代码	基准日	发布日
深证系列指数	深证治理	399328	2002-12-31	2006-01-24
	深证责任	399341	2009-06-30	2009-08-03
	深证环保	399638	2004-12-31	2001-11-15
	中小治理	399650	2009-06-30	2012-08-20
	中小责任	399651	2009-06-30	2012-08-20
巨潮系列指数	巨潮治理	399322	2002-12-31	2005-12-12
	泰达指数	399358	2002-12-31	2008-01-02
	CBN 兴业	399369	2009-06-30	2010-09-20
中证系列指数	中证内地新能源	000941	2008-12-31	2009-10-28
	ESG-40	000970	2010-06-30	2010-09-17
	内地低碳	399977/000977	2010-06-30	2011-01-21
	中国低碳	H11113	2006-12-31	2011-02-16
上证系列指数	责任指数	000048	2009-06-30	2009-08-05
	治理指数	000019	2007-06-29	2008-01-02
	180 治理	000021	2007-06-29	2008-09-10
央视系列指数	央视责任	399555	2010-06-30	2012-06-06

表 5.4 显示，2008~2012 年，每年都会有新的社会责任投资指数发布，且 2010 年后有加速增长的趋势。由于我国社会责任投资指数可以分为中证指数有限公司制作的社会责任投资指数（即中证相关指数和上证相关指数）、深圳证券信息有限公司制作的社会责任投资指数（深证系列相关指数、巨潮指数系列相关指数），以及深圳证券信息有限公司与中央电视台财经频道合作的央视系列相关指数。接下来本节将以此为依据选取有代表性的社会责任投资指数进行介绍。

一、上证社会责任指数

上证社会责任指数由上海证券交易所和中证指数有限公司于 2009 年 8 月 5 日正式对外发布。责任指数以 2009 年 6 月 30 日为指数基准日，以 1 000 点为基准点。

（一）指数样本选取与调整

上证社会责任指数样本股，首先是上证公司治理板块中披露社会责任报告的A股公司股票，之后将样本空间中过去一年日均成交金额排名在沪市A股（非ST、*ST股）后20%的股票剔除。根据上海证券交易所2008年5月发布的《关于加强上市公司社会责任承担工作的通知》中关于每股社会贡献值的定义，对剩下的股票估算每股社会贡献值，根据每股社会贡献值的排名，选取排名最高的前100位作为上证社会责任指数的样本股。最近一年发生明显违背其社会责任事件的公司股票原则上不能成为上证社会责任指数样本股。

每年7月初，中证指数有限公司对上证社会责任指数样本股进行调整。每次样本调整比例一般不超过10%，除非从样本空间中被调出的原样本股票超过10%。但当上证社会责任指数样本股由于不符合上证公司治理板块申报条件而临时被从上证公司治理板块中剔除，上证社会责任指数也将随之予以剔除。当上证社会责任指数样本股在指数运行期间发生违背其社会责任的特殊事件时，将尽快从上证社会责任指数中剔除。而当上证社会责任指数发生临时调整时，如果有样本被剔除，在下一次定期调整前，将不再增加新的股票来替代被剔除的样本股。

综上，上证社会责任指数对样本股选择有两个关键点：①首先属于上证公司治理板块的样本；②以每股社会贡献值为筛选标准。以下将就这两个关键点进一步分析。

1. 上证公司治理板块

2007年，为进一步深化上市公司治理监管工作，中证指数有限公司在上海证券交易所的大力支持下，致力于将改善公司治理的上市公司纳入公司治理板块，并以其为样本编制公司治理指数。

为了准确客观地评价中国上市公司治理状况，广泛地动员社会力量参与，上海证券交易所精心设计了上证公司治理板块的评选方法。这一评选方法具有以下几个鲜明的特点。

第一，设计了符合中国公司治理实践的评价指标体系。根据《中华人民共和国公司法》、《中华人民共和国证券法》及《上市公司治理准则》的基本原则，并结合国内外公司治理改革的实践和最佳做法，选定了四大类指标，分别是经营合规性指标、股东行为类指标、董事与高管类指标和信息披露类指标。这四大类指标中共包含20个具体标准，涵盖了公司治理的主要方面。特别评议机构和专家咨询委员会根据这20个标准进行评议，确定上证公司治理板块样本股。

　　第二，采用了自愿申报原则。上市公司自愿申报是否进入公司治理板块，是对过去上市公司治理改善被动适应规则的一个改变，有助于推动上市公司自觉地审视自身的治理，自觉地向更规范的公司治理结构转变。业内人士认为，"好人举手"原则形成的公司治理板块，自律作用更强，市场形象也更好，在进行再融资、并购等方面，都更容易得到市场的认可和政策的支持。

　　第三，广泛动员社会力量参与公司治理板块的评选。公司治理板块评选工作小组初步审查申报上市公司是否符合申报条件后，将符合条件的上市公司的申报材料在网站上公示，接受社会公众评议，使得广大公众投资者可以积极参与这一过程，推动全体市场参与者共同关注公司治理。此外，上海证券交易所邀请了中信证券、国泰君安证券、申银万国证券、海通证券等专门研究机构成为上证公司治理特别评议单位，对申报公司的治理情况予以评议，并邀请专家、学者组成公司治理板块评选专家咨询委员会对评选方法、评选过程和评选结果进行审议，从而保证了评选过程的客观性和规范性。

2. 每股社会贡献值

　　每股社会贡献值是使上市公司由公司治理板块进一步成为上证社会责任指数样本股的依据，是上证社会责任指数最重要的指数筛选指标。

　　每股社会贡献值是指在公司为股东创造的基本每股收益的基础上，增加公司年内为国家创造的税收、向员工支付的工资、向银行等债权人给付的借款利息、公司对外捐赠额等为其他利益相关者创造的价值额，并扣除公司因环境污染等造成的其他社会成本，最后计算公司为社会创造的每股增值额，从而帮助社会公众更全面地了解公司为其股东、员工、客户、债权人、社区及整个社会所创造的真正价值。

每股社会贡献值=（每股收益+纳税总额+利息支出+公益投入总额−社会成本）÷期末总成本

　　然而，其计算方法存在不明确或统一的问题。例如，计算"为国家创造的税收"时，有的公司采用现金流量表中"支付的各项税费"，而有的公司采用利润表中"营业税金及附加"与"所得税费用"之和。另外，选择不同的计算方式也会对"每股社会贡献值"的计算结果产生影响。可见，企业在"每股社会贡献值"披露内容的详细程度和规范性上还存在着较大差异。

（二）指数计算与修正

1. 指数的修正

　　当样本股名单发生变化或样本股的股本结构发生变化或股价出现非交易因素

的变动时，采用"除数修正法"修正原固定除数，以维护指数的连续性。

2. 指数的权数及计算公式

上证成份指数采用派氏加权法计算，以样本股的调整股本数为权数。

报告期指数=报告期成份股的调整市值/基日成份股的调整市值×1 000

其中，调整市值=∑(市价×调整股本数)，基日成份股的调整市值亦称为除数，调整股本数采用分级靠档的方法对成份股股本进行调整。根据国际惯例和专家委员会意见，上证成份指数的分级靠档方法如表 5.5 所示。例如，某股票流通股比例（流通股本/总股本）为 7%，低于 10%，则采用流通股本为权数；某股票流通比例为 35%，落在区间（30，40]内，对应的加权比例为 40%，则将总股本的 40%作为权数。

表 5.5　上证成份指数分级靠档方法（单位：%）

流通比例	≤10	（10，20]	（20，30]	（30，40]	（40，50]	（50，60]	（60，70]	（70，80]	>80
加权比例	10	20	30	40	50	60	70	80	100

（三）行业覆盖率

按照成份股调整规则（详见《指数编制方法》），上海证券交易所 2016 年 12 月 26 日发布了最新的 99 只成份股，本书按照证监会行业分类标准对这 99 只股票进行了归类分析，见表 5.6 和表 5.7。

表 5.6　上证社会责任指数成份股

浦发银行（600000）	白云机场（600004）	民生银行（600016）
招商银行（600036）	保利地产（600048）	中国联通（600050）
中国医药（600056）	海信电器（600060）	华润双鹤（600062）
南京高科（600064）	宇通客车（600066）	冠城大通（600067）
葛洲坝（600068）	同仁堂（600085）	同方股份（600100）
上汽集团（600104）	国金证券（600109）	兰花科创（600123）
中青旅（600138）	建发股份（600153）	上海建工（600170）
中国巨石（600176）	雅戈尔（600177）	兖州煤业（600188）
中牧股份（600195）	复星医药（600196）	北京城建（600266）
海正药业（600267）	航天信息（600271）	浦东建设（600284）
万华化学（600309）	桂东电力（600310）	华发股份（600325）
白云山（600332）	国机汽车（600335）	美克家居（600337）
江西铜业（600362）	中文传媒（600373）	首开股份（600376）

续表

金地集团（600383）	金山股份（600396）	江淮汽车（600418）
昆药集团（600422）	福能股份（600483）	驰宏锌锗（600497）
烽火通信（600498）	安徽水利（600502）	国药股份（600511）
天士力（600535）	深高速（600548）	江西长运（600561）
天地科技（600582）	用友网络（600588）	光明乳业（600597）
青岛啤酒（600600）	电子城（600658）	陆家嘴（600663）
中船防务（600685）	青岛海尔（600690）	物产中大（600704）
天津港（600717）	东软集团（600718）	华域汽车（600741）
上实发展（600748）	江中药业（600750）	厦门国贸（600755）
安徽合力（600761）	上海机电（600835）	宝信软件（600845）
银座股份（600858）	东方电气（600875）	国投电力（600886）
广日股份（600894）	中材国际（600970）	航民股份（600987）
马应龙（600993）	招商证券（600999）	南京银行（601009）
赛轮金宇（601058）	中国神华（601088）	兴业银行（601166）
中国铁建（601186）	国泰君安（601211）	林洋能源（601222）
中国平安（601318）	交通银行（601328）	新华保险（601336）
中国中铁（601390）	东吴证券（601555）	中国太保（601601）
上海医药（601607）	中国人寿（601628）	中国建筑（601668）
中国电建（601669）	潞安环能（601699）	中国交建（601800）
中海油服（601808）	正泰电器（601877）	中信银行（601998）

资料来源：上海证券交易所、国泰安数据库

表 5.7　上证社会责任指数行业覆盖率（单位：%）

行业名称	行业代码	行业覆盖率
采矿业	B	6.06
制造业	C	35.35
电力、热力、燃气及水生产和供应业	D	4.04
建筑业	E	9.09
批发和零售业	F	9.09
交通运输、仓储和邮政业	G	4.04
信息传输、软件和信息技术服务业	I	4.04
金融业	J	15.15
房地产业	K	11.11
租赁和商务服务业	L	1.01
文化、体育和娱乐业	R	1.01

资料来源：上海证券交易所、国泰安数据库

由表 5.7 可见，上证社会责任指数在制造业、金融业、房地产业、建筑业、批发和零售业分配了较多的权重，且大多数为国企。其中，建筑业中仅医药制造业（C27）就有 10 家上市公司，占总数的 10.1%，表明我国的医药上市公司在履行企业社会责任方面占优。由于我国经济的快速发展多源于金融、工业、能源和材料行业的带动，所以此类行业在社会责任指数中占据较大的行业比重。而高科技行业还正在发展初级阶段，与海外高新技术还有一段差距，所以信息技术、主要消费，如文化、体育和娱乐业等行业在社会责任指数中的行业权重较小，在科学研究和技术服务业（M）、卫生和社会工作（Q）等行业上，占比甚至为 0。

二、深证企业社会责任指数

深证企业社会责任指数选取在深圳证券交易所上市的社会责任履行良好的 100 只股票组成样本股，根据《深证企业社会责任指数编制方案（2004 年 1 月）》，深证企业社会责任指数以 2009 年 6 月 30 日为基日，基日指数定为 1 000，每半年对样本股做一次调整。

（一）指数样本选取与调整

深证企业社会责任指数，是在深圳证券交易所上市交易且满足下列条件的 A 股：上市交易超过 6 个月（大市值样本不受此限）；非 ST、*ST 股票；最近一年无重大违规、财务报告无重大问题；最近一年经营无异常、无重大亏损；考察期内股价无异常波动；最近一年内在劳动者权益保护、诚信经营、产品质量与服务、节能环保等方面无重大问题；公司已披露社会责任报告；在上市公司治理综合评分体系中总评分超过 75 分，或者总评分超过 70 分，但在履行社会责任方面表现突出。通过计算入围个股在考察期内为股东创造的净利润、为国家创造的税收、向员工支付的工资、支付给银行的借款利息等四项与公司净资产比值，将计算结果从高到低排序；综合考虑企业在和谐社区建设及公益事业中的贡献，选取 100 只股票，构成深证企业社会责任指数成份股。

对这些样本股，每年调整一次，调整时间为每年 7 月的第一个交易日，通常在每年 6 月的第二个完整交易周的第一个交易日前公布样本调整方案。样本调整原则：先对入围股票进行综合排名，再按下列原则选股，即排名在样本数 70%范围之内的非原成份股按顺序入选；排名在样本数 130% 范围之内的原成份股按顺序优先保留；每次样本股调整数量不超过样本总数的 10%。

（二）指数计算与修正

1. 指数的修正

深证企业社会责任指数的调整计算是根据不同情况，在开市前对指数实时计算公式中的有关数据项分别或同时进行调整。调整成份股的范围，即调整子项和母项中 $\sum$ 的汇总范围，将某股票纳入（或剔除）指数的计算，包括：①成份股样本定期调整。②成份股暂停或终止上市的，从暂停或终止上市之日起，将相应成份股从指数计算中剔除，剔除后造成的样本空缺于定期调整时补足。③若成份股样本公司因重大违规行为（如财务报告重大造假）而可能被暂停或者终止交易的，将依据指数专家委员会的决定将其在指数样本中及时剔除，剔除后造成的样本空缺于定期调整时补足。④成份股出现收购、合并、分立等情况的，按专门规定予以处理。

2. 指数的权数及计算公式

深证企业社会责任纯价格指数采用派氏加权法编制，采用下列公式逐日连锁实时计算：

$$实时指数 = 上一交易日收市指数 \times \sum(成份股实时成交价 \times 成份股权数) /$$
$$\sum(成份股上一交易日收市价 \times 成份股权数)$$

其中，"成份股"为纳入指数计算范围的股票；"成份股权数"为成份股的自由流通量；子项和母项的权数相同，子项中的乘积为成份股的实时自由流通市值，母项中的乘积为成份股的上一交易日收市自由流通市值；$\sum$ 为纳入指数计算的成份股的自由流通市值的汇总。

（三）行业覆盖率

按照成份股调整规则（详见《指数编制方法》），深圳证券交易所 2016 年 12 月 14 日发布了最新的 100 只成份股，本书按照证监会行业分类标准对这 100 只股票进行了归类分析，见表 5.8 和表 5.9。

表 5.8　深证企业社会责任指数成份股

平安银行（000001）	万向钱潮（000559）	张裕A（000869）	红宝丽（002165）
万科A（000002）	陕国投A（000563）	新希望（000876）	游族网络（002174）
深振业A（000006）	泸州老窖（000568）	同力水泥（000885）	中航光电（002179）
中国宝安（000009）	古井贡酒（000596）	双汇发展（000895）	大华股份（002236）
南玻A（000012）	长安汽车（000625）	冀中能源（000937）	歌尔股份（002241）
飞亚达A（000026）	铜陵有色（000630）	中南建设（000961）	大洋电机（002249）
深圳能源（000027）	英力特（000635）	中科三环（000970）	东方雨虹（002271）
国药一致（000028）	格力电器（000651）	西山煤电（000983）	洋河股份（002304）
中集集团（000039）	金岭矿业（000655）	华润三九（000999）	海宁皮城（002344）
中金岭南（000060）	阳光城（000671）	新和成（002001）	伟星新材（002372）
中兴通讯（000063）	上峰水泥（000672）	伟星股份（002003）	亚厦股份（002375）
华侨城A（000069）	东北证券（000686）	华兰生物（002007）	大北农（002385）
华数传媒（000156）	宝新能源（000690）	大族激光（002008）	星网锐捷（002396）
申万宏源（000166）	锦龙股份（000712）	苏宁云商（002024）	海康威视（002415）
美的集团（000333）	苏宁环球（000718）	华帝股份（002035）	天虹商场（002419）
潍柴动力（000338）	鲁泰A（000726）	黔源电力（002039）	棕榈股份（002431）
许继电气（000400）	漳州发展（000753）	宏润建设（002062）	立讯精密（002475）
东阿阿胶（000423）	中色股份（000758）	远光软件（002063）	老板电器（002508）
徐工机械（000425）	新兴铸管（000778）	中材科技（002080）	杰赛科技（002544）
国际医学（000516）	盐湖股份（000792）	金螳螂（002081）	豪迈科技（002595）
柳工（000528）	中国武夷（000797）	海鸥卫浴（002084）	岭南园林（002717）
华映科技（000536）	一汽轿车（000800）	浔兴股份（002098）	银宝山新（002786）
云南白药（000538）	岳阳兴长（000819）	科陆电子（002121）	爱尔眼科（300015）
中天城投（000540）	五粮液（000858）	石基信息（002153）	网宿科技（300017）
江铃汽车（000550）	海印股份（000861）	湖南黄金（002155）	万达信息（300168）

资料来源：深圳证券交易所、国泰安数据库

表 5.9　深证企业社会责任指数行业覆盖率（单位：%）

行业名称	行业代码	行业覆盖率
采矿业	B	5.00
制造业	C	57.00
电力、热力、燃气及水生产和供应业	D	3.00
建筑业	E	6.00
批发和零售业	F	6.00
信息传输、软件和信息技术服务业	I	6.00
金融业	J	5.00
房地产业	K	6.00
租赁和商务服务业	L	2.00
水利、环境和公共设施管理业	N	1.00
卫生和社会工作	Q	1.00
文化、体育和娱乐业	R	1.00
综合	S	1.00

资料来源：深圳证券交易所、国泰安数据库

由表 5.9 可见，深证企业社会责任指数在制造业分配了比较多的权重。其中，经统计建筑业中计算机、通信和其他电子设备（C39）有 9 家上市公司，占总数的 9%；电气机械和器材制造业（C38）有 6 家上市公司，占总数的 6%，表明我国的制造业上市公司在履行企业社会责任方面占优。而相较于上证社会责任指数，金融业和房地产业上市公司明显减少，但是在水利、环境和公共设施管理业、卫生和社会工作和综合方面有所考量，但在信息技术、主要消费，如文化、体育和娱乐业等方面在社会责任指数中的行业权重仍然较小，在科学研究和技术服务业（M）等行业上，占比极小甚至为 0。

三、中证 ECPI ESG 可持续发展 40 指数

ESG 40 指数，是由中证指数有限公司与 ECPI 合作设立的。该指数以 2010 年 6 月 30 日为基期，2010 年 9 月 17 日正式发布，基点为 1 000 点。ECPI 从 1997 年开始致力于对公司可持续发展的研究，并建立了一套分行业的可持续性指标体系，包括产品过程、环境影响、社区关系、多样性管理、人力资源管理、分支机构运营、资产负债表透明度等，为各指数提供公司分析和评分。

（一）指数样本选取与调整

由上证 180 指数样本股构成样本空间。对样本空间内股票采用 ECPI ESG 方法从环境、社会和治理三方面进行评级，这也是我国第一次用 ESG 方法进行样本股筛选，依据评级结果选取评级靠前的 40 只股票构成指数样本股，如果评级相同，则优先选取过去一年日均总市值较高的股票。

中证 ECPI ESG 可持续发展 40 指数每半年定期调整一次样本股，对于调整前后相同评级的老样本，如果日均总市值在样本空间的排名在前 60%，将优先保留。调整于每年 2 月和 8 月的第一个交易日生效。每次样本调整比例一般不超过 10%，除非从样本空间中被调出的原样本股票超过 10%。而遇到以下情况时会进行临时调整：当样本股的 ECPI ESG 评级发生重大临时变动时；当样本空间中有股票被临时剔除且被剔除股票同时也是该指数的样本股，该指数将此样本立刻剔除，而优先选择样本空间中尚未调入且 ECPI ESG 评级最高的股票调入指数，评级相同则选择相同评级中过去一年日均总市值最大的股票。

（二）指数计算与修正

（1）修正：同上证180指数。

（2）采用等权重方式计算，计算公式为

报告期指数=报告期成份股的调整市值/除数×1 000

其中，调整市值=$\sum$（股价×调整股本数×等权重因子），调整股本数的计算方法同上证180指数。设置等权重因子以使单个样本股权重等于2.5%。

（三）行业覆盖率

按照成份股调整规则（详见《指数编制方法》），上海证券交易所发布了最新的40只成份股，本书按照证监会行业分类标准对这40只股票进行了归类分析，见表5.10和表5.11。

表5.10　ESG 40指数成份股

序号	成份股	序号	成份股	序号	成份股	序号	成份股
1	浦发银行（600000）	11	特变电工（600089）	21	中国神华（601088）	31	中煤能源（601898）
2	武钢股份（600005）	12	上汽集团（600104）	22	中国国航（601111）	32	中国中车（601766）
3	华能国际（600011）	13	北方稀土（600111）	23	兴业银行（601166）	33	中国重工（601989）
4	民生银行（600016）	14	东方航空（600115）	24	中国铁建（601186）	34	中国电建（601669）
5	上港集团（600018）	15	复星医药（600196）	25	交通银行（601328）	35	中国建筑（601668）
6	宝钢股份（600019）	16	国电南瑞（600406）	26	中国中铁（601390）	36	中国交建（601800）
7	招商银行（600036）	17	青岛海尔（600690）	27	工商银行（601398）	37	光大银行（601818）
8	保利地产（600048）	18	长江电力（600900）	28	中国铝业（601600）	38	建设银行（601939）
9	中国联通（600050）	19	大秦铁路（601006）	29	中国太保（601601）	39	中国银行（601988）
10	宇通客车（600066）	20	宁波港（601018）	30	中国中冶（601618）	40	中信银行（601998）

资料来源：上海证券交易所、国泰安数据库

表5.11　ESG 40指数行业覆盖率（单位：%）

行业名称	行业代码	行业覆盖率
采矿业	B	5.00
制造业	C	27.50
电力、热力、燃气及水生产和供应业	D	5.00
建筑业	E	15.00
交通运输、仓储和邮政业	G	12.50
信息传输、软件和信息技术服务业	I	5.00
金融业	J	27.50
房地产业	K	2.50

资料来源：上海证券交易所、国泰安数据库

由表 5.11 可见，ESG 40 指数在制造业，金融业，建筑业，交通运输、仓储和邮政业分配了较多的权重，与上证社会责任指数较为相似，权重分布较为集中。

四、央视责任指数

央视责任指数是深圳证券信息有限公司与中央电视台财经频道联合编制的央视系列指数之一。

央视财经 50 责任领先指数是央视 50 指数体系的重要组成部分。它秉承了央视 50 指数的编制理念，分别从五个被国际市场广泛认同的投资维度，选取排名靠前的 50 家公司作为样本。该系列指数的推出，强化了央视 50 指数"五维评价指标体系"的分析方法与理念，对于引领上市公司建立可持续发展战略、助力价值投资理念的传播与发展具有积极意义。该系列指数为刻画创新、成长、回报、治理和社会责任等类型的上市公司群体建立了有效的市场标尺，也为相关主题投资和指数化投资提供了新的工具。央视 50 分维度领先指数系列包括纯价格指数和全收益指数，纯价格指数通过深圳证券交易所行情系统发布实时行情数据，全收益指数通过巨潮指数网发布收盘行情数据。

（一）指数样本选取与调整

由截至统计年度 4 月 30 日已披露上一个会计年度年报的上市公司 A 股构成样本空间。在初步筛选后，根据由央视财经频道与北京大学、中央财经大学、复旦大学、南开大学及中国人民大学合作的包含"创新、成长、回报、治理、责任"五个维度设计的指标评价体系，从五个维度对上市公司评分与排名，从每个维度选择排名靠前的上市公司作为备选样本股，如表 5.12 所示。之后结合维度评分排名结果，并由中国上市公司协会、中国注册会计师协会与大公国际资信评估公司，从公司合规性、财务状况与资信评级三种角度进行评定，最终确定每个维度各 50 家上市公司，作为创新、成长、回报、治理、责任领先指数的样本股。且每两条维度指数之间最多允许 30%（15 只）的样本股重复，并限制 5 个指数的样本股总数在去除重复后保持在 175 只以上，由该指数专家委员会进行统筹调整。在各维度未能入选样本股的股票中，分别选取维度评分排名靠前的 10 家公司作为各维度的候补样本股。

表 5.12　央视系列指数指标评价体系

公司创新评价指标体系	公司成长评价指标体系	公司回报评价指标体系	公司治理评价指标体系	公司责任评价指标体系
营业收入增长指标体系	分红绝对指标体系	R&D 投入维度指标体系	股东治理指标体系	经济责任指标体系
净利润增长指标体系	分红相对指标体系	R&D 产出维度指标体系	董事会治理指标体系	环境责任指标体系
营业收入增长与投资回报增长比较指标体系	净资产增长率指标体系	创新组织与管理维度指标体系	经理层治理指标体系	员工责任指标体系
净利润增长与投资回报增长比较指标体系	市值回报指标体系		监事会治理指标体系	消费者责任指标体系
			信息披露指标体系	社区责任指标体系
			利益相关者指标体系	

央视财经 50 责任领先指数以经济责任、环境责任、员工责任、社区责任和消费者责任五个大类为主要评价指标，选取排名靠前的 50 家公司作为样本，因此，央视责任指数样本即是根据中国人民大学制定的相关公司责任评价指标体系选出的社会责任表现最优秀的企业，为刻画责任类型的上市公司群体建立了有效的市场标尺，也为相关主题投资和指数化投资提供了新的工具。

样本股的定期调整分为年度调整和中期调整。年度调整：央视 50 指数每年实施一次样本股年度调整，通常于每年 8 月的第一个交易日实施，在实施前的两周内公布调整方案。每次调整样本股数量不超过 20%。中期调整：央视 50 指数每年实施一次中期评估和调整。当样本股因基本面发生重大变化、经营出现重大违规行为等，导致其不再符合入选指数的要求时，经专家委员会审议，从相应维度的候补样本股中选取新公司予以更换。中期调整通常于每年 2 月的第一个交易日实施，在实施前的两周内公布调整方案。每次调整样本股数量不超过 10%。

（二）指数计算与修正

1. 指数的修正

1）调整母项中某样本股的上一交易日收市价

对于全收益指数，当上市公司进行派息、送股、配股、转增或其他除权情况，在除权除息日将母项中该样本股的股权登记日收市价更新为除权参考价。除权参考价以上海证券交易所和深圳证券交易所发布的数据为准。对于价格指数，现金分红在除息日不作除权调整，其余处理方法同全收益指数。

2）调整子项和母项中某样本股的权数即 A 股自由流通量

样本股公司进行送股、转增等权益分配及配股时，在除权日对样本股的自由流通量进行修正。样本股公司进行增发、配股时，在其新增股份上市日对样本股权数进行修正；样本股公司进行债转股、股份回购、权证行权时，在其实施结果公告日的下一个交易日实施修正；样本股公司实施股权分置复牌时，根据支付对价后的自由流通量进行实时修正。

对样本股公司出现股改限售上市、新股发行发起人限售期满、网下配售股解禁、定向增发大股东或战略投资者获配股份解禁、大股东增持、大股东减持等非公司行为引起的自由流通权数变化的，在每年的 1 月、7 月的第一个交易日根据上市公司最新定期报告与临时公告中公布的持股数据进行定期集中修正。同时修正权重调整因子，使央视 50 指数样本股在自由流通量定期集中修正时权重保持不变。

2. 指数的权数及计算公式

采用派氏加权法，依据如下公式逐日连锁实时计算：

实时指数 = 上一交易日收市指数 × $\sum$（样本股实时成交价 × 样本股权数 × 权重调整因子）/ $\sum$（样本股上一交易日收市价 × 样本股权数 × 权重调整因子）

（1）分子与分母中分子项中的乘积为样本股经过权重调整后的实时自由流通市值，分母项中的乘积为样本股经过权重调整后的上一交易日收市自由流通市值。

（2）自由流通量是上市公司实际可供交易的流通股数量，它是无限售条件股份剔除"持股比例超过 5% 的下列三类股东及其一致行动人所持有的无限售条件股份"后的流通股数量：①国有（法人）股东；②战略投资者；③公司创建者、家族或公司高管人员。

（3）自由流通市值是指股票价格乘以自由流通量。

（4）股票价格选取：每个交易日集合竞价开市后用样本股的开市价计算开市指数，其后在交易时间内用样本股的实时成交价计算实时指数，收市后用样本股的收市价计算收市指数。样本股当日无成交的，取上一交易日收市价。样本股暂停交易的，取最近成交价。

（三）行业覆盖率

按照成份股调整规则（详见《指数编制方法》），本书选取了 2016 年 12 月 14 日最新公布的 50 只成份股，本书按照证监会行业分类标准对这 50 只股票进行了归类分析，见表 5.13 和表 5.14。

表 5.13 央视责任指数成份股

中信银行（601998）	兴业银行（601166）	城投控股（600649）	特变电工（600089）
建设银行（601939）	中国化学（601117）	金枫酒业（600616）	宇通客车（600066）
永辉超市（601933）	中国神华（601088）	青岛啤酒（600600）	华润双鹤（600062）
中国石油（601857）	马应龙（600993）	光明乳业（600597）	古越龙山（600059）
光大银行（601818）	上实发展（600748）	深高速（600548）	招商银行（600036）
潞安环能（601699）	华域汽车（600741）	安琪酵母（600298）	宝钢股份（600019）
工商银行（601398）	东软集团（600718）	复星医药（600196）	日照港（600017）
交通银行（601328）	天津港（600717）	东方航空（600115）	民生银行（600016）
中国平安（601318）	青岛海尔（600690）	上汽集团（600104）	浦发银行（600000）
环旭电子（601231）	福耀玻璃（600660）	广州发展（600098）	汇川技术（300124）
碧水源（300070）	爱尔眼科（300015）	奇正藏药（002287）	科大讯飞（002230）
蓝色光标（300058）	乐普医疗（300003）	大洋电机（002249）	潍柴动力（000338）
硅宝科技（300019）	海康威视（002415）		

资料来源：国泰安数据库

表 5.14 央视责任指数行业覆盖率（单位：%）

行业名称	行业代码	行业覆盖率
采矿业	B	6.00
制造业	C	44.00
电力、热力、燃气及水生产和供应业	D	2.00
建筑业	E	2.00
批发和零售业	F	4.00
交通运输、仓储和邮政业	G	8.00
信息传输、软件和信息技术服务业	I	4.00
金融业	J	20.00
房地产业	K	4.00
租赁和商务服务业	L	2.00
水利、环境和公共设施管理业	N	2.00
卫生和社会工作	Q	2.00

资料来源：国泰安数据库

由表 5.14 可见，央视责任指数在制造业、金融业分配了较多的权重，且大多数为国企。其中，金融业中全部为货币市场服务（J66），即银行，表明我国的银行上市公司在履行企业社会责任方面占优，而在其他行业的分布则较为均匀。

第四节　中国社会责任投资指数绩效分析

在倡导我国社会责任指数之前，有必要讨论，社会责任投资在我国是否有利于投资者利益的投资决策，或者说是否能够实现或至少实现与市场持平，甚至超过市场的收益。但是，社会责任投资考察的是长期的投资综合效益，单纯绩效可能并不能诠释其投资作用。虽然投资绩效分析是分析我国社会责任投资发展的重要研究课题，但由于本节的研究重点是社会责任投资指数，因此只做直观说明。

笔者选择了具有代表性的社会责任投资指数，分市场对 2013 年以来社会责任投资指数与市场指数的回报率对比绘制了 3 张收益率走势比较图（图 5.1~图 5.3），并进行了成对 T 检验。

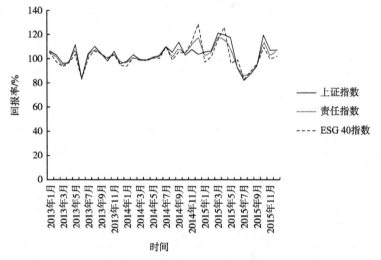

图 5.1　沪市社会责任投资指数与市场绩效对比
资料来源：CCER 经济金融数据库

从沪市的相关情况来看，三个指数的绩效差异并不明显，但从表 5.15 的成对

T 检验结果来看，上证指数的平均月回报率明显高于上证责任和 ESG 40 指数，表明这两个指数在考察期间并没有较上证指数有更好的表现，在显著性水平为 0.05 的情况下，拒绝原假设：社会责任指数收益率期望高于市场指数回收益率期望。

表 5.15　成对 T 检验结果

	上证指数	责任指数	检验结果	上证指数	ESG 40 指数
平均	3.415 092	2.396 739	平均	3.415 092	1.518 172
方差	86.008 23	66.972 42	方差	86.008 23	87.711 57
观测值	36	36	观测值	36	36
泊松相关系数	0.917 067		泊松相关系数	0.718 181	
假设平均差	0		假设平均差	0	
df	35		df	35	
t Stat	1.646 132		t Stat	1.626 536	
$P(T \leq t)$ 单尾	0.054 344		$P(T \leq t)$ 单尾	0.056 404	
t 单尾临界	1.689 572		t 单尾临界	1.689 572	
$P(T \leq t)$ 双尾	0.108 689		$P(T \leq t)$ 双尾	0.112 807	
t 双尾临界	2.030 108		t 双尾临界	2.030 108	

从图 5.2 可以看出，深证综指与深证责任并没有很大差别，且深证综指在大多时间段明显高于深证责任，表 5.16 的成对 T 检验结果也表明深证综指的平均月回报率要高于深证责任回报率，在显著性水平为 0.5 的情况下，拒绝原假设：社会责任指数收益率期望高于市场指数回收益率期望。

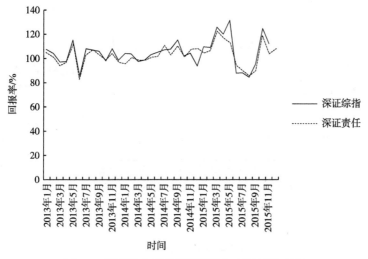

图 5.2　深市社会责任投资指数与市场绩效对比

表 5.16　成对 T 检验结果

检验结果	深证综指	深证责任
平均	4.855 192	2.556 225
方差	118.768 3	75.668 5
观测值	36	36
泊松相关系数	0.888 186	
假设平均差	0	
df	35	
t Stat	2.703 268	
$P(T \leqslant t)$ 单尾	0.005 262	
t 单尾临界	1.689 572	
$P(T \leqslant t)$ 双尾	0.010 523	
t 双尾临界	2.030 108	

　　由于中证流通指数是继上证新综指、深证新指数、中小板指数之后，综合反映沪深两市全流通 A 股的跨市场指数，因而本书用该指数来衡量沪深两市社会责任投资指数，从图 5.3 中可以看出，泰达指数的表现较好，表 5.17 的成对 T 检验结果也表明中证流通指数的平均月回报率高于巨潮治理和 CBN-兴业，在显著性水平为 0.5 的情况下拒绝原假设：社会责任指数收益率期望高于市场指数回收益率期望时，泰达指数的单尾 P 值为 0.149 895，无法拒绝原假设：社会责任指数收益率期望高于市场指数回收益率期望，即泰达指数的绩效并不比中证流通差，但泰达指数的平均月回报率仍然低于中证流通指数。

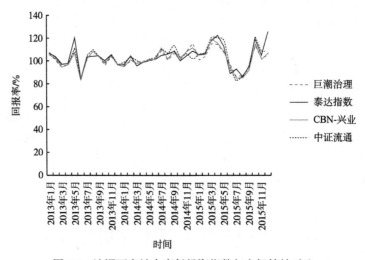

图 5.3　沪深两市社会责任投资指数与市场绩效对比

表 5.17　成对 T 检验结果

检验结果	中证流通	巨潮治理	检验结果	中证流通	泰达指数	检验结果	中证流通	CBN-兴业
平均	3.690 325	1.877 427 778	平均	3.690 325	2.983 567	平均	3.690 325	2.045
方差	91.629 08	57.856 457 14	方差	91.629 08	75.466 21	方差	91.629 08	71.158 96
观测值	36	36	观测值	36	36	观测值	36	36
泊松相关系数	0.890 006		泊松相关系数	0.907 102		泊松相关系数	0.936 223	
假设平均差	0		假设平均差	0		假设平均差	0	
df	35		df	35		df	35	
t Stat	2.439 437		t Stat	1.052 484		t Stat	2.899 526	
$P(T \leq t)$ 单尾	0.009 96		$P(T \leq t)$ 单尾	0.149 895		$P(T \leq t)$ 单尾	0.003 208	
t 单尾临界	1.689 572		t 单尾临界	1.689 572		t 单尾临界	1.689 572	
$P(T \leq t)$ 双尾	0.019 919		$P(T \leq t)$ 双尾	0.299 79		$P(T \leq t)$ 双尾	0.006 415	
t 双尾临界	2.030 108		t 双尾临界	2.030 108		t 双尾临界	2.030 108	

第六章　企业社会责任投资指数的构建及检验

在对三只基金的社会责任投资进行基本分析的基础之上，本书构造了价格加权型和市值加权型的社会责任投资指数，以及构造基于优秀社会责任企业股票的投资组合作为社会责任投资的标准，并与三只基金的收益率情况进行对比。由于投资的目的是获取未来的期望收益，所以为了检验由本书构建出来的企业社会责任投资指数及投资组合选择模型是否具有优势，本书利用样本外的数据进行检验，以得到科学、准确的研究结果。

基于选取的 25 只股票进行深入分析[①]。

第一节　样本选择和数据来源

为了更好地体现投资组合的分散原则，本书统计了中国社会科学院 2013 年上市公司企业社会责任排名的前 100 名[②]，见表 6.1，其中，"中国北车"和"中国南车"于 2014 年 12 月 30 日宣布合并为一家企业，即中国中车股份有限公司（简称"中国中车"），因而表 6.1 所列为 99 家中国社会科学院发布的社会责任履行较好的企业。并基于证监会二级行业划分标准对这些上市公司进行了数理统计，发现

---

① 资料来源：CCER 经济金融数据库、Wind 资讯金融数据库及国泰安数据库。
② 资料来源：责任云（www.zerenyun.com）。

这 99 家公司分属于 27 个二级行业，将各个行业中排名最靠前的公司选取出来，便得到了 27 家具有优秀社会责任的上市公司，剔除因上市过晚而数据不全的金隅股份和最近发生过所谓"因'冷水团事件'致使集团亏损 8 亿元"被举报造假的大连獐子岛股份有限公司，一共选取了 25 家公司的股票，名单见表 6.2。

表 6.1　2013 年上市公司企业社会责任排名前 100 名

排名	企业名称	股票代码	综合得分	行业	排名	企业名称	股票代码	综合得分	行业	排名	企业名称	股票代码	综合得分	行业
1	民生银行	600016	79.83	J66	17	交通银行	601328	61.36	J66	33	永辉超市	601933	52.60	F52
2	中国建筑	601668	76.74	E48	18	上汽集团	600104	61.24	C36	34	东软集团	600718	52.33	I65
3	中国铝业	601600	73.99	C32	19	中国太保	601601	60.88	J68	35	中国银行	601988	52.23	J66
4	兴业银行	601166	71.78	J66	20	招商地产	000024	60.68	K70	36	TCL集团	000100	51.28	C39
5	中国神华	601088	70.42	B06	21	苏宁云商	002024	59.15	F52	37	葛洲坝	600068	51.23	E48
6	浦发银行	600000	69.19	J66	22	中国联通	600050	57.89	I63	38	复星医药	600196	50.75	C27
7	深圳燃气	601139	66.16	D45	23	大唐发电	601991	56.17	D44	39	中国中铁	601390	48.99	E48
8	中国石化	600028	65.06	B07	24	万科 A	000002	55.34	K70	40	兖州煤业	600188	48.56	B06
9	农业银行	601288	64.58	J66	25	中信银行	601998	54.85	J66	41	柳工	000528	47.85	C35
10	中国平安	601318	64.40	J68	26	中国交建	601800	54.75	E48	42	广发证券	000776	47.66	J67
11	中国国航	601111	63.35	G56	27	平安银行	000001	54.53	J66	43	宝钢股份	600019	47.40	C31
12	工商银行	601398	63.14	J66	28	光大银行	601818	54.15	J66	44	北京银行	601169	47.17	J66
13	招商银行	600036	62.25	J66	29	五粮液	000858	54.11	C15	45	长江电力	600900	47.09	D44
14	东方航空	600115	62.12	G56	30	宁波银行	002142	53.65	J66	46	广汽集团	601238	47.01	C36
15	中兴通讯	000063	61.84	C39	31	招商证券	600999	52.84	J67	47	华夏银行	600015	46.99	J66
16	南方航空	600029	61.47	G56	32	建设银行	601939	52.62	J66	48	陕鼓动力	601369	46.21	C38

续表

排名	企业名称	股票代码	综合得分	行业	排名	企业名称	股票代码	综合得分	行业	排名	企业名称	股票代码	综合得分	行业
49	海正药业	600267	45.40	C27	66	华润双鹤	600062	40.43	C27	83	东方电气	600875	35.70	C34
50	中国中车	601766	45.14	C37	67	科伦药业	002422	40.12	C27	84	长江证券	000783	35.62	J67
51	泛海控股	000046	44.77	K70	68	东北证券	000686	39.52	J67	85	中国中冶	601618	35.55	E48
52	青岛啤酒	600600	43.56	C15	69	中国石油	601857	39.47	B07	86	美的集团	000333	35.40	C38
53	荣盛发展	002146	43.55	K70	70	中国铁建	601186	39.08	E48	87	国元证券	000728	35.34	J67
54	京东方 A	000725	43.48	C39	71	燕京啤酒	000729	38.45	C15	88	特变电工	600089	35.34	C38
55	中煤能源	601898	43.29	B06	72	洋河股份	002304	38.09	C15	89	南京银行	601009	35.27	J66
56	中集集团	000039	42.62	C33	73	獐子岛	002069	37.94	A04	90	航天信息	600271	35.13	C39
57	海通证券	600837	42.06	J67	74	华润三九	000999	37.66	C27	91	长安汽车	000625	35.04	C36
58	中联重科	000157	41.92	C35	75	宏源证券	000562	37.51	J67	92	华泰证券	601688	34.99	J67
59	金隅股份	601992	41.69	C30	76	云南白药	000538	37.30	C27	93	泸州老窖	000568	34.96	C15
60	东阿阿胶	000423	41.67	C27	77	国电南瑞	600406	37.30	I65	94	锡业股份	000960	34.60	C32
61	潞安环能	601699	41.67	B06	78	青岛海尔	600690	37.22	C38	95	华侨城 A	000069	34.50	N78
62	冀中能源	000937	41.53	B06	79	中国人寿	601628	36.35	J68	96	中国电建	601669	34.45	E48
63	烽火通信	600498	41.04	C39	80	国电电力	600795	36.13	D44	97	新华保险	601336	34.13	J68
64	保利地产	600048	40.82	K70	81	云铝股份	000807	36.09	C32	98	航空动力	600893	34.08	C37
65	潍柴动力	000338	40.72	C36	82	国金证券	600109	36.00	J67	99	用友软件	600588	33.99	I65

表 6.2　25 家具有优秀责任的上市公司

行业代码	行业名称	个数	代表企业名称	股票代码	综合得分	行业代码	行业名称	个数	代表企业名称	股票代码	综合得分
B06	煤炭开采和洗选业	5	中国神华	601088	70.42	D44	电力、热力生产和供应业	3	大唐发电	601991	56.17
B07	石油和天然气开采业	2	中国石化	600028	65.06	D45	燃气生产和供应业	1	深圳燃气	601139	66.16
C15	酒、饮料和精制茶制造业	5	五粮液	000858	54.11	E48	土木工程建筑业	7	中国建筑	601668	76.74
C27	医药制造业	7	复星医药	600196	50.75	F52	零售业	2	苏宁云商	002024	59.15
C31	黑色金属冶炼及压延加工业	1	宝钢股份	600019	47.40	G56	航空运输业	3	中国国航	601111	63.35
C32	有色金属冶炼和压延加工业	3	中国铝业	601600	73.99	I63	电信、广播电视和卫星传输服务	1	中国联通	600050	57.89
C33	金属制品业	1	中集集团	000039	42.62	I65	软件和信息技术服务业	3	东软集团	600718	52.33
C34	通用设备制造业	1	东方电气	600875	35.70	J66	货币金融服务	16	民生银行	600016	79.83
C35	专用设备制造业	2	柳工	000528	47.85	J67	资本市场服务	9	招商证券	600999	52.84
C36	汽车制造业	4	上汽集团	600104	61.24	J68	保险业	4	中国平安	601318	64.40
C37	铁路、船舶、航空航天等	2	中国中车	601766	45.14	K70	房地产业	5	招商地产	000024	60.68
C38	电气机械及器材制造业	4	陕鼓动力	601369	46.21	N78	公共设施管理业	1	华侨城 A	000069	34.50
C39	计算机、通信等	5	中兴通讯	000063	61.84						

第二节　企业社会责任投资指数的构建

一、构造价格加权型和市值加权型社会责任投资指数

（1）根据金融学中价格加权型股票指数的构造方法，本书构造了价格加权型社会责任投资指数，过程如下：

第一，从 CCER 经济金融数据库中获取这 25 只股票 2010 年 1 月到 2013 年 12 月的月度收盘价格，并取均值。

第二，再以上述收盘价格加权平均，得到的 25 只股票的比例作为构建社会责任投资指数的权重，结果见表 6.3。

表 6.3　构造价格加权型社会责任投资指数的权重结果

股票代码	股票简称	行业	收盘价/元	指数权重	股票代码	股票简称	行业	收盘价/元	指数权重
000024	招商地产	K70	21.03	0.013 6	601668	中国建筑	E48	3.49	0.040 6
000063	中兴通讯	C39	20.28	0.047 6	000858	五粮液	C03	29.58	0.043 5
000069	华侨城A	N78	8.61	0.016 3	600019	宝钢股份	C65	5.49	0.036 8
002024	苏宁云商	F52	10.48	0.027 8	600028	中国石化	B03	7.34	0.204 1
600016	民生银行	J66	6.86	0.058 8	600196	复星医药	C81	12.85	0.008 8
600050	中国联通	I63	4.62	0.037 9	601088	中国神华	B06	24.01	0.153 3
600718	东软集团	I65	12.38	0.005 6	000039	中集集团	C69	15.13	0.022 4
601111	中国国航	G56	8.00	0.025 6	000528	柳工	C73	17.21	0.005 9
601318	中国平安	J68	43.58	0.080 8	600104	上汽集团	C36	15.82	0.059 1
601991	大唐发电	D44	5.56	0.020 5	600875	东方电气	C76	23.56	0.013 4
600999	招商证券	J67	15.32	0.024 3	600893	航空动力	C75	20.06	0.006 2
601139	深圳燃气	D45	10.60	0.006 1	601600	中国铝业	C67	7.67	0.028 5
600690	青岛海尔	C38	16.57	0.012 5					

（2）根据金融学中市值加权型股票指数的构造方法，本书构造了市值加权型社会责任投资指数，过程如下：

第一，从 CCER 经济金融数据库中获取这 25 只股票 2010 年 1 月到 2013 年 12 月的月度总市值，并取均值。

第二，再以该市值加权平均，得到的 25 只股票的比例作为构建社会责任投资指数的权重，结果见表 6.4。

表 6.4　构造市值加权型社会责任投资指数的权重结果

股票代码	股票简称	行业	总市值/元	指数权重	股票代码	股票简称	行业	总市值/元	指数权重
000024	招商地产	K70	35 045 524 364	0.013 6	601668	中国建筑	E48	104 743 750 000	0.040 6
000063	中兴通讯	C39	123 024 343 275	0.047 6	000858	五粮液	C03	112 299 721 279	0.043 5
000069	华侨城A	N78	42 080 573 945	0.016 3	600019	宝钢股份	C65	95 150 761 105	0.036 8
002024	苏宁云商	F52	71 724 673 800	0.027 8	600028	中国石化	B03	526 961 903 721	0.204 1
600016	民生银行	J66	151 930 829 305	0.058 8	600196	复星医药	C81	22 763 827 415	0.008 8
600050	中国联通	I63	97 892 947 684	0.037 9	601088	中国神华	B06	395 891 415 540	0.153 3
600718	东软集团	I65	14 384 256 873	0.005 6	000039	中集集团	C69	57 919 881 087	0.022 4
601111	中国国航	G56	66 051 322 477	0.025 6	000528	柳工	C73	15 137 007 615	0.005 9
601318	中国平安	J68	208 579 765 913	0.080 8	600104	上汽集团	C36	152 719 851 942	0.059 1
601991	大唐发电	D44	53 012 749 025	0.020 5	600875	东方电气	C76	34 491 471 163	0.013 4
600999	招商证券	J67	62 672 296 754	0.024 3	600893	航空动力	C75	16 077 334 080	0.006 2
601139	深圳燃气	D45	15 770 397 094	0.006 1	601600	中国铝业	C67	73 472 623 447	0.028 5
600690	青岛海尔	C38	32 344 721 167	0.012 5					

二、构造投资组合选择模型

在构造价格加权型和市值加权型社会责任投资指数的基础上，本书进一步利用 Markowitz 的投资组合选择模型计算基于这 25 只股票的有效边界。有效边界反映了一个投资组合风险与回报之间的关系，在以风险为横坐标，预期回报为纵坐标的坐标系中，有效边界表现为一条曲线，那些落在这条曲线上的风险回报组合都是在一定风险或最低风险条件下能够获得的最大回报，投资组合选择模型如下：

$$\min\left\{z_1 = x^{\mathrm{T}} \boldsymbol{\Sigma} x\right\}$$
$$\max\left\{z_2 = \boldsymbol{\mu}^{\mathrm{T}} x\right\}$$
$$\mathrm{s.t.} \mathbf{1}^{\mathrm{T}} x = 1 \tag{6.1}$$
$$x \leqslant 0.1$$
$$x \geqslant 0$$

其中，x 表示基于 25 只股票的投资组合权重向量；$\boldsymbol{\Sigma}$ 表示 25 只股票回报率的协方差 25×25 矩阵；$\boldsymbol{\mu}$ 表示 25 只股票的期望回报率向量；z_1 表示投资组合的方差；z_2 表示投资组合的期望回报率；$\mathbf{1}$ 表示一个 25 维 1 向量；$\mathbf{0.1}$ 和 $\mathbf{0}$ 分别代表 25 维 0.1 和 0 向量，其中 $x \leqslant \mathbf{0.1}$ 这一约束条件表示基金的"双十限定"。本书的样本取值来源于 2010 年 1 月到 2013 年 12 月 25 只股票的月回报率数据，基于上述月回报率计算样本的协方差矩阵，并假设样本协方差矩阵为 $\boldsymbol{\Sigma}$；计算股票回报率的样本均值，并假设样本均值为 $\boldsymbol{\mu}$。

模型（6.1）是基于 25 只优秀的社会责任股票和基金的投资限制，描述了这些基金的投资策略。根据 Markowitz 等和 Hirschberger 等学者的参数二次规划研究的算法进行求解，计算准确的有效边界。在金融学中常用的方法是博迪等提出的有效边界模拟算法，但 Qi 等（2009b）学者指出这种模拟并不能反映有效边界的全部情况，因而本书利用参数二次规划，精确地对有效边界进行求解，计算出有效边界上全部 45 个拐点投资组合的信息，这些拐点投资组合能够全面准确地反映有效边界的情况。各个拐点投资组合中股票的权重见表 6.5。

表6.5　拐点投资组合的权重

代码	000024	000039	000063	000069	000528	000858	002024	600016	600019	600028	600050	600104	600196	600690	600718	600875	600999	601088	601111	601139	601318	601600	601668	601766	601991
P1	0.1000 0	0.1000 0	0.0000 0	0.1000 0	0.0000 0	0.0000 0	0.1000 0	0.1000 0	0.0000 0	0.0000 0	0.0000 0	0.1000 0	0.1000 0	0.1000 0	0.0000 0	0.0000 0	0.1000 0	0.0000 0	0.0000 0	0.0000 0	0.0000 0	0.1000 0	0.0000 0	0.0000 0	0.0000 0
P2	0.1000 0	0.1000 0	0.0000 0	0.1000 0	0.0000 0	0.0000 0	0.1000 0	0.1000 0	0.0000 0	0.0000 0	0.0000 0	0.0790 0	0.1000 0	0.1000 0	0.0210 0	0.0000 0	0.1000 0	0.0000 0	0.0000 0	0.0000 0	0.0000 0	0.1000 0	0.0000 0	0.0000 0	0.0000 0
P3	0.1000 0	0.1000 0	0.0000 0	0.1000 0	0.0000 0	0.0000 0	0.1000 0	0.1000 0	0.0000 0	0.0000 0	0.0000 0	0.0492 2	0.1000 0	0.1000 0	0.0075 5	0.0000 0	0.1000 0	0.0000 0	0.0000 0	0.0000 0	0.0433 3	0.1000 0	0.0000 0	0.0000 0	0.0000 0
P4	0.1000 0	0.1000 0	0.0000 0	0.0990 6	0.0000 0	0.0000 0	0.1000 0	0.1000 0	0.0000 0	0.0000 0	0.0000 0	0.0320 0	0.1000 0	0.1000 0	0.0000 0	0.0000 0	0.1000 0	0.0000 0	0.0000 0	0.0000 0	0.0774 4	0.1000 0	0.0000 0	0.0941 0	0.0000 0
P5	0.1000 0	0.1000 0	0.0000 0	0.0881 6	0.0000 0	0.0000 0	0.1000 0	0.1000 0	0.0000 0	0.0000 0	0.0000 0	0.0184 0	0.1000 0	0.1000 0	0.0000 0	0.0000 0	0.1000 0	0.0000 0	0.0000 0	0.0000 0	0.1000 0	0.1000 0	0.0000 0	0.1000 0	0.0000 0
P6	0.1000 0	0.1000 0	0.0000 0	0.0839 0	0.0000 0	0.0000 0	0.1000 0	0.1000 0	0.0000 0	0.0000 0	0.0000 0	0.0161 0	0.1000 0	0.1000 0	0.0180 0	0.0000 0	0.1000 0	0.0000 0	0.0000 0	0.0000 0	0.1000 0	0.1000 0	0.0000 0	0.1000 0	0.0000 0
P7	0.1000 0	0.1000 0	0.0000 0	0.0820 0	0.0000 0	0.0000 0	0.1000 0	0.1000 0	0.0000 0	0.0000 0	0.0000 0	0.0000 0	0.1000 0	0.1000 0	0.0180 0	0.0000 0	0.1000 0	0.0000 0	0.0000 0	0.0000 0	0.1000 0	0.1000 0	0.0000 0	0.1000 0	0.0000 0
P8	0.1000 0	0.1000 0	0.0000 0	0.0803 0	0.0000 0	0.0000 0	0.1000 0	0.1000 0	0.0000 0	0.0000 0	0.0000 0	0.0000 0	0.1000 0	0.1000 0	0.0197 0	0.0000 0	0.1000 0	0.0000 0	0.0000 0	0.0000 0	0.1000 0	0.1000 0	0.0000 0	0.1000 0	0.0000 0
P9	0.1000 0	0.1000 0	0.0000 0	0.0692 0	0.0000 0	0.0000 0	0.0310 0	0.1000 0	0.0000 0	0.0000 0	0.0000 0	0.0000 0	0.1000 0	0.1000 0	0.0999 9	0.0000 0	0.1000 0	0.0000 0	0.0000 0	0.0000 0	0.1000 0	0.1000 0	0.0000 0	0.1000 0	0.0000 0
P10	0.1000 0	0.1000 0	0.0000 0	0.0000 0	0.0000 0	0.0000 0	0.0310 0	0.1000 0	0.0000 0	0.0000 0	0.0000 0	0.0000 0	0.1000 0	0.1000 0	0.0936 6	0.0000 0	0.1000 0	0.0000 0	0.0000 0	0.0000 0	0.1000 0	0.1000 0	0.0000 0	0.1000 0	0.0000 0
P11	0.1000 0	0.1000 0	0.0000 0	0.0000 0	0.0000 0	0.0000 0	0.0123 0	0.1000 0	0.0000 0	0.0000 0	0.0000 0	0.0000 0	0.1000 0	0.1000 0	0.0916 6	0.0000 0	0.1000 0	0.0000 0	0.0000 0	0.0000 0	0.1000 0	0.1000 0	0.0000 0	0.1000 0	0.0000 0
P12	0.1000 0	0.1000 0	0.0000 0	0.0000 0	0.0000 0	0.0000 0	0.0084 0	0.1000 0	0.0000 0	0.0000 0	0.0000 0	0.0000 0	0.1000 0	0.1000 0	0.0925 5	0.0000 0	0.1000 0	0.0000 0	0.0000 0	0.0000 0	0.1000 0	0.1000 0	0.0000 0	0.1000 0	0.0019 9
P13	0.1000 0	0.1000 0	0.0000 0	0.0000 0	0.0000 0	0.0000 0	0.0075 0	0.1000 0	0.0000 0	0.0000 0	0.0000 0	0.0000 0	0.1000 0	0.1000 0	0.0911 1	0.0000 0	0.1000 0	0.0000 0	0.0000 0	0.0000 0	0.1000 0	0.1000 0	0.0000 0	0.1000 0	0.0314 4
P14	0.1000 0	0.1000 0	0.0000 0	0.0000 0	0.0000 0	0.0000 0	0.0070 0	0.1000 0	0.0000 0	0.0000 0	0.0000 0	0.0000 0	0.1000 0	0.1000 0	0.0833 3	0.0000 0	0.1000 0	0.0000 0	0.0000 0	0.0000 0	0.1000 0	0.0792 2	0.0000 0	0.1000 0	0.0335 5
P15	0.1000 0	0.1000 0	0.0000 0	0.0000 0	0.0000 0	0.0000 0	0.0061 0	0.1000 0	0.0000 0	0.0000 0	0.0000 0	0.0000 0	0.1000 0	0.1000 0	0.0828 8	0.0000 0	0.1000 0	0.0000 0	0.0000 0	0.0000 0	0.1000 0	0.0778 8	0.0000 0	0.1000 0	0.0338 8
P16	0.0998 5	0.1000 0	0.0000 0	0.0000 0	0.0000 0	0.0000 0	0.0061 0	0.1000 0	0.0000 0	0.0000 0	0.0000 0	0.0000 0	0.1000 0	0.1000 0	0.0827 7	0.0000 0	0.1000 0	0.0000 0	0.0000 0	0.0000 0	0.1000 0	0.0776 6	0.0000 0	0.1000 0	0.0716 6
P17	0.0846 4	0.1000 0	0.0000 0	0.0000 0	0.0000 0	0.0221 0	0.0061 0	0.1000 0	0.0000 0	0.0000 0	0.0000 0	0.0000 0	0.1000 0	0.1000 0	0.0764 4	0.0000 0	0.1000 0	0.0000 0	0.0000 0	0.0000 0	0.1000 0	0.0616 6	0.0000 0	0.1000 0	0.1000 0
P18	0.0667 0	0.1000 0	0.0000 0	0.0000 0	0.0000 0	0.0545 0	0.0058 0	0.1000 0	0.0000 0	0.0000 0	0.0000 0	0.0000 0	0.1000 0	0.1000 0	0.0654 4	0.0000 0	0.1000 0	0.0000 0	0.0000 0	0.0000 0	0.1000 0	0.0412 2	0.0000 0	0.1000 0	0.1000 0
P19	0.0527 9	0.1000 0	0.0000 0	0.0000 0	0.0000 0	0.0599 0	0.0046 0	0.1000 0	0.0000 0	0.0000 0	0.0000 0	0.0000 0	0.1000 0	0.1000 0	0.0613 3	0.0000 0	0.1000 0	0.0000 0	0.0000 0	0.0000 0	0.1000 0	0.0313 3	0.0000 0	0.1000 0	0.1000 0
P20	0.0506 6	0.1000 0	0.0000 0	0.0000 0	0.0000 0	0.0954 0	0.0000 0	0.1000 0	0.0000 0	0.0000 0	0.0615 5	0.0000 0	0.1000 0	0.1000 0	0.0600 0	0.0000 0	0.1000 0	0.0000 0	0.0000 0	0.0000 0	0.1000 0	0.0295 5	0.0000 0	0.1000 0	0.1000 0
P21	0.0183 3	0.1000 0	0.0000 0	0.0000 0	0.0000 0	0.1000 0	0.0000 0	0.1000 0	0.0000 0	0.0000 0	0.0765 5	0.0000 0	0.1000 0	0.1000 0	0.0268 8	0.0000 0	0.1000 0	0.0000 0	0.0000 0	0.0000 0	0.1000 0	0.0000 0	0.0000 0	0.1000 0	0.1000 0
P22	0.0079 9	0.1000 0	0.0000 0	0.0000 0	0.0000 0	0.1000 0	0.0000 0	0.1000 0	0.0000 0	0.0000 0	0.0861 1	0.0000 0	0.1000 0	0.1000 0	0.0157 7	0.0000 0	0.1000 0	0.0000 0	0.0000 0	0.0000 0	0.1000 0	0.0000 0	0.0000 0	0.1000 0	0.1000 0
P23	0.0032 0	0.1000 0	0.0000 0	0.0000 0	0.0000 0	0.1000 0	0.0000 0	0.1000 0	0.0000 0	0.0000 0	0.0989 9	0.0000 0	0.1000 0	0.1000 0	0.0107 7	0.0000 0	0.1000 0	0.0000 0	0.0000 0	0.0000 0	0.1000 0	0.0000 0	0.0000 0	0.1000 0	0.1000 0
P24	0.0000 0	0.0911 0	0.0000 0	0.0000 0	0.0000 0	0.1000 0	0.0000 0	0.1000 0	0.0000 0	0.0000 0	0.1000 0	0.0000 0	0.1000 0	0.1000 0	0.0100 0	0.0000 0	0.1000 0	0.0000 0	0.0000 0	0.0000 0	0.1000 0	0.0000 0	0.0000 0	0.1000 0	0.1000 0
P25	0.0000 0	0.0901 1	0.0000 0	0.0000 0	0.0000 0	0.1000 0	0.0000 0	0.1000 0	0.0000 0	0.0000 0	0.1000 0	0.0000 0	0.1000 0	0.1000 0	0.0100 0	0.0000 0	0.1000 0	0.0000 0	0.0000 0	0.0000 0	0.1000 0	0.0000 0	0.0000 0	0.1000 0	0.1000 0
P26	0.0000 0	0.0882 2	0.0000 0	0.0000 0	0.0000 0	0.1000 0	0.0000 0	0.1000 0	0.0000 0	0.0000 0	0.1000 0	0.0000 0	0.1000 0	0.1000 0	0.0118 0	0.0000 0	0.1000 0	0.0000 0	0.0000 0	0.0000 0	0.1000 0	0.0000 0	0.0000 0	0.1000 0	0.1000 0
P27	0.0020 0	0.0728 2	0.0000 0	0.0000 0	0.0000 0	0.1000 0	0.0000 0	0.1000 0	0.0000 0	0.0000 0	0.1000 0	0.0000 0	0.1000 0	0.1000 0	0.0252 2	0.0000 0	0.1000 0	0.0000 0	0.0000 0	0.0000 0	0.1000 0	0.0000 0	0.0000 0	0.1000 0	0.1000 0
P28	0.0010 0	0.0708 0	0.0016 0	0.0000 0	0.0000 0	0.1000 0	0.0000 0	0.1000 0	0.0000 0	0.0000 0	0.1000 0	0.0000 0	0.1000 0	0.1000 0	0.0266 6	0.0000 0	0.1000 0	0.0000 0	0.0000 0	0.0000 0	0.1000 0	0.0000 0	0.0000 0	0.1000 0	0.1000 0
P29	0.0000 0	0.0685 5	0.0020 8	0.0000 0	0.0000 0	0.1000 0	0.0000 0	0.1000 0	0.0000 0	0.0000 0	0.1000 0	0.0000 0	0.1000 0	0.1000 0	0.0278 8	0.0000 0	0.1000 0	0.0000 0	0.0000 0	0.0000 0	0.1000 0	0.0009 9	0.0000 0	0.1000 0	0.1000 0
P30	0.0000 0	0.0170 0	0.0884 0	0.0000 0	0.0000 0	0.1000 0	0.0000 0	0.1000 0	0.0000 0	0.0000 0	0.1000 0	0.0000 0	0.1000 0	0.1000 0	0.0551 1	0.0000 0	0.1000 0	0.0000 0	0.0000 0	0.0000 0	0.1000 0	0.0195 5	0.0000 0	0.1000 0	0.1000 0

续表

代码	000024	000039	000063	000069	000528	000858	002024	600016	600019	600028	600050	600104	600196	600690	600718	600875	600999	601088	601111	601139	601318	601600	601668	601766	601991
P31	0.0000	0.0033	0.0000	0.0000	0.0000	0.1000	0.0000	0.1000	0.0240	0.0000	0.1000	0.0000	0.1000	0.1000	0.0569	0.0000	0.1000	0.0000	0.0000	0.0000	0.1000	0.0159	0.0000	0.1000	0.1000
P32	0.0000	0.0000	0.0000	0.0000	0.0000	0.1000	0.0000	0.1000	0.0284	0.0000	0.1000	0.0000	0.1000	0.1000	0.0570	0.0000	0.1000	0.0000	0.0000	0.0000	0.1000	0.0145	0.0000	0.1000	0.1000
P33	0.0000	0.0000	0.0000	0.0000	0.0000	0.1000	0.0000	0.1000	0.0499	0.0000	0.1000	0.0000	0.1000	0.1000	0.0501	0.0000	0.1000	0.0000	0.0000	0.0000	0.1000	0.0000	0.0000	0.1000	0.1000
P34	0.0000	0.0000	0.0000	0.0000	0.0000	0.1000	0.0000	0.1000	0.0601	0.0000	0.1000	0.0000	0.1000	0.1000	0.0399	0.0000	0.1000	0.0000	0.0000	0.0000	0.1000	0.0000	0.0000	0.1000	0.1000
P35	0.0000	0.0000	0.0000	0.0000	0.0000	0.1000	0.0000	0.1000	0.1000	0.0000	0.1000	0.0000	0.1000	0.0628	0.0372	0.0000	0.1000	0.0000	0.0000	0.0000	0.1000	0.0000	0.0000	0.1000	0.1000
P36	0.0000	0.0000	0.0000	0.0000	0.0000	0.1000	0.0000	0.1000	0.1000	0.0350	0.1000	0.0000	0.1000	0.0591	0.0409	0.0000	0.1000	0.0000	0.0000	0.0000	0.1000	0.0000	0.0000	0.1000	0.1000
P37	0.0000	0.0000	0.0000	0.0000	0.0000	0.1000	0.0000	0.1000	0.1000	0.0591	0.1000	0.0000	0.1000	0.0263	0.0387	0.0000	0.1000	0.0000	0.0000	0.0000	0.1000	0.0000	0.0000	0.1000	0.1000
P38	0.0000	0.0000	0.0000	0.0000	0.0000	0.1000	0.0000	0.1000	0.1000	0.0636	0.1000	0.0000	0.1000	0.0000	0.0363	0.0000	0.1000	0.0000	0.0000	0.0000	0.1000	0.0046	0.0000	0.1000	0.1000
P39	0.0000	0.0000	0.0000	0.0000	0.0000	0.1000	0.0000	0.1000	0.1000	0.0770	0.1000	0.0000	0.1000	0.0000	0.0347	0.0000	0.1000	0.0000	0.0000	0.0000	0.1000	0.0017	0.0000	0.1000	0.1000
P40	0.0000	0.0000	0.0000	0.0000	0.0000	0.1000	0.0000	0.0891	0.1000	0.1000	0.1000	0.0000	0.1000	0.0000	0.0339	0.0000	0.1000	0.0000	0.0000	0.0000	0.1000	0.0000	0.0000	0.1000	0.1000
P41	0.0000	0.0000	0.0000	0.0000	0.0000	0.1000	0.0000	0.0683	0.1000	0.1000	0.1000	0.0000	0.1000	0.0000	0.0317	0.0000	0.1000	0.0000	0.0000	0.0000	0.1000	0.0000	0.0000	0.1000	0.1000
P42	0.0000	0.0000	0.0000	0.0000	0.0000	0.1000	0.0000	0.0650	0.1000	0.1000	0.1000	0.0000	0.1000	0.0000	0.0350	0.0000	0.1000	0.0000	0.0000	0.0000	0.1000	0.0000	0.0000	0.1000	0.1000
P43	0.0000	0.0000	0.0000	0.0000	0.0000	0.1000	0.0000	0.0635	0.1000	0.1000	0.1000	0.0000	0.1000	0.0000	0.0357	0.0000	0.1000	0.0000	0.0000	0.0000	0.1000	0.0008	0.0000	0.1000	0.1000
P44	0.0000	0.0000	0.0000	0.0000	0.0000	0.1000	0.0000	0.0616	0.1000	0.1000	0.1000	0.0000	0.1000	0.0000	0.0358	0.0000	0.1000	0.0000	0.0026	0.0000	0.1000	0.0000	0.0000	0.1000	0.1000
P45	0.0000	0.0000	0.0000	0.0000	0.0000	0.1000	0.0000	0.0586	0.1000	0.1000	0.1000	0.0000	0.1000	0.0000	0.0357	0.0000	0.1000	0.0000	0.0056	0.0000	0.1000	0.0000	0.0000	0.1000	0.1000

第三节　与企业社会责任投资基金的对比和检验

　　为了检验本书所构造的社会责任投资指数和投资组合选择模型是否可行有效，本书采用样本外的数据对构造的两个社会责任投资指数和一个投资组合选择模型做对比和检验，采用的方法是成对 T 检验，即根据样本数据对两个成对样本来自的两个成对总体的均值是否有显著差异进行判断。

　　进行成对 T 检验的前提条件为：①两样本应该是成对的（即两样本的观察值数目相同；两样本的观察值的顺序不能随意更改）；②样本来自的两个总体应该服从正态分布。

　　检验过程：①利用 Excel 软件对两组样本数据进行成对 T 检验，设置显著性水平为 0.1；②做出推断：若 P 值<显著性水平 α，则拒绝假设 6.1，即认为两总体均值存在显著差异，若 P 值>显著性水平 α，则不能拒绝假设 6.1，即认为两总体均值不存在显著差异。

一、与价格加权型社会责任投资指数的对比和检验

　　（1）用 2014 年 1 月 1 日至 12 月 31 日全年的周回报率，以及第二节所得的价格加权型权重构造价格加权型社会责任投资指数，见表 6.6。

表 6.6　2014 年价格加权型社会责任投资指数

时间	价格加权型社会责任投资指数	时间	价格加权型社会责任投资指数
2014-01-10	−0.047 50	2014-02-28	−0.034 21
2014-01-17	0.009 679	2014-03-07	−0.004 11
2014-01-24	0.044 715	2014-03-14	−0.015 81
2014-01-30	−0.012 88	2014-03-21	0.017 454
2014-02-07	0.004 627	2014-03-28	−0.007 23
2014-02-14	0.017 522	2014-04-11	0.041 392
2014-02-21	0.002 148	2014-04-18	−0.027 06

续表

时间	价格加权型社会责任投资指数	时间	价格加权型社会责任投资指数
2014-04-25	−0.030 6	2014-09-12	−0.001 98
2014-04-30	−0.003 48	2014-09-19	−0.007 55
2014-05-09	−0.013 98	2014-09-26	0.008 863
2014-05-16	0.008 167	2014-09-30	0.000 946
2014-05-23	0.004 577	2014-10-10	0.005 105
2014-05-30	0.007 636	2014-10-17	−0.018 65
2014-06-06	−0.009 32	2014-10-24	−0.024 32
2014-06-13	0.025 627	2014-10-31	0.056 27
2014-06-20	−0.026 54	2014-11-07	0.004 139
2014-06-27	0.0113 81	2014-11-14	0.028 005
2014-07-11	−0.003 13	2014-11-21	0.001 665
2014-07-18	0.011 826	2014-11-28	0.072 747
2014-07-25	0.048 127	2014-12-12	0.035 44
2014-08-08	0.003 785	2014-12-19	0.058 216
2014-08-15	0.014 353	2014-12-26	0.016 163
2014-08-22	−0.003 34	2014-12-31	0.033 196
2014-08-29	−0.006 90		

（2）与三只基金 2014 年 1 月 1 日至 12 月 31 日全年的净值回报率（表 6.7）进行成对 T 检验，结果见表 6.8。

表 6.7　三只基金 2014 年的净值回报率

时间	兴全基金	添富基金	建信基金	时间	兴全基金	添富基金	建信基金
2014-01-10	−0.017 682	−0.040 619	−0.021 541	2014-04-11	0.019 890	0.010 638	0.013 732
2014-01-17	0.003 333	0.008 065	0.026 249	2014-04-18	0.004 707	0.016 842	0.000 000
2014-01-24	0.020 598	0.036 000	0.052 805	2014-04-25	−0.035 475	−0.042 443	−0.040 637
2014-01-30	−0.033 568	−0.005 783	0.009 426	2014-04-30	−0.020 711	−0.015 078	−0.003 319
2014-02-07	0.013 907	0.033 882	0.014 821	2014-05-09	−0.001 403	0.004 357	−0.018 303
2014-02-14	0.045 722	0.011 236	0.017 679	2014-05-16	−0.020 365	−0.008 677	−0.005 085
2014-02-21	−0.006 246	−0.019 444	−0.006 798	2014-05-23	0.031 541	0.032 823	0.019 591
2014-02-28	−0.089 661	−0.110 104	−0.076 062	2014-05-30	0.033 356	0.024 364	0.025 898
2014-03-07	0.008 564	0.007 007	0.003 165	2014-06-06	0.004 707	0.001 034	0.002 443
2014-03-14	−0.017 636	−0.018 887	−0.025 237	2014-06-13	0.004 685	0.029 959	0.021 121
2014-03-21	0.001 330	−0.010 132	0.001 618	2014-06-20	−0.017 988	−0.031 093	−0.019 889
2014-03-28	−0.055 113	−0.061 412	−0.025 040	2014-06-27	0.033 921	0.037 267	0.028 409

续表

时间	兴全基金	添富基金	建信基金	时间	兴全基金	添富基金	建信基金
2014-07-11	−0.032 258	−0.018 304	−0.012 374	2014-10-17	−0.011 494	−0.025 210	−0.027 211
2014-07-18	−0.015 333	−0.042 198	−0.003 915	2014-10-24	−0.017 442	−0.017 241	−0.013 986
2014-07-25	0.002 031	−0.014 344	0.007 862	2014-10-31	0.047 897	0.108 033	0.043 006
2014-08-08	0.019 724	0.023 162	0.009 188	2014-11-07	−0.011 561	0.000 000	−0.006 944
2014-08-15	0.025 145	0.003 937	0.009 105	2014-11-14	−0.029 240	−0.033 333	−0.020 979
2014-08-22	0.012 579	0.039 216	0.015 038	2014-11-21	0.030 120	0.043 103	0.021 429
2014-08-29	−0.006 211	−0.009 434	−0.014 815	2014-11-28	0.035 088	0.074 380	0.048 951
2014-09-12	0.018 072	0.036 364	0.021 277	2014-12-12	0.016 854	−0.029 851	0.037 736
2014-09-19	0.000 000	0.000 000	−0.006 944	2014-12-19	−0.016 575	0.038 462	0.042 424
2014-09-26	0.005 917	0.008 772	0.013 986	2014-12-26	−0.011 236	−0.074 074	−0.005 814
2014-09-30	0.035 606	0.035 085	0.013 841	2014-12-31	−0.056 011	−0.078 400	0.120 379
2014-10-10	0.005 780	0.017 094	0.006 849	平均回报	−0.000 896	−0.000 532	0.006 237

表 6.8 三只基金与价格加权型社会责任指数的成对 T 检验结果

检验结果	兴全基金	价格加权型指数
平均	−0.000 896	0.006 281
方差	0.000 774	0.000 635
观测值	47	47
泊松相关系数	0.412 747	
假设平均差	0	
df	46	
t Stat	−1.707 308	
$P(T \leqslant t)$ 单尾	0.047 254	
t 单尾临界	1.678 660	
$P(T \leqslant t)$ 双尾	0.094 507	
t 双尾临界	2.012 896	
检验结果	添富基金	价格加权型指数
平均	−0.000 532	0.006 281
方差	0.001 545	0.000 635
观测值	47	47
泊松相关系数	0.438 506	
假设平均差	0	
df	46	
t Stat	−1.289 654	
$P(T \leqslant t)$ 单尾	0.101 809	

续表

检验结果	添富基金	价格加权型指数
t 单尾临界	1.678 660	
P（T ≤ t）双尾	0.203 618	
t 双尾临界	2.012 896	
检验结果	建信基金	价格加权型指数
平均	0.006 237	0.006 281
方差	0.000 879	0.000 635
观测值	47	47
泊松相关系数	0.688 416	
假设平均差	0	
df	46	
t Stat	−0.013 590	
P（T ≤ t）单尾	0.494 608	
t 单尾临界	1.678 660	
P（T ≤ t）双尾	0.989 216	
t 双尾临界	2.012 896	

在这里，我们将假设 6.1 和假设 6.2 分别设定如下：

假设 6.1　价格加权型社会责任投资指数周回报率期望等于基金周净值回报率期望。

假设 6.2　价格加权型社会责任投资指数周回报率期望高于基金周净值回报率期望。

结果表明：价格加权型社会责任投资指数的周平均收益率为 0.006 281。

兴全基金周平均净值回报率为−0.000 896（单尾 P 值 0.05），添富基金周平均净值回报率为−0.000 532（单尾 P 值 0.10），建信基金周平均净值回报率为 0.006 237（单尾 P 值 0.49）。

从收益率可以很明显地看出，价格加权型社会责任投资指数的回报率显著高于其中的两只基金。在显著性水平为 0.1 时，可以拒绝假设 6.1，认为价格加权型社会责任投资指数的周回报率期望大于兴全基金和添富基金两只基金的周净值回报率期望。

二、与市值加权型社会责任投资指数的对比和检验

（1）用 2014 年 1 月 1 日至 12 月 31 日全年的周回报率，以及第二节所得的

市值加权性权重构造市值加权型社会责任投资指数，见表6.9。

表6.9　2014年市值加权型社会责任投资指数

时间	市值加权型社会责任投资指数	时间	市值加权型社会责任投资指数
2014-01-10	-0.033 870	2014-07-11	-0.002 890
2014-01-17	0.006 638	2014-07-18	0.000 156
2014-01-24	0.020 960	2014-07-25	0.048 703
2014-01-30	-0.020 970	2014-08-08	0.003 101
2014-02-07	0.002 374	2014-08-15	0.011 249
2014-02-14	0.022 397	2014-08-22	-0.002 910
2014-02-21	0.021 304	2014-08-29	-0.003 550
2014-02-28	-0.016 080	2014-09-12	-0.008 620
2014-03-07	-0.001 990	2014-09-19	-0.009 960
2014-03-14	-0.036 210	2014-09-26	-0.003 790
2014-03-21	0.027 155	2014-09-30	0.001 992
2014-03-28	0.000 889	2014-10-10	-0.000 290
2014-04-11	0.049 577	2014-10-17	-0.018 650
2014-04-18	-0.028 690	2014-10-24	-0.024 000
2014-04-25	-0.026 410	2014-10-31	0.052 902
2014-04-30	0.001 128	2014-11-07	-0.005 700
2014-05-09	-0.013 170	2014-11-14	0.037 971
2014-05-16	0.009 900	2014-11-21	-0.014 920
2014-05-23	0.003 262	2014-11-28	0.075 717
2014-05-30	0.004 764	2014-12-12	0.002 282
2014-06-06	-0.008 320	2014-12-19	0.086 635
2014-06-13	0.019 468	2014-12-26	0.014 404
2014-06-20	-0.013 540	2014-12-31	0.033 641
2014-06-27	0.010 788		

（2）与三只基金2014年1月1日至12月31日全年的净值回报率进行成对 T 检验，结果见表6.10。

表 6.10 三只基金与市值加权型社会责任指数的成对 T 检验结果

检验结果	兴全基金	市值加权型指数
平均	−0.000 896	0.005 848
方差	0.000 774	0.000 685
观测值	47	47
泊松相关系数	0.262 109	
假设平均差	0	
df	46	
t Stat	−1.408 715	
$P\,(T \leqslant t)$ 单尾	0.082 822	
t 单尾临界	1.678 660	
$P\,(T \leqslant t)$ 双尾	0.165 643	
t 双尾临界	2.012 896	
检验结果	添富基金	市值加权型指数
平均	−0.000 532	0.005 848
方差	0.001 545	0.000 685
观测值	47	47
泊松相关系数	0.340 049	
假设平均差	0	
df	46	
t Stat	−1.118 051	
$P\,(T \leqslant t)$ 单尾	0.134 675	
t 单尾临界	1.678 660	
$P\,(T \leqslant t)$ 双尾	0.269 351	
t 双尾临界	2.012 896	
检验结果	建信基金	市值加权型指数
平均	0.006 237	0.005 848
方差	0.000 879	0.000 685
观测值	47	47
泊松相关系数	0.547 154	
假设平均差	0	
df	46	
t Stat	0.099 764	
$P\,(T \leqslant t)$ 单尾	0.460 483	
t 单尾临界	1.678 660	
$P\,(T \leqslant t)$ 双尾	0.920 965	
t 双尾临界	2.012 896	

在这里，我们将假设 6.3 和假设 6.4 分别设定如下：

假设 6.3　市值加权型社会责任投资指数周回报率期望等于基金周净值回报率期望。

假设 6.4　市值加权型社会责任投资指数周回报率期望高于基金周净值回报率期望。

结果表明：价格加权型社会责任投资指数的周平均收益率为 0.005 848。

兴全基金周平均净值回报率为 -0.000 896（单尾 P 值 0.08），添富基金周平均净值回报率为 -0.000 532（单尾 P 值 0.13），建信基金周平均净值回报率为 0.006 237（单尾 P 值 0.46）。

这与前文价格加权型社会责任投资指数检验的结论基本一致。

三、与投资组合选择模型的对比和检验

（1）用 2014 年 1 月 1 日至 12 月 31 日全年的周回报率，以及第二节所得的 45 个拐点投资组合构造价格加权型社会责任投资指数，见表 6.11。

（2）与三只基金 2014 年 1 月 1 日至 12 月 31 日全年的净值回报率分别进行成对 T 检验，再对各只基金 T 检验结果的单尾 P 值取平均值，结果见表 6.12~表 6.14。

在这里，我们将假设 6.5 和假设 6.6 分别设定如下：

假设 6.5　有效边界上拐点投资组合的周回报率期望等于基金周净值回报率期望。

假设 6.6　有效边界上拐点投资组合的周回报率期望高于基金周净值回报率期望。

结果表明：兴全基金的平均单尾 P 值为 0.03，在 0.1 的显著性水平下，45 个投资组合中 45 个投资组合可以拒绝假设 6.5。添富基金的平均单尾 P 值为 0.06，在 0.1 的显著性水平下，45 个投资组合中 44 个投资组合可以拒绝假设 6.5，1 个投资组合不能拒绝假设 6.5。建信基金的平均单尾 P 值为 0.32，在 0.1 的显著性水平下，45 个投资组合都不能拒绝假设 6.5。

利用拐点投资组合检验，在 0.1 的显著性水平下，基于 25 家社会责任股票构造投资组合的周回报率期望高于兴全基金和添富基金 2014 年的周净值回报率期望。

表 6.11 2014 年 45 个投资组合数据

日期	投资组合 1	投资组合 2	投资组合 3	投资组合 4	投资组合 5	投资组合 6	投资组合 7	投资组合 8	投资组合 9	投资组合 10	投资组合 11	投资组合 12
2014-01-10	-0.039 83	-0.038 8	-0.039 74	-0.041 02	-0.041 83	-0.041 66	-0.040 92	-0.040 96	-0.042 3	-0.047 82	-0.048 1	-0.048 12
2014-01-17	0.006 675	0.006 411	0.006 578	0.006 699	0.006 726	0.006 719	0.006 498	0.006 482	0.005 064	0.017 466	0.018 233	0.018 215
2014-01-24	0.067 212	0.067 393	0.068 347	0.068 427	0.068 316	0.068 485	0.068 502	0.068 387	0.055 819	0.049 795	0.049 238	0.049 079
2014-01-30	-0.014 33	-0.014 07	-0.012 12	-0.011 05	-0.010 43	-0.010 3	-0.010 18	-0.010 25	-0.016 48	-0.003 95	-0.003 21	-0.003 29
2014-02-07	0.008 493	0.008 487	0.008 66	0.008 837	0.008 965	0.008 955	0.008 958	0.008 965	0.007 151	0.008 117	0.008 087	0.008 062
2014-02-14	-0.002 11	-0.001 83	-0.003 85	-0.004 92	-0.005 43	-0.005 54	-0.005 21	-0.005 1	0.006 063	0.005 022	0.005 091	0.005 232
2014-02-21	0.007 649	0.007 965	0.007 143	0.006 297	0.005 739	0.005 798	0.006 02	0.006 001	0.008 938	0.013 257	0.013 696	0.013 737
2014-02-28	-0.030 36	-0.031 78	-0.033 67	-0.033 95	-0.034 05	-0.034 39	-0.035 33	-0.035 18	-0.045 37	-0.046 93	-0.047 82	-0.047 97
2014-03-07	-0.019 6	-0.017 67	-0.018 11	-0.018 47	-0.018 35	-0.018 27	-0.016 68	-0.016 57	-0.004 98	-0.004 72	-0.004 54	-0.004 39
2014-03-14	-0.047 26	-0.044 68	-0.042 47	-0.039 03	-0.035 75	-0.036 07	-0.033 6	-0.033 14	-0.018 52	-0.007 63	-0.007 64	-0.007 48
2014-03-21	0.021 074	0.019 947	0.017 562	0.016 294	0.015 418	0.015 23	0.014 417	0.014 468	0.015 243	0.018 617	0.018 722	0.018 728
2014-03-28	-0.001 3	-0.002 9	-0.003 35	-0.003 42	-0.003 69	-0.003 81	-0.005 09	-0.005 13	-0.004 84	-0.008 47	-0.008 58	-0.008 57
2014-04-11	0.036 142	0.037 104	0.036 749	0.036 446	0.036 423	0.036 463	0.037 254	0.037 304	0.040 597	0.046 9	0.047 289	0.047 329
2014-04-18	-0.026 26	-0.026 48	-0.026 29	-0.026 14	-0.026 08	-0.026 09	-0.026 27	-0.026 28	-0.029 37	-0.028 74	-0.028 79	-0.028 83
2014-04-25	-0.037 62	-0.037 19	-0.035 99	-0.034 56	-0.033 39	-0.033 5	-0.033 05	-0.032 93	-0.031 68	-0.027 13	-0.027 1	-0.027 09
2014-04-30	-0.006 24	-0.005 53	-0.004 62	-0.003 45	-0.002 39	-0.002 48	-0.001 8	-0.001 68	0.000 287	0.002 161	0.002 014	0.002 03
2014-05-09	-0.026 23	-0.027 24	-0.024 1	-0.021 46	-0.019 85	-0.019 93	-0.020 73	-0.020 75	-0.019 63	-0.015 08	-0.014 69	-0.014 67
2014-05-16	0.007 54	0.007 185	0.007 383	0.007 201	0.006 913	0.006 982	0.006 622	0.006 539	0.010 221	0.010 525	0.010 914	0.010 97
2014-05-23	0.030 083	0.029 054	0.026 678	0.024 678	0.023 116	0.023 111	0.022 233	0.022 151	0.012 565	0.003 403	0.002 677	0.002 555
2014-05-30	0.010 674	0.011 671	0.011 315	0.010 486	0.009 966	0.010 135	0.010 852	0.010 805	0.008 391	0.005 248	0.005 083	0.005 055
2014-06-06	-0.013 01	-0.012 44	-0.011 28	-0.010 56	-0.010 04	-0.009 97	-0.009 54	-0.009 54	-0.006 64	-0.008 72	-0.008 72	-0.008 68
2014-06-13	0.026 692	0.027 497	0.024 909	0.022 702	0.021 342	0.021 413	0.022 045	0.022 058	0.020 903	0.025 207	0.025 396	0.025 38

续表

日期	投资组合 1	投资组合 2	投资组合 3	投资组合 4	投资组合 5	投资组合 6	投资组合 7	投资组合 8	投资组合 9	投资组合 10	投资组合 11	投资组合 12
2014-06-20	-0.041 43	-0.041 94	-0.042 73	-0.042 46	-0.042 12	-0.042 35	-0.042 6	-0.042 46	-0.041 84	-0.034 46	-0.034 34	-0.034 35
2014-06-27	0.007 409	0.008 886	0.009 943	0.010 54	0.011 15	0.011 26	0.012 436	0.012 475	0.013 443	0.016 408	0.016 526	0.016 536
2014-07-11	-0.008 89	-0.008 19	-0.008 72	-0.008 89	-0.008 8	-0.008 84	-0.008 21	-0.008 13	-0.001 82	-0.003 53	-0.003 62	-0.003 54
2014-07-18	0.016 776	0.018 309	0.017 64	0.017 456	0.017 729	0.017 702	0.019 038	0.019 187	0.029	0.026 974	0.026 826	0.026 945
2014-07-25	0.049 294	0.049 218	0.050 82	0.052 119	0.052 977	0.052 965	0.052 909	0.052 912	0.052 805	0.050 678	0.050 532	0.050 53
2014-08-08	0.010 086	0.009 522	0.009 814	0.009 684	0.009 383	0.009 45	0.008 913	0.008 814	0.003 241	0.001 475	0.001 414	0.001 347
2014-08-15	0.021 518	0.021 739	0.022 362	0.022 729	0.022 979	0.023 016	0.023 175	0.023 165	0.022 606	0.021 866	0.021 827	0.021 82
2014-08-22	0.008 97	0.008 876	0.008 876	0.008 011	0.007 162	0.007 369	0.007 12	0.006 953	0.004 921	-0.001 23	-0.001 24	-0.001 25
2014-08-29	-0.010 22	-0.010 58	-0.011 11	-0.010 99	-0.010 83	-0.010 97	-0.011 16	-0.011 08	-0.012 49	0.005 956	0.006 84	0.006 814
2014-09-12	0.015 056	0.014 422	0.016 593	0.017 734	0.018 2	0.018 314	0.017 678	0.017 537	0.009 107	0.003 818	0.003 54	0.003 439
2014-09-19	-0.001 18	-0.001 86	-0.000 94	-0.000 56	-0.000 54	-0.000 48	-0.001 11	-0.001 21	-0.002 24	-0.008 15	-0.008 28	-0.008 29
2014-09-26	0.005 232	0.004 761	0.004 831	0.004 878	0.004 815	0.004 801	0.004 409	0.004 381	0.002 697	0.006 833	0.007 102	0.007 082
2014-09-30	0.001 865	0.001 767	0.001 674	0.001 783	0.001 892	0.001 844	0.001 799	0.001 827	-0.001 03	-0.002 62	-0.002 91	-0.002 95
2014-10-10	0.005 192	0.004 917	0.005 903	0.006 678	0.007 138	0.007 128	0.006 901	0.006 885	0.009 273	0.010 041	0.010 225	0.010 258
2014-10-17	-0.017 51	-0.017 27	-0.018 37	-0.018 78	-0.018 87	-0.018 97	-0.018 68	-0.018 58	-0.016 1	-0.012 55	-0.012 5	-0.012 47
2014-10-24	-0.030 75	-0.031 41	-0.030 75	-0.030 25	-0.030 05	-0.030 07	-0.030 62	-0.030 66	-0.032 71	-0.029 19	-0.028 94	-0.028 96
2014-10-31	0.058 861	0.057 851	0.057 653	0.057 496	0.057 198	0.057 161	0.056 326	0.056 269	0.058 217	0.055 314	0.055 362	0.055 393
2014-11-07	0.003 423	0.003 261	0.009 08	0.013 303	0.015 965	0.016 045	0.015 841	0.015 766	0.011 397	0.007 597	0.007 391	0.007 339
2014-11-14	0.029 938	0.030 538	0.028 58	0.028 12	0.028 252	0.028 011	0.028 721	0.028 957	0.036 724	0.035 657	0.035 255	0.035 339
2014-11-21	-0.004 9	-0.005 39	-0.003 78	-0.002 73	-0.002 2	-0.002 17	-0.002 62	-0.002 69	-0.010 57	-0.011 63	-0.011 81	-0.011 91
2014-11-28	0.082 808	0.082 809	0.082 129	0.081 208	0.080 484	0.080 578	0.080 503	0.080 431	0.077 8	0.073 694	0.073 529	0.073 5
2014-12-12	0.065 898	0.065 657	0.066 25	0.070 064	0.071 153	0.071 199	0.070 955	0.070 9	0.063 95	0.053 54	0.052 766	0.052 677

续表

日期	投资组合 1	投资组合 2	投资组合 3	投资组合 4	投资组合 5	投资组合 6	投资组合 7	投资组合 8	投资组合 9	投资组合 10	投资组合 11	投资组合 12
2014-12-19	0.069 315	0.068 709	0.074 088	0.078 253	0.080 877	0.080 871	0.080 357	0.080 311	0.080 931	0.077 945	0.077 907	0.077 919
2014-12-26	-0.016 14	-0.014 16	-0.009 78	-0.006 46	-0.003 92	-0.003 82	-0.002 21	-0.002 12	0.006 426	0.002 239	0.002 076	0.002 183
2014-12-31	0.020 83	0.021 34	0.024 419	0.026 943	0.028 744	0.028 738	0.029 18	0.029 227	0.033 706	0.035 504	0.035 662	0.035 719

日期	投资组合 13	投资组合 14	投资组合 15	投资组合 16	投资组合 17	投资组合 18	投资组合 19	投资组合 20	投资组合 21	投资组合 22	投资组合 23	投资组合 24
2014-01-10	-0.04 816	-0.048 93	-0.048 98	-0.048 98	-0.048 86	-0.048 82	-0.048 63	-0.048 58	-0.049 44	-0.049 4	-0.049 44	-0.049 38
2014-01-17	0.018 206	0.018 937	0.018 959	0.019 004	0.020 501	0.022 16	0.023 062	0.023 235	0.026 395	0.027 073	0.027 413	0.028 056
2014-01-24	0.049 015	0.048 745	0.048 726	0.048 707	0.047 237	0.044 906	0.042 208	0.041 883	0.040 954	0.040 626	0.040 665	0.040 563
2014-01-30	-0.003 32	-0.003 53	-0.003 58	-0.003 55	-0.003 51	-0.003 22	-0.003 03	-0.002 94	-0.002 92	-0.002 82	-0.002 86	-0.003 01
2014-02-07	0.008 048	0.008 127	0.008 13	0.008 134	0.008 229	0.008 473	0.008 639	0.008 688	0.008 433	0.008 322	0.008 22	0.007 846
2014-02-14	0.005 285	0.005 418	0.005 44	0.005 44	0.006 451	0.007 089	0.007 658	0.007 641	0.007 764	0.007 951	0.008 087	0.008 655
2014-02-21	0.013 671	0.012 857	0.012 788	0.012 805	0.012 809	0.013 444	0.014 829	0.015 033	0.010 38	0.009 318	0.008 487	0.007 182
2014-02-28	-0.048 03	-0.047 55	-0.047 51	-0.047 51	-0.046 5	-0.045 15	-0.044 69	-0.044 49	-0.040 19	-0.039 24	-0.038 76	-0.038 19
2014-03-07	-0.004 35	-0.003 65	-0.003 6	-0.003 6	-0.002 64	-0.000 92	0.001 119	0.001 351	-0.001 66	-0.002 64	-0.003 4	-0.003 99
2014-03-14	-0.007 64	-0.009 04	-0.009 13	-0.009 16	-0.011 67	-0.015 36	-0.017 59	-0.018 07	-0.024 67	-0.026 72	-0.027 52	-0.027 21
2014-03-21	0.018 78	0.019 019	0.019 037	0.019 018	0.017 838	0.016 289	0.014 907	0.014 664	0.011 512	0.010 605	0.010 202	0.009 221
2014-03-28	-0.008 36	-0.007 9	-0.007 85	-0.007 85	-0.006 55	-0.005 98	-0.006 43	-0.006 54	-0.007 84	-0.007 38	-0.007 19	-0.006 82
2014-04-11	0.047 255	0.045 671	0.045 552	0.045 562	0.044 963	0.044 45	0.044 897	0.044 938	0.046 171	0.046 812	0.047 16	0.047 231
2014-04-18	-0.028 86	-0.028 88	-0.028 89	-0.028 88	-0.028 62	-0.027 79	-0.026 92	-0.026 74	-0.025 76	-0.025 56	-0.025 56	-0.025 71
2014-04-25	-0.027 12	-0.027 82	-0.027 87	-0.027 87	-0.028 62	-0.029 29	-0.029 4	-0.02 942	-0.030 19	-0.030 28	-0.030 34	-0.030 16
2014-04-30	0.001 968	0.000 975	0.000 91	0.000 906	0.000 522	0.001 088	0.002 653	0.002 904	0.004 22	0.004 648	0.004 718	0.004 591
2014-05-09	-0.014 63	-0.014 89	-0.014 91	-0.014 9	-0.014 99	-0.014 13	-0.012 67	-0.012 44	-0.007 2	-0.005 79	-0.005 1	-0.004 16
2014-05-16	0.011 015	0.010 924	0.010 914	0.010 908	0.010 177	0.009 386	0.009 049	0.008 942	0.005 811	0.005 041	0.004 613	0.004 228

续表

日期	投资组合 13	投资组合 14	投资组合 15	投资组合 16	投资组合 17	投资组合 18	投资组合 19	投资组合 20	投资组合 21	投资组合 22	投资组合 23	投资组合 24
2014-05-23	0.002 518	0.002 301	0.002 296	0.002 269	0.000 902	-0.000 78	-0.002 51	-0.002 7	-0.005 6	-0.006 41	-0.006 79	-0.007 29
2014-05-30	0.004 995	0.004 727	0.004 706	0.004 708	0.004 627	0.004 543	0.004 495	0.004 515	0.004 779	0.004 794	0.004 812	0.004 564
2014-06-06	-0.008 71	-0.009 35	-0.009 39	-0.009 39	-0.009 58	-0.009 95	-0.009 97	-0.01	-0.011 55	-0.011 79	-0.011 92	-0.011 98
2014-06-13	0.025 344	0.024 746	0.024 697	0.024 705	0.024 463	0.023 331	0.022 017	0.021 81	0.019 132	0.018 686	0.018 543	0.018 505
2014-06-20	-0.034 32	-0.034 72	-0.034 74	-0.034 73	-0.034 18	-0.032 79	-0.031 09	-0.030 81	-0.028 54	-0.027 68	-0.027 4	-0.027 26
2014-06-27	0.016 489	0.016 885	0.016 904	0.016 919	0.017 511	0.018 535	0.019 479	0.019 641	0.020 032	0.019 853	0.019 682	0.019 543
2014-07-11	-0.003 54	-0.003 44	-0.003 42	-0.003 44	-0.003 7	-0.003 62	-0.003 03	-0.002 99	-0.004 64	-0.005 25	-0.00 563	-0.005 69
2014-07-18	0.026 936	0.027 292	0.027 328	0.027 313	0.027 179	0.025 778	0.024 167	0.023 812	0.018 514	0.016 948	0.016 305	0.015 757
2014-07-25	0.050 678	0.051 102	0.051 148	0.051 129	0.051 076	0.050 096	0.048 486	0.048 2	0.045 223	0.044 842	0.044 715	0.044 939
2014-08-08	0.001 519	0.004 608	0.004 822	0.004 859	0.008 787	0.012 122	0.012 438	0.012 546	0.014 921	0.015 447	0.015 703	0.015 621
2014-08-15	0.021 75	0.019 5	-0.009 347	0.019 328	0.017 29	0.015 323	0.014 861	0.014 778	0.013 299	0.013 399	0.013 44	0.013 728
2014-08-22	-0.001 23	-0.000 52	-0.000 47	-0.000 45	0.000 77	0.001 52	0.001 318	0.001 299	0.001 16	0.001 126	0.001 134	0.000 804
2014-08-29	0.006 733	0.005 02	0.004 872	0.004 873	0.002 126	7.590 6	-0.000 34	-0.000 38	-0.001 74	-0.002 05	-0.002 25	-0.002 43
2014-09-12	0.003 412	0.003 453	0.003 454	0.003 46	0.003 831	0.004 216	0.004 092	0.004 152	0.005 211	0.005 55	0.005 703	0.005 633
2014-09-19	-0.008 22	-0.007 19	-0.007 11	-0.007 1	-0.005 89	-0.004 46	-0.003 75	-0.003 63	-0.002 52	-0.002 29	-0.002 25	-0.002 44
2014-09-26	0.007 065	0.006 908	0.005 887	0.006 891	0.006 343	0.006 045	0.006 041	0.006 056	0.009 104	0.009 773	0.010 195	0.010 53
2014-09-30	-0.002 95	-0.002 67	-0.002 65	-0.002 65	-0.002 33	-0.002 34	-0.002 86	-0.002 92	-0.002 96	-0.002 98	-0.002 95	-0.002 99
2014-10-10	0.010 283	0.010 848	0.010 884	0.010 874	0.010 171	0.009 542	0.009 125	0.009 03	0.007 549	0.006 828	0.006 484	0.006 21
2014-10-17	-0.012 48	-0.013 3	-0.013 35	-0.013 37	-0.014 54	-0.015 62	-0.015 87	-0.015 94	-0.015 64	-0.015 46	-0.015 33	-0.014 93
2014-10-24	-0.028 97	-0.029 41	-0.029 45	-0.029 44	-0.029 59	-0.029 44	-0.029 04	-0.028 96	-0.026 37	-0.025 56	-0.025 15	-0.025 16
2014-10-31	0.055 487	0.056 729	0.056 82	0.056 824	0.057 962	0.059 195	0.059 735	0.059 799	0.061 604	0.061 932	0.062 1	0.062 457
2014-11-07	0.007 374	0.008 237	0.008 298	0.008 299	0.008 832	0.009 293	0.009 034	0.009 033	0.013 004	0.013 845	0.014 396	0.015 204

续表

日期	投资组合 13	投资组合 14	投资组合 15	投资组合 16	投资组合 17	投资组合 18	投资组合 19	投资组合 20	投资组合 21	投资组合 22	投资组合 23	投资组合 24
2014-11-14	0.035 344	0.034 308	0.034 259	0.034 238	0.033 972	0.033 595	0.033 919	0.033 9	0.033 966	0.034 347	0.034 558	0.035 227
2014-11-21	-0.011 95	-0.012 97	-0.013 04	-0.013 04	-0.013 84	-0.015 07	-0.016 25	-0.016 37	-0.010 67	-0.008 92	-0.007 76	-0.006 6
2014-11-28	0.073 647	0.076 101	0.076 277	0.076 247	0.075 443	0.074 352	0.072 425	0.072 124	0.077 617	0.078 188	0.078 854	0.080 333
2014-12-12	0.052 73	0.054 605	0.054 749	0.054 752	0.056 735	0.057 365	0.055 681	0.055 476	0.055 757	0.055 679	0.055 825	0.055 768
2014-12-19	0.078 192	0.081 239	0.081 465	0.081 481	0.084 96	0.089 549	0.092 344	0.092 791	0.096 95	0.097 964	0.098 21	0.097 81
2014-12-26	0.002 204	0.003 946	0.004 074	0.004 082	0.005 953	0.006 098	0.004 592	0.004 271	0.000 867	-0.000 38	-0.000 79	-0.000 59
2014-12-31	0.035 785	0.036 916	0.036 995	0.036 952	0.034 311	0.031 948	0.030 461	0.030 168	0.023 066	0.020 446	0.019 079	0.018 123

日期	投资组合 25	投资组合 26	投资组合 27	投资组合 28	投资组合 29	投资组合 30	投资组合 31	投资组合 32	投资组合 33	投资组合 34	投资组合 35	投资组合 36
2014-01-10	-0.049 39	-0.049 32	-0.048 93	-0.048 75	-0.048 58	-0.046 57	-0.045 93	-0.045 75	-0.045 47	-0.045 3	-0.044 71	-0.044 72
2014-01-17	0.028 104	0.028 186	0.028 717	0.028 878	0.029 016	0.030 569	0.031 902	0.032 222	0.033 377	0.033 675	0.034 965	0.034 978
2014-01-24	0.040 57	0.040 474	0.039 9	0.039 81	0.039 699	0.037 837	0.035 73	0.035 392	0.034 406	0.034 06	0.032 92	0.032 941
2014-01-30	-0.003 03	-0.003 05	-0.003 21	-0.003 16	-0.003 11	-0.003 12	-0.003 76	-0.003 83	-0.004 14	-0.004 19	-0.004 86	-0.004 91
2014-02-07	0.007 807	0.007 757	0.007 352	0.007 295	0.007 227	0.005 744	0.004 776	0.004 575	0.004 07	0.003 786	0.002 827	0.002 842
2014-02-14	0.008 699	0.008 831	0.009 735	0.009 844	0.009 982	0.012 894	0.013 613	0.013 706	0.013 184	0.012 845	0.013 468	0.013 661
2014-02-21	0.007 047	0.007 059	0.006 982	0.007 099	0.007 193	0.007 14	0.006 529	0.006 453	0.006 173	0.005 88	0.005 889	0.006 003
2014-02-28	-0.038 15	-0.038 14	-0.038 14	-0.038 24	-0.038 32	-0.038 97	-0.037 45	-0.037 28	-0.036 35	-0.036 06	-0.034 37	-0.034 32
2014-03-07	-0.004 04	-0.003 92	-0.003 06	-0.002 98	-0.002 91	-0.001 02	-0.001 47	-0.001 56	-0.002 6	-0.003 45	-0.004 07	-0.003 8
2014-03-14	-0.027 16	-0.026 84	-0.024 38	-0.024 43	-0.024 43	-0.019 36	-0.017 16	-0.016 97	-0.017 83	-0.018 96	-0.019 7	-0.019 34
2014-03-21	0.009 149	0.008 977	0.007 839	0.007 498	0.007 169	0.002 913	0.002 622	0.002 442	0.002 774	0.003 106	0.003 078	0.002 947
2014-03-28	-0.006 78	-0.006 78	-0.006 75	-0.006 77	-0.006 68	-0.004 24	-0.003 95	-0.003 96	-0.005	-0.004 56	-0.006 03	-0.006 34
2014-04-11	0.047 209	0.047 184	0.046 805	0.046 824	0.046 856	0.046 183	0.046 225	0.046 174	0.046 07	0.046 076	0.046 228	0.046 241
2014-04-18	-0.025 73	-0.025 75	-0.025 95	-0.025 94	-0.025 93	-0.026 54	-0.026 99	-0.027 06	-0.027 22	-0.027 34	-0.027 28	-0.027 23

续表

日期	投资组合25	投资组合26	投资组合27	投资组合28	投资组合29	投资组合30	投资组合31	投资组合32	投资组合33	投资组合34	投资组合35	投资组合36
2014-04-25	-0.030 13	-0.030 08	-0.029 62	-0.029 66	-0.029 66	-0.028 25	-0.027 11	-0.026 99	-0.026 96	-0.026 86	-0.027 36	-0.027 45
2014-04-30	0.004 561	0.004 554	0.004 37	0.004 309	0.004 269	0.003 606	0.003 74	0.003 653	0.003 325	0.003 146	0.002 592	0.002 607
2014-05-09	-0.004 08	-0.004 08	-0.004 04	-0.004 02	-0.003 97	-0.003 2	-0.002 4	-0.002 25	-0.001 81	-0.001 38	-0.000 41	-0.000 48
2014-05-16	0.004 209	0.004 216	0.004 367	0.004 4	0.004 433	0.005 225	0.005 101	0.005 14	0.005 123	0.005 248	0.005 156	0.005 099
2014-05-23	-0.007 31	-0.007 37	-0.007 66	-0.007 74	-0.007 83	-0.008 75	-0.009 27	-0.009 34	-0.009 33	-0.009 17	-0.009 51	-0.009 61
2014-05-30	0.004 53	0.004 491	0.004 121	0.004 154	0.004 153	0.002 859	0.002 33	0.002 275	0.002 493	0.002 447	0.002 524	0.002 55
2014-06-06	-0.011 99	-0.011 93	-0.011 57	-0.011 45	-0.011 34	-0.009 88	-0.009 97	-0.009 96	-0.010 33	-0.010 54	-0.010 25	-0.010 13
2014-06-13	0.018 5	0.018 551	0.018 902	0.018 971	0.019 057	0.020 53	0.020 695	0.020 727	0.020 403	0.020 306	0.021 32	0.021 458
2014-06-20	-0.027 27	-0.027 29	-0.027 55	-0.027 65	-0.027 7	-0.027 98	-0.027 21	-0.027 22	-0.027 41	-0.027 23	-0.025 91	-0.025 85
2014-06-27	0.019 523	0.019 572	0.019 867	0.019 927	0.019 954	0.020 062	0.018 977	0.018 798	0.017 988	0.017 214	0.016 065	0.016 251
2014-07-11	-0.005 68	-0.005 58	-0.004 83	-0.004 8	-0.004 78	-0.003 03	-0.002 89	-0.002 89	-0.003 42	-0.003 86	-0.004 28	-0.004 15
2014-07-18	0.015 715	0.015 789	0.016 349	0.016 302	0.016 243	0.016 558	0.016 41	0.016 321	0.015 79	0.015 104	0.013 069	0.013 133
2014-07-25	0.044 989	0.045 008	0.045 357	0.045 272	0.045 268	0.047 428	0.0484 18	0.048 543	0.048 289	0.048 786	0.049 746	0.049 649
2014-08-08	0.015 605	0.015 51	0.014 764	0.014 748	0.014 698	0.012 466	0.011 61	0.010 97	0.010 831	0.010 763	0.010 216	0.010 188
2014-08-15	0.013 756	0.013 816	0.014 265	0.014 352	0.014 495	0.017 217	0.0173 68	0.017 386	0.016 526	0.016 519	0.016 818	0.016 85
2014-08-22	0.000 761	0.000 707	0.000 215	0.000 341	0.000 41	-0.000 81	-0.002 41	-0.002 57	-0.002 76	-0.002 96	-0.003 98	-0.004
2014-08-29	-0.002 44	-0.002 46	-0.002 52	-0.002 67	-0.002 78	-0.003 05	-0.002 26	-0.002 22	-0.002 06	-0.001 77	-0.001 42	-0.001 5
2014-09-12	0.005 619	0.005 564	0.005 116	0.005 195	0.005 245	0.004 449	0.003 161	0.003 018	0.002 685	0.002 607	0.000 746	0.000 592
2014-09-19	-0.002 46	-0.002 53	-0.003	-0.002 99	-0.003	-0.004 27	-0.005 09	-0.005 17	-0.005 11	-0.005 06	-0.005 14	-0.005 18
2014-09-26	0.010 559	0.010 494	0.010 029	0.009 961	0.009 881	0.008 279	0.007 761	0.007 664	0.007 712	0.007 747	0.006 804	0.006 696
2014-09-30	-0.003	-0.003 02	-0.003 19	-0.003 24	-0.003 3	-0.004	-0.004 43	-0.004 54	-0.004 89	-0.005 07	-0.005 53	-0.005 51
2014-10-10	0.006 206	0.006 195	0.006 258	0.006 184	0.006 088	0.005 462	0.005 559	0.005 601	0.006 053	0.006 129	0.004 868	0.004 714

续表

日期	投资组合 25	投资组合 26	投资组合 27	投资组合 28	投资组合 29	投资组合 30	投资组合 31	投资组合 32	投资组合 33	投资组合 34	投资组合 35	投资组合 36
2014-10-17	-0.014 88	-0.014 85	-0.014 55	-0.014 63	-0.014 67	-0.013 68	-0.012 79	-0.012 71	-0.012 81	-0.012 69	-0.011 58	-0.011 52
2014-10-24	-0.025 18	-0.025 3	-0.026 24	-0.026 32	-0.026 4	-0.028 91	-0.028 71	-0.028 7	-0.027 89	-0.027 33	-0.025 84	-0.025 91
2014-10-31	0.062 497	0.062 509	0.062 654	0.062 69	0.062 715	0.063 188	0.063 154	0.063 202	0.063 346	0.063 411	0.062 666	0.062 567
2014-11-07	0.015 284	0.015 274	0.015 28	0.015 296	0.015 297	0.015 299	0.015 093	0.015 116	0.015 298	0.015 394	0.012 644	0.012 335
2014-11-14	0.035 284	0.035 406	0.036 264	0.036 233	0.036 29	0.039 285	0.041 074	0.041 225	0.040 754	0.040 709	0.039 462	0.039 356
2014-11-21	-0.006 51	-0.006 6	-0.007 26	-0.007 29	-0.007 31	-0.008 35	-0.009 04	-0.009 17	-0.009 54	-0.009 35	-0.007 99	-0.007 93
2014-11-28	0.080 529	0.080 489	0.080 689	0.080 454	0.080 201	0.079 369	0.081 212	0.081 605	0.083 82	0.084 87	0.086 312	0.086 048
2014-12-12	0.055 76	0.055 695	0.055 206	0.055 171	0.055 095	0.053 099	0.050 734	0.050 334	0.049 122	0.048 393	0.039 944	0.039 39
2014-12-19	0.097 77	0.097 572	0.096 12	0.095 891	0.095 671	0.091 487	0.093 366	0.093 649	0.096 22	0.097 791	0.093 362	0.092 315
2014-12-26	-0.000 56	-0.000 36	0.001 109	0.001 292	0.001 432	0.004 521	0.005 874	0.006 196	0.006 935	0.006 574	0.009 036	0.009 42
2014-12-31	0.018 113	0.018 135	0.018 807	0.018 54	0.018 27	0.018 281	0.021 317	0.021 866	0.024 51	0.025 599	0.026 51	0.026 178

日期	投资组合 37	投资组合 38	投资组合 39	投资组合 40	投资组合 41	投资组合 42	投资组合 43	投资组合 44	投资组合 45
2014-01-10	-0.045 65	-0.046 27	-0.046 4	-0.046 72	-0.047 26	-0.047 26	-0.047 25	-0.047 31	-0.047 37
2014-01-17	0.034 878	0.034 656	0.034 733	0.034 81	0.034 854	0.034 882	0.034 865	0.034 856	0.034 818
2014-01-24	0.033 052	0.033 232	0.033 171	0.033 13	0.033 115	0.033 12	0.033 137	0.033 084	0.033 041
2014-01-30	-0.005 57	-0.006	-0.006 07	-0.006 27	-0.006 6	-0.006 63	-0.006 63	-0.006 68	-0.006 72
2014-02-07	0.003 3	0.003 601	0.003 661	0.003 811	0.004 053	0.004 058	0.004 055	0.004 075	0.004 092
2014-02-14	0.014 902	0.015 892	0.015 869	0.015 909	0.015 976	0.016 036	0.016 052	0.015 975	0.015 888
2014-02-21	0.004 99	0.004 301	0.004 11	0.003 844	0.003 406	0.003 548	0.003 593	0.003 681	0.003 791
2014-02-28	-0.031 63	-0.029 82	-0.029 48	-0.028 69	-0.027 4	-0.027 43	-0.027 46	-0.027 46	-0.027 48
2014-03-07	-0.004 09	-0.004 26	-0.004 45	-0.004 6	-0.004 85	-0.004 62	-0.004 55	-0.004 59	-0.004 63
2014-03-14	-0.020 64	-0.021 64	-0.021 92	-0.022 09	-0.022 44	-0.022 03	-0.021 93	-0.021 9	-0.021 88

续表

日期	投资组合 37	投资组合 38	投资组合 39	投资组合 40	投资组合 41	投资组合 42	投资组合 43	投资组合 44	投资组合 45
2014-03-21	0.002 894	0.002 841	0.002 91	0.003 151	0.003 613	0.003 57	0.0035 72	0.003 644	0.003 742
2014-03-28	-0.007 89	-0.008 66	-0.008 89	-0.009 02	-0.008 93	-0.009 04	-0.008 98	-0.008 99	-0.008 89
2014-04-11	0.044 883	0.043 996	0.043 786	0.043 563	0.043 269	0.043 375	0.043 43	0.0435 28	0.043 671
2014-04-18	-0.025 97	-0.025 08	-0.024 96	-0.024 67	-0.024 21	-0.024 22	-0.024 23	-0.024 28	-0.024 34
2014-04-25	-0.028 52	-0.029 29	-0.029 36	-0.029 37	-0.029 34	-0.029 31	-0.029 28	-0.029 26	-0.029 22
2014-04-30	0.001 521	0.000 772	0.000 627	0.000 559	0.000 504	0.000 621	0.000 671	0.000 717	0.000 791
2014-05-09	-0.000 13	0.000 191	0.000 222	0.000 18	0.000 135	2.61×10^{-5}	3.4×10^{-6}	-1.4×10^{-6}	-4.5×10^{-7}
2014-05-16	0.004 876	0.004 752	0.004 733	0.004 618	0.004 443	0.004 385	0.004 375	0.004 391	0.004 415
2014-05-23	-0.009 39	-0.009 23	-0.009 16	-0.008 94	-0.008 51	-0.008 55	-0.008 56	-0.008 55	-0.008 54
2014-05-30	0.002 183	0.001 856	0.001 844	0.001 938	0.002 088	0.002 174	0.002 194	0.002 209	0.002 225
2014-06-06	-0.01	-0.009 81	-0.0009 9	-0.010 07	-0.010 35	-0.010 31	-0.010 29	-0.010 29	-0.010 28
2014-06-13	0.021 337	0.021 431	0.021 235	0.021 021	0.020 735	0.020 83	0.0208 79	0.020 826	0.020 793
2014-06-20	-0.024 01	-0.022 5	-0.022 44	-0.022 16	-0.021 57	-0.021 61	-0.0216	-0.021 54	-0.021 44
2014-06-27	0.016 263	0.0162	0.016 154	0.016 067	0.015 834	0.015 968	0.015 982	0.015 972	0.015 937
2014-07-11	-0.002 24	-0.000 92	-0.000 74	-0.000 12	0.000 911	0.000 995	0.001 01	0.001 005	0.000 992
2014-07-18	0.010 798	0.008 963	0.008 776	0.008 587	0.008 229	0.008 474	0.008 533	0.008 334	0.008 103
2014-07-25	0.049 03	0.048 916	0.048 69	0.048 491	0.048 388	0.048 346	0.048 401	0.048 461	0.048 603
2014-08-08	0.009 435	0.008 886	0.008 823	0.008 262	0.007 23	0.007 119	0.007 069	0.007 003	0.006 904
2014-08-15	0.016 457	0.016 487	0.015 232	0.016 052	0.015 946	0.016	0.016 072	0.015 995	0.015 973
2014-08-22	-0.003 54	-0.003 32	-0.003 19	-0.002 86	-0.0023 1	-0.0023	-0.0023	-0.002 33	-0.002 37
2014-08-29	-0.001 27	-0.001 05	-0.001 02	-0.001	-0.0009 3	-0.001 01	-0.001 02	-0.001 02	-0.001
2014-09-12	0.000 299	-5.9×10^{-6}	9.77×10^{-5}	-2.8×10^{-5}	-0.0003 1	-0.000 46	-0.000 52	-0.000 62	-0.000 76

续表

日期	投资组合37	投资组合38	投资组合39	投资组合40	投资组合41	投资组合42	投资组合43	投资组合44	投资组合45
2014-09-19	-0.004 32	-0.003 74	-0.003 61	-0.003 51	-0.003 4	-0.003 5	-0.003 54	-0.003 57	-0.003 62
2014-09-26	0.006 516	0.006 291	0.006 384	0.006 152	0.005 661	0.005 503	0.005 433	0.005 402	0.005 334
2014-09-30	-0.005 35	-0.005 23	-0.005 23	-0.005 15	-0.004 99	-0.004 97	-0.004 96	-0.004 93	-0.004 9
2014-10-10	0.003 483	0.002 385	0.002 461	0.002 451	0.002 357	0.002 327	0.002 298	0.002 28	0.002 234
2014-10-17	-0.010 96	-0.010 4	-0.010 47	-0.011 47	-0.013 28	-0.013 56	-0.013 67	-0.013 91	-0.014 22
2014-10-24	-0.025 83	-0.025 74	-0.025 72	-0.025 46	-0.024 93	-0.024 92	-0.024 89	-0.024 8	-0.024 67
2014-10-31	0.063 801	0.064 55	0.064 82	0.064 987	0.065 154	0.064 961	0.064 873	0.064 759	0.064 585
2014-11-07	0.010 775	0.009 392	0.009 54	0.009 303	0.008 771	0.008 564	0.008 471	0.008 398	0.008 27
2014-11-14	0.036 846	0.035 127	0.034 853	0.033 897	0.032 274	0.032 18	0.032 159	0.032 008	0.031 838
2014-11-21	-0.006 63	-0.005 42	-0.005 48	-0.005 26	-0.004 74	-0.004 74	-0.004 69	-0.004 73	-0.004 72
2014-11-28	0.085 169	0.084 294	0.084 481	0.083 509	0.081 554	0.081 094	0.080 885	0.080 713	0.080 415
2014-12-12	0.036 319	0.033 537	0.033 838	0.033 293	0.032 052	0.031 663	0.031 468	0.031 111	0.030 595
2014-12-19	0.089 501	0.086 731	0.087 41	0.087 471	0.087 29	0.086 587	0.086 31	0.086 098	0.085 748
2014-12-26	0.014 818	0.018 456	0.019 006	0.021 71	0.026 377	0.026 908	0.027 063	0.027 312	0.027 616
2014-12-31	0.022 756	0.019 95	0.019 959	0.019 708	0.019 186	0.019 152	0.019 117	0.019 251	0.019 373

表 6.12　成对 *T* 检验结果（一）

兴全	1	2	3	4	5	6	7	8	9	10	11	12	13	14	15	340007
平均	0.006	0.006	0.007	0.007	0.008	0.008	0.008	0.008	0.008	0.008	0.008	0.008	0.008	0.008	0.008	-0.001
方差	0.001	0.001	0.001	0.001	0.001	0.001	0.001	0.001	0.001	0.001	0.001	0.001	0.001	0.001	0.001	0.001
观测值	47	47	47	47	47	47	47	47	47	47	47	47	47	47	47	47
泊松相关系数	0.422	0.426	0.418	0.406	0.397	0.398	0.399	0.398	0.383	0.359	0.359	0.359	0.358	0.356	0.355	
假设平均差	0	0	0	0	0	0	0	0	0	0	0	0	0	0	0	
df	46	46	46	46	46	46	46	46	46	46	46	46	46	46	46	
t Stat	-1.588	-1.617	-1.705	-1.778	-1.831	-1.830	-1.855	-1.858	-1.875	-1.984	-1.983	-1.982	-1.983	-1.988	-1.989	
P (T≤t) 单尾	0.060	0.056	0.047	0.041	0.037	0.037	0.035	0.035	0.034	0.027	0.027	0.027	0.027	0.026	0.026	
t 单尾临界	1.679	1.679	1.679	1.679	1.679	1.679	1.679	1.679	1.679	1.679	1.679	1.679	1.679	1.679	1.679	
P (T≤t) 双尾	0.119	0.113	0.095	0.082	0.074	0.074	0.070	0.070	0.067	0.053	0.053	0.053	0.053	0.053	0.053	
t 双尾临界	2.013	2.013	2.013	2.013	2.013	2.013	2.013	2.013	2.013	2.013	2.013	2.013	2.013	2.013	2.013	

兴全	16	17	18	19	20	21	22	23	24	25	26	27	28	29	30	340007
平均	0.008	0.008	0.008	0.008	0.008	0.008	0.008	0.008	0.008	0.008	0.008	0.008	0.008	0.008	0.008	-0.001
方差	0.001	0.001	0.001	0.001	0.001	0.001	0.001	0.001	0.001	0.001	0.001	0.001	0.001	0.001	0.001	0.001
观测值	47	47	47	47	47	47	47	47	47	47	47	47	47	47	47	47
泊松相关系数	0.355	0.357	0.356	0.354	0.353	0.369	0.372	0.375	0.376	0.376	0.375	0.373	0.374	0.375	0.369	
假设平均差	0	0	0	0	0	0	0	0	0	0	0	0	0	0	0	
df	46	46	46	46	46	46	46	46	46	46	46	46	46	46	46	
t Stat	-1.989	-1.994	-1.984	-1.963	-1.959	-1.950	-1.945	-1.945	-1.952	-1.952	-1.954	-1.966	-1.965	-1.964	-1.990	
P (T≤t) 单尾	0.026	0.026	0.027	0.028	0.028	0.029	0.029	0.029	0.029	0.028	0.028	0.028	0.028	0.028	0.026	

续表

	16	17	18	19	20	21	22	23	24	25	26	27	28	29	30	340007
兴全																340007
t 单尾临界	1.679	1.679	1.679	1.679	1.679	1.679	1.679	1.679	1.679	1.679	1.679	1.679	1.679	1.679	1.679	
P（T≤t）双尾	0.053	0.052	0.053	0.056	0.056	0.057	0.058	0.058	0.057	0.057	0.057	0.055	0.056	0.056	0.053	
t 双尾临界	2.013	2.013	2.013	2.013	2.013	2.013	2.013	2.013	2.013	2.013	2.013	2.013	2.013	2.013	2.013	
兴全	31	32	33	34	35	36	37	38	39	40	41	42	43	44	45	340007
平均	0.008	0.008	0.008	0.008	0.008	0.008	0.008	0.008	0.008	0.008	0.008	0.008	0.008	0.008	0.008	-0.001
方差	0.001	0.001	0.001	0.001	0.001	0.001	0.001	0.001	0.001	0.001	0.001	0.001	0.001	0.001	0.001	0.001
观测值	47	47	47	47	47	47	47	47	47	47	47	47	47	47	47	47
泊松相关系数	0.349	0.346	0.337	0.331	0.332	0.335	0.346	0.356	0.355	0.354	0.351	0.352	0.352	0.352	0.351	
假设平均差	0	0	0	0	0	0	0	0	0	0	0	0	0	0	0	
df	46	46	46	46	46	46	46	46	46	46	46	46	46	46	46	
t Stat	-1.983	-1.980	-1.958	-1.947	-1.897	-1.896	-1.886	-1.875	-1.874	-1.871	-1.864	-1.863	-1.863	-1.857	-1.850	
P（T≤t）单尾	0.027	0.027	0.028	0.029	0.032	0.032	0.033	0.034	0.034	0.034	0.034	0.034	0.034	0.035	0.035	
t 单尾临界	1.679	1.679	1.679	1.679	1.679	1.679	1.679	1.679	1.679	1.679	1.679	1.679	1.679	1.679	1.679	
P（T≤t）双尾	0.053	0.054	0.056	0.058	0.064	0.064	0.066	0.067	0.067	0.068	0.069	0.069	0.069	0.070	0.071	
t 双尾临界	2.013	2.013	2.013	2.013	2.013	2.013	2.013	2.013	2.013	2.013	2.013	2.013	2.013	2.013	2.013	

表 6.13 成对 T 检验结果（二）

淼富	1	2	3	4	5	6	7	8	9	10	11	12	13	14	15	470028
平均	0.006	0.006	0.007	0.007	0.008	0.008	0.008	0.008	0.008	0.008	0.008	0.008	0.008	0.008	0.008	-0.001
方差	0.001	0.001	0.001	0.001	0.001	0.001	0.001	0.001	0.001	0.001	0.001	0.001	0.001	0.001	0.001	0.002
观测值	47	47	47	47	47	47	47	47	47	47	47	47	47	47	47	47
泊松相关系数	0.477	0.476	0.472	0.462	0.454	0.455	0.452	0.451	0.415	0.412	0.414	0.413	0.413	0.413	0.413	
假设平均差	0	0	0	0	0	0	0	0	0	0	0	0	0	0	0	
df	46	46	46	46	46	46	46	46	46	46	46	46	46	46	46	
t Stat	-1.298	-1.316	-1.398	-1.464	-1.511	-1.510	-1.524	-1.525	-1.505	-1.599	-1.599	-1.599	-1.600	-1.615	-1.616	
$P(T \leq t)$ 单尾	0.100	0.097	0.084	0.075	0.069	0.069	0.067	0.067	0.070	0.058	0.058	0.058	0.058	0.057	0.056	
t单尾临界	1.679	1.679	1.679	1.679	1.679	1.679	1.679	1.679	1.679	1.679	1.679	1.679	1.679	1.679	1.679	
$P(T \leq t)$ 双尾	0.201	0.195	0.169	0.150	0.138	0.138	0.134	0.134	0.139	0.117	0.117	0.117	0.116	0.113	0.113	
t双尾临界	2.013	2.013	2.013	2.013	2.013	2.013	2.013	2.013	2.013	2.013	2.013	2.013	2.013	2.013	2.013	

淼富	16	17	18	19	20	21	22	23	24	25	26	27	28	29	30	470028
平均	0.008	0.008	0.008	0.008	0.008	0.008	0.008	0.008	0.008	0.008	0.008	0.008	0.008	0.008	0.008	-0.001
方差	0.001	0.001	0.001	0.001	0.001	0.001	0.001	0.001	0.001	0.001	0.001	0.001	0.001	0.001	0.001	0.002
观测值	47	47	47	47	47	47	47	47	47	47	47	47	47	47	47	47
泊松相关系数	0.413	0.415	0.421	0.426	0.427	0.460	0.467	0.471	0.473	0.473	0.472	0.467	0.467	0.468	0.454	
假设平均差	0	0	0	0	0	0	0	0	0	0	0	0	0	0	0	
df	46	46	46	46	46	46	46	46	46	46	46	46	46	46	46	
t Stat	-1.616	-1.624	-1.625	-1.613	-1.612	-1.631	-1.633	-1.636	-1.643	-1.644	-1.644	-1.648	-1.646	-1.644	-1.648	
$P(T \leq t)$ 单尾	0.056	0.056	0.055	0.057	0.057	0.055	0.055	0.054	0.054	0.053	0.053	0.053	0.053	0.053	0.053	

续表

	16	17	18	19	20	21	22	23	24	25	26	27	28	29	30	
添富	1.679	1.679	1.679	1.679	1.679	1.679	1.679	1.679	1.679	1.679	1.679	1.679	1.679	1.679	1.679	470028
t 单尾临界	0.113	0.111	0.111	0.113	0.114	0.110	0.109	0.109	0.107	0.107	0.107	0.106	0.107	0.107	0.106	
P（T≤t）双尾	2.013	2.013	2.013	2.013	2.013	2.013	2.013	2.013	2.013	2.013	2.013	2.013	2.013	2.013	2.013	
t 双尾临界	31	32	33	34	35	36	37	38	39	40	41	42	43	44	45	470028
添富	0.008	0.008	0.008	0.008	0.008	0.008	0.008	0.008	0.008	0.008	0.008	0.008	0.008	0.008	0.008	-0.001
平均	0.001	0.001	0.001	0.001	0.001	0.001	0.001	0.001	0.001	0.001	0.001	0.001	0.001	0.001	0.001	0.002
方差	47	47	47	47	47	47	47	47	47	47	47	47	47	47	47	47
观测值	0.437	0.435	0.430	0.427	0.429	0.430	0.438	0.444	0.443	0.440	0.434	0.434	0.433	0.433	0.432	
泊松相关系数	0	0	0	0	0	0	0	0	0	0	0	0	0	0	0	
假设平均差	46	46	46	46	46	46	46	46	46	46	46	46	46	46	46	
df	-1.646	-1.645	-1.636	-1.634	-1.580	-1.576	-1.554	-1.534	-1.535	-1.529	-1.516	-1.511	-1.510	-1.504	-1.497	
t Stat	0.053	0.053	0.054	0.055	0.060	0.061	0.064	0.066	0.066	0.067	0.068	0.069	0.069	0.070	0.071	
P（T≤t）单尾	1.679	1.679	1.679	1.679	1.679	1.679	1.679	1.679	1.679	1.679	1.679	1.679	1.679	1.679	1.679	
t 单尾临界	0.106	0.107	0.109	0.109	0.121	0.122	0.127	0.132	0.132	0.133	0.136	0.138	0.138	0.139	0.141	
P（T≤t）双尾	2.013	2.013	2.013	2.013	2.013	2.013	2.013	2.013	2.013	2.013	2.013	2.013	2.013	2.013	2.013	
t 双尾临界																

表6.14 成对T检验结果（三）

建信	1	2	3	4	5	6	7	8	9	10	11	12	13	14	15	530019
平均	0.006	0.006	0.007	0.007	0.008	0.008	0.008	0.008	0.008	0.008	0.008	0.008	0.008	0.008	0.008	0.006
方差	0.001	0.001	0.001	0.001	0.001	0.001	0.001	0.001	0.001	0.001	0.001	0.001	0.001	0.001	0.001	0.001
观测值	47	47	47	47	47	47	47	47	47	47	47	47	47	47	47	47
泊松相关系数	0.657	0.662	0.673	0.677	0.678	0.679	0.681	0.681	0.670	0.667	0.668	0.667	0.667	0.672	0.672	
假设平均差	0	0	0	0	0	0	0	0	0	0	0	0	0	0	0	
df	46	46	46	46	46	46	46	46	46	46	46	46	46	46	46	
t Stat	-0.038	-0.064	-0.199	-0.319	-0.407	-0.405	-0.432	-0.436	-0.459	-0.590	-0.589	-0.589	-0.591	-0.626	-0.628	
P（T≤t）单尾	0.485	0.475	0.422	0.376	0.343	0.344	0.334	0.333	0.324	0.279	0.279	0.279	0.279	0.267	0.267	
t单尾临界	1.679	1.679	1.679	1.679	1.679	1.679	1.679	1.679	1.679	1.679	1.679	1.679	1.679	1.679	1.679	
P（T≤t）双尾	0.970	0.950	0.843	0.752	0.686	0.687	0.668	0.665	0.649	0.558	0.559	0.559	0.557	0.535	0.533	
t双尾临界	2.013	2.013	2.013	2.013	2.013	2.013	2.013	2.013	2.013	2.013	2.013	2.013	2.013	2.013	2.013	

建信	16	17	18	19	20	21	22	23	24	25	26	27	28	29	30	530019
平均	0.008	0.008	0.008	0.008	0.008	0.008	0.008	0.008	0.008	0.008	0.008	0.008	0.008	0.008	0.008	0.006
方差	0.001	0.001	0.001	0.001	0.001	0.001	0.001	0.001	0.001	0.001	0.001	0.001	0.001	0.001	0.001	0.001
观测值	47	47	47	47	47	47	47	47	47	47	47	47	47	47	47	47
泊松相关系数	0.672	0.667	0.662	0.656	0.655	0.641	0.633	0.629	0.625	0.625	0.624	0.623	0.623	0.623	0.612	
假设平均差	0	0	0	0	0	0	0	0	0	0	0	0	0	0	0	
df	46	46	46	46	46	46	46	46	46	46	46	46	46	46	46	
t Stat	-0.628	-0.632	-0.618	-0.582	-0.577	-0.531	-0.514	-0.508	-0.513	-0.514	-0.515	-0.528	-0.524	-0.520	-0.541	
P（T≤t）单尾	0.267	0.265	0.270	0.282	0.284	0.299	0.305	0.307	0.305	0.305	0.304	0.300	0.301	0.303	0.295	

续表

建信	16	17	18	19	20	21	22	23	24	25	26	27	28	29	30	530019
t 单尾临界	1.679	1.679	1.679	1.679	1.679	1.679	1.679	1.679	1.679	1.679	1.679	1.679	1.679	1.679	1.679	
P (T≤t) 双尾	0.533	0.531	0.540	0.563	0.567	0.598	0.610	0.614	0.611	0.610	0.609	0.600	0.603	0.605	0.591	
t 双尾临界	2.013	2.013	2.013	2.013	2.013	2.013	2.013	2.013	2.013	2.013	2.013	2.013	2.013	2.013	2.013	
建信	31	32	33	34	35	36	37	38	39	40	41	42	43	44	45	530019
平均	0.008	0.008	0.008	0.008	0.008	0.008	0.008	0.008	0.008	0.008	0.008	0.008	0.008	0.008	0.008	0.006
方差	0.001	0.001	0.001	0.001	0.001	0.001	0.001	0.001	0.001	0.001	0.001	0.001	0.001	0.001	0.001	0.001
观测值	47	47	47	47	47	47	47	47	47	47	47	47	47	47	47	47
泊松相关系数	0.607	0.607	0.611	0.611	0.611	0.611	0.604	0.597	0.597	0.596	0.593	0.593	0.593	0.593	0.593	
假设平均差	0	0	0	0	0	0	0	0	0	0	0	0	0	0	0	
df	46	46	46	46	46	46	46	46	46	46	46	46	46	46	46	
t Stat	-0.569	-0.572	-0.574	-0.577	-0.490	-0.480	-0.425	-0.377	-0.380	-0.375	-0.363	-0.358	-0.355	-0.348	-0.340	
P (T≤t) 单尾	0.286	0.285	0.284	0.283	0.313	0.317	0.337	0.354	0.353	0.355	0.359	0.361	0.362	0.365	0.368	
t 单尾临界	1.679	1.679	1.679	1.679	1.679	1.679	1.679	1.679	1.679	1.679	1.679	1.679	1.679	1.679	1.679	
P (T≤t) 双尾	0.572	0.570	0.569	0.567	0.626	0.633	0.673	0.708	0.706	0.710	0.718	0.722	0.724	0.729	0.736	
t 双尾临界	2.013	2.013	2.013	2.013	2.013	2.013	2.013	2.013	2.013	2.013	2.013	2.013	2.013	2.013	2.013	

第四节　基金公司内部的基金对比检验

考虑到来自同一家基金公司的基金在选股策略上可能具有相似性，本书分别对三只社会责任基金和所属基金公司内部的其他基金进行对比，依然采用成对 T 检验的方法来检验同一家基金公司的两只不同基金是否有显著差异。

一、兴全基金所属基金公司的对比检验

兴全基金（340007）所属基金公司为兴业全球基金管理有限公司，该公司于 2003 年 9 月 30 日成立，管理着兴全稳益债券型证券投资基金（001819）、兴全添利宝货币市场基金（000575）、兴全商业模式优选股票型证券投资基金（163415）、兴全轻资产投资混合型证券投资基金（163412）、兴全保本混合型证券投资基金（163411）、兴全绿色投资混合型证券投资基金（163409）、兴全沪深 300 指数增强型证券投资基金（163407，简称兴全 300）、兴全合润分级混合型证券投资基金（163406）、兴全磐稳增利债券型证券投资基金（340009）、兴全有机增长灵活配置混合型证券投资基金（340008）、兴全社会责任混合型证券投资基金（340007）、兴全全球视野股票型证券投资基金（340006，简称兴业全球）、兴全货币市场证券投资基金（340005）、兴全趋势投资混合型证券投资基金（163402）、兴全可转债混合型证券投资基金（340001）等多只基金，为了检验兴全基金（340007）是否很好地以社会责任作为投资标准，本书选取该基金管理公司其他投资标准较为宏观的两只基金作为比较对象，以寻找所求的研究结果，检验方法依然为成对 T 检验。

在这里，我们将假设 6.7 和假设 6.8 分别设定如下：

假设 6.7　社会责任基金的月净值回报率期望等于其他基金的月净值回报率期望。

假设 6.8　社会责任基金的月净值回报率期望高于其他基金的月净值回报率期望。

1. 兴业全球

兴业全球，成立于 2006 年 9 月 20 日，基金代码为 340006，投资范围为具有良好流动性的金融工具，包括依法公开发行上市的股票、国债、金融债、企业债、回购、中国人民银行票据、可转换债券、资产支持证券，以及经证监会批准允许基金投资的其他金融工具。以全球视野的角度，主要投资于富有成长性、竞争力及价值被低估的公司，追求当期收益实现与长期资本增值。

在此，本书利用 2014 年 1 月至 2015 年 10 月的月数据对兴全基金与兴业全球进行成对 T 检验，结果见表 6.15。

表 6.15　兴全基金与兴业全球检验结果

检验结果	兴全基金	兴业全球
平均	0.733 366	-0.333 88
方差	84.281 07	94.128 46
观测值	19	19
泊松相关系数	0.730 897	
假设平均差	0	
df	18	
t Stat	0.670 004	
$P(T \leq t)$ 单尾	0.255 68	
t 单尾临界	1.734 064	
$P(T \leq t)$ 双尾	0.511 36	
t 双尾临界	2.100 922	

2. 兴全 300

兴全 300，成立于 2010 年 11 月 2 日，基金代码为 163407，投资范围为具有良好流动性的金融工具，包括投资于国内依法发行上市的股票、债券、权证，以及经证监会批准允许基金投资的其他金融工具。在此，本书利用 2014 年 1 月至 2015 年 10 月的月数据对兴全基金与兴全 300 进行成对 T 检验，结果见表 6.16。

表 6.16　兴全基金与兴全 300 检验结果

检验结果	兴全基金	兴全 300
平均	0.733 366	1.520 129
方差	84.281 07	77.108 13
观测值	19	19
泊松相关系数	0.269 004	

续表

检验结果	兴全基金	兴全 300
假设平均差	0	
df	18	
t Stat	−0.315 68	
P (T ≤ t) 单尾	0.377 938	
t 单尾临界	1.734 064	
P (T ≤ t) 双尾	0.755 876	
t 双尾临界	2.100 922	

3. 检验结果

兴全基金与兴业全球（340006）进行 T 检验的单尾 P 值为 0.26，兴全基金与兴全 300（163407）进行 T 检验的单尾 P 值为 0.38。该结果在显著性水平为 0.1 的情况下不能拒绝假设 6.7。

二、添富基金所属基金公司的对比检验

添富基金（470028）所属基金公司为汇添富基金管理股份有限公司，该公司于 2005 年 2 月 3 日成立，管理着汇添富盈安保本混合型证券投资基金（002419）、汇添富中证主要消费交易型开放式指数证券投资基金联接基金（000248）、汇添富成长多因子量化策略股票型证券投资基金（001050）、汇添富收益快钱货币市场基金（159005）、汇添富外延增长主题股票型证券投资基金（000925）、汇添富环保行业股票型证券投资基金（000696）、汇添富移动互联股票型证券投资基金（000697）、汇添富和聚宝货币市场基金（000600）、汇添富恒生指数分级证券投资基金（164705）、汇添富全额宝货币市场基金（000397）、汇添富双利增强债券型证券投资基金（000406）、汇添富添富通货币市场基金（000366）、汇添富安心中国债券型证券投资基金（000395）、汇添富互利分级债券型证券投资基金（164703）、汇添富沪深 300 指数安中动态策略指数型证券投资基金（000368）、汇添富现金宝货币市场基金（000330）、汇添富年年利定期开放债券型证券投资基金（000221）、中证金融地产交易型开放式指数证券投资基金（159931）、中证能源交易型开放式指数证券投资基金（159930）、中证主要消费交易型开放式指数证券投资基金（159928）、中证医药卫生交易型开放式指数证券投资基金（159929）、汇添富高息债债券型证券投资基金（000174）等 50 余只基金，由于篇幅所限，在

此不一一列举。为了检验添富基金（470028）是否很好地以社会责任作为投资标准，本书选取该基金管理公司其他投资标准较为宏观的一只基金作为比较对象，以寻找所求的研究结果，检验方法依然为成对 T 检验。

在这里，我们将假设 6.9 和假设 6.10 分别设定如下：

假设 6.9　社会责任基金的月净值回报率期望等于其他基金的月净值回报率期望。

假设 6.10　社会责任基金的月净值回报率期望高于其他基金的月净值回报率期望。

1. 添富指数

汇添富上证综合指数证券投资基金（简称添富指数），成立于 2009 年 7 月 1 日，基金代码为 470007，投资范围为上海证券交易所上市交易的所有股票、新股（如一级市场初次发行或增发）等及其他金融工具。该基金采取抽样复制方法进行指数化投资，通过严格的投资纪律约束和数量化风险管理手段，力争控制基金的净值增长率与业绩比较基准之间的日平均跟踪误差小于 0.35%，且年化跟踪误差小于 6%，以实现对基准指数的有效跟踪。

在此，本书利用 2014 年 1 月至 2015 年 10 月的月数据对添富基金与添富指数进行成对 T 检验，结果见表 6.17。

表 6.17　添富基金与添富指数检验结果

检验结果	添富基金	添富指数
平均	0.035 599	0.947 899
方差	211.096 8	69.020 99
观测值	19	19
泊松相关系数	0.532 179	
假设平均差	0	
df	18	
t Stat	−0.322 93	
$P(T{\leq}t)$ 单尾	0.375 236	
t 单尾临界	1.734 064	
$P(T{\leq}t)$ 双尾	0.750 472	
t 双尾临界	2.100 922	

2. 检验结果

添富基金与添富指数（470007）进行 T 检验的单尾 P 值为 0.38，该结果在显著性水平为 0.1 的情况下不能拒绝假设 6.9。

三、建信基金所属基金公司的对比检验

建信基金（530019）所属基金公司为建信基金管理有限公司，该公司于 2005 年 9 月 15 日成立，管理着建信多因子量化股票型证券投资基金（002952）、建信现代服务业股票型证券投资基金（001781）、建信安心保本二号混合型证券投资基金（001858）、建信中证互联网金融指数分级发起式证券投资基金（165315）、建信中证申万有色金属指数分级发起式证券投资基金（165316）、建信鑫裕回报灵活配置混合型证券投资基金（001519）、建信大安全战略精选股票型证券投资基金（001473）、建信回报灵活配置混合型证券投资基金（001253）、建信环保产业股票型证券投资基金（001166）、建信稳健回报灵活配置混合型证券投资基金（001205）、建信信息产业股票型证券投资基金（001070）、建信睿盈灵活配置混合型证券投资基金（000994）、建信稳定得利债券型证券投资基金（000875）、建信现金添利货币市场基金（000693）、建信潜力新蓝筹股票型证券投资基金（000756）、建信中小盘先锋股票型证券投资基金（000729）、建信嘉薪宝货币市场基金（000686）、建信改革红利股票型证券投资基金（000592）、建信中证 500 指数增强型证券投资基金（000478）等 50 余只基金，由于篇幅所限，在此不一一列举。为了检验建信基金（530019）是否很好地以社会责任作为投资标准，本书选取该基金管理公司其他投资标准较为宏观的两只基金作为比较对象，以寻找所求的研究结果，检验方法依然为成对 T 检验。

在这里，我们将假设 6.11 和假设 6.12 分别设定如下：

假设 6.11　社会责任基金的月净值回报率期望等于其他基金的月净值回报率期望。

假设 6.12　社会责任基金的月净值回报率期望高于其他基金的月净值回报率期望。

1. 建信 300

建信沪深 300 指数证券投资基金（简称建信 300），成立于 2009 年 11 月 5 日，基金代码为 165309，投资范围为沪深 300 指数的成份股及其备选成份股、新股、债券及其他金融工具。

在此，本书利用 2014 年 1 月至 2015 年 10 月的月数据对建信基金与建信 300 进行成对 T 检验，结果见表 6.18。

表 6.18　建信基金与建信 300 检验结果

检验结果	建信基金	建信 300
平均	1.742 716	0.999 703
方差	74.514 08	75.578 94
观测值	19	19
泊松相关系数	0.850 336	
假设平均差	0	
df	18	
t Stat	0.683 286	
P（T≤t）单尾	0.251 563	
t 单尾临界	1.734 064	
P（T≤t）双尾	0.503 127	
t 双尾临界	2.100 922	

2. 建信责任

建信责任，成立于 2009 年 11 月 5 日，基金代码为 530010，投资范围为沪深300 指数的成份股及其备选成份股、新股、债券及其他金融工具。

在此，本书利用 2014 年 1 月至 2015 年 10 月的月数据对建信基金与建信责任进行成对 T 检验，结果见表 6.19。

表 6.19　建信基金与建信责任检验结果

检验结果	建信基金	建信责任
平均	1.742 716	1.442 963
方差	74.514 08	82.354 51
观测值	19	19
泊松相关系数	0.766 655	
假设平均差	0	
df	18	
t Stat	0.215 518	
P（T≤t）单尾	0.415 893	
t 单尾临界	1.734 064	
P（T≤t）双尾	0.831 786	
t 双尾临界	2.100 922	

3. 检验结果

建信基金与建信 300（165309）进行 T 检验的单尾 P 值为 0.25，建信基金与建信责任（530010）进行 T 检验单尾 P 值为 0.42。以上结果在 0.1 的显著性水平下均不能拒绝假设 6.11，说明社会责任基金本质上与其所属基金公司的其他基金是没有分别的，这更加印证了结论，即社会责任基金并没有按照社会责任的打分标准选股，并不是真正意义上的社会责任投资。

　　在对 2014 年的周数据进行分析后，本书又利用 2011~2014 年的数据构造价格加权型和市值加权型社会责任投资指数与投资组合选择模型对 2015 年的数据进行分析，因为数据库中的数据并不完整，本书仅对 2015 年 1~10 月的月数据进行了检验，检验结果与 2014 年的结果基本相似，笔者不得不怀疑，社会责任基金是否严格按照评价打分标准选择股票。

第七章 社会责任投资类基金的投资分析

社会责任投资类基金是指除以社会责任为直接导向的基金之外的，仍属于社会责任范畴的基金，包括绿色、低碳环保方向，可持续发展方向，美丽中国方向，公司治理方向等。与以上方向相关的企业在壮大公司、获取经济利益的同时，也直接或间接地履行了社会责任，因而将其划归为社会责任投资类基金。本章将就以上四个方向的社会责任投资类基金进行分析，并简要介绍其投资策略。由于这些基金成立时间均较晚，数据较少，因而本章暂不作基金的绩效分析。

第一节 绿色、低碳环保方向的社会责任投资类基金

一、基金基本情况

绿色基金是指专门针对节能减排战略，低碳经济发展，环境优化改造项目而建立的专项投资基金，其目的旨在通过资本投入促进节能减排事业发展，一般具有以下特点：①具有节能环保特性。②具有较高的科技含量。③具有良好的回报前景。低碳基金是依据我国《可再生能源法（修正案）》，国务院批准的《可再生能源发展中长期规划》，以及国务院批准的《青海省柴达木循环经济试验区总体规划》的相关法规精神而发起设立的，目的是促进我国低碳资源的开发利用，优化

产业结构，保护生态环境，实现经济社会的可持续发展。主要投资于新能源、节能减排、低碳金融、绿色产业、低碳城市和矿产资源等领域。目前我国在绿色、低碳环保方向的基金共有 18 只，多以股票型基金为主。既有主动筛选股票的增长型基金，也有被动跟踪环保指数的指数型基金，基金的基本情况见表 7.1。

表 7.1　绿色、低碳环保方向基金基本情况

基金代码	基金简称	基金管理公司名称	成立日期	基金类别	投资风格
000409	鹏华环保产业股票	鹏华基金管理有限公司	2014-03-07	股票型基金	稳健成长型
000696	汇添富环保行业股票	汇添富基金管理股份有限公司	2014-09-16	股票型基金	增值型
000977	长城环保主题混合	长城基金管理有限公司	2015-04-08	混合型基金	增值型
001064	广发环保指数	广发基金管理有限公司	2015-03-25	股票型基金	指数型
001166	建信环保产业股票	建信基金管理有限责任公司	2015-04-22	股票型基金	增值型
001208	诺安低碳经济股票	诺安基金管理有限公司	2015-05-12	股票型基金	增值型
001590	天弘中证环保产业 A	天弘基金管理有限公司	2015-07-16	股票型基金	指数型
001616	嘉实环保低碳股票	嘉实基金管理有限公司	2015-12-30	股票型基金	增值型
001985	富国低碳新经济混合	富国基金管理有限公司	2015-12-18	混合型基金	收益型
100056	富国低碳环保混合	富国基金管理有限公司	2011-08-10	混合型基金	价值优化型
160634	鹏华环保分级	鹏华基金管理有限公司	2015-06-16	股票型基金	指数型
163114	申万环保	申万菱信基金管理有限公司	2014-05-30	股票型基金	指数型
163409	兴全绿色	兴全基金管理有限公司	2011-05-06	混合型基金	稳健成长型
164304	新华环保	新华基金管理股份有限公司	2014-09-11	股票型基金	指数型
164819	工银中证环保产业指数	工银瑞信基金管理有限公司	2015-07-09	股票型基金	指数型
398051	中海环保新能源	中海基金管理有限公司	2010-12-09	混合型基金	成长型
519034	海富通中证内地低碳指数	海富通基金管理有限公司	2012-05-25	股票型基金	指数型
540008	汇丰晋信低碳先锋股票	汇丰晋信基金管理有限公司	2010-06-08	股票型基金	成长型

二、基金投资策略

由于绿色、低碳环保方向的社会责任投资基金多以股票型基金为主，混合型基金中股票类资产也占据较大权重，因而本章将主要介绍基金在对绿色、低碳环保产业的定义下，股票类资产的投资策略和选股标准，由于指数型基金主要被动跟踪指数，投资策略较为简要，这里不予赘述，最后进行简要分析。

（一）环保方向社会责任类投资基金简介

1. 鹏华环保产业股票股票投资策略

1）定义环保产业

环保产业是人类为协调与环境的关系、解决环境问题、节约能源所采取的行动的总称。从产业视角看，它包括在国民经济运行中，所有与更合理地利用和改造自然资源，降低单位 GDP 能耗，减少污染排放等有关的产业的总称。具体来说，包括清洁能源、节能减排、环境保护、清洁生产、可持续交通、新材料和生态农业等。

2）选择个股

（1）自上而下：基金将自上而下地依据环保产业链，综合考虑以清洁能源、新材料、自然环境改造和再建为主的上游产业；以生产过程、能源传输过程、节能化改造为主的中游产业，以及以污染排放治理为主的下游产业。将依次对产业链上细分子行业的产业政策、商业模式、技术壁垒、市场空间、增长速度等进行深度研究和综合考量，并在充分考虑估值水平的原则下进行资产配置。重点配置行业景气度较高，发展前景良好，技术基本成熟，政策重点扶植的子行业。对于技术、生产模式或商业模式等处于培育期，虽尚不成熟，但未来前景广阔的子行业，也将根据其发展阶段做适度配置。

（2）自下而上：通过定量和定性相结合的方法进行个股自下而上的选择。

在定性方面，通过以下标准对股票的基本面进行研究分析并筛选出基本面优异的上市公司：第一，根据公司的核心业务竞争力、市场地位、经营管理者能力、人才资源等选择具备良好竞争优势的公司；第二，根据上市公司股权结构、公司组织框架、信息透明度等角度定性分析，选择公司治理结构良好的公司；第三，通过定性的方式分析公司在自身的发展过程中，受国家环保产业相关政策扶持的程度，公司发展方向，核心产品发展前景，公司规模增长及经营效益的趋势。另外，还将考察公司在同业中的地位、核心产品的竞争力、市场需求状况及公司的决策体系及其开拓精神等。

在定量方面采用的估值方法及评估指标包括 PE、PEG、PB、PS、EV/EBITDA 等。

2. 汇添富环保行业股票股票投资策略

（1）选择个股，核心竞争优势评估：根据环保行业自身的特点 [包括但不限于环境污染成因复杂、治理思路三化（减量化、无害化、资源化）并重、国家环保政策力度不断加大、环保投入逐年增加、新技术应用比例较高、多采用建设-

经营–转让（build-operate-transfer，BOT）投资模式等]，基金管理人将从备选公司的研发能力、生产技术、终端产品或服务、销售渠道、融资能力及政府事务运作能力等方面进行综合评估，从中选择在技术、资源、政策等方面拥有核心竞争优势的环保行业上市公司。

（2）定性和定量结合：环保行业有其相对独特的盈利模式，如上市公司通过开发环保新产品和环保新技术，以较低成本满足客户需求从而获得利润；或者利润来自政府环保项目建设完成后特许经营期内收取的费用等。但是，业绩持续的增长性是企业永续的根本，也是优质公司的魅力所在。基金管理人将分析备选公司的主营业务收入增长率和净利润增长率，同时考察主营业务利润率和净资产收益率，在研判增长质量的基础上，选择在较长期限内实现可持续增长的环保行业上市公司。然后，基金管理人主要采取定量分析的方法，考察 PEG、P/E、P/B、EV/EBIT、企业价值/息税、折旧、EV/EBITDA、DCF 等一系列估值指标。

3. 长城环保主题混合股票投资策略

1）定义环保产业

环保的本质是一种更科学化的工农业生产和生活方式，其最终实现，首先离不开整个产业链上的企业，包括前端、中端、后端企业的共同努力，同时，也依托于其他行业中为环境保护献计献策、履行责任，或向环保产业转型的公司的努力。因而应包括两种类型的公司：

第一，环保产业链的前端、中端、后端涉及的公司。

前端是指从产业源头上采取措施，有利于保护自然资源，防止环境污染，改善生态环境的行业，包括但不限于为清洁能源及可再生能源等新能源的开发及使用、高效率能源的生产、转换、传输及存储等服务、新材料研发及使用、生态农业、智能交通、节能减排、淘汰落后产能等提供生产设备、技术、特殊材料、服务、建筑及安装等公司。中端是指通过加强工业过程中副产品的合理再利用，提高资源使用效率来减少污染物排放的行业，包括但不限于废物再利用、垃圾发电、餐厨利用、循环经济等相关产业链的上下游公司。后端是狭义的"环保"概念，是指环境监测及污染物排放后的末端治理行业，如为空气污染控制、废水管理、固体废弃物管理、消除噪声、土壤改造、环境承包与工程、环境监测、分析服务、数据收集、分析和评价等活动提供生产设备、特殊材料、建筑安装及服务的公司等。

第二，对环保产业发展及生态建设做出积极贡献、履行环保责任或致力于向环保转型的公司，包括但不限于碳交易等。

2）选择个股

（1）定性分析。

第一，对于环保产业链的前端、中端、后端股票，其核心竞争力在于科技创新能力的持续领先。基金将重点考察企业的可持续研发能力，并结合其公司治理、生命周期、商业模式、管理能力、行业竞争格局等方面来综合评估，据此判断企业在行业内的竞争优势，并判断其投资价值。在此基础上，重点关注具备全产业链服务能力，具备外延式扩张空间，市场开拓能力突出的企业。其中，科技创新能力：科研投入是科技创新能力的保障。基金将重点关注企业在科研投入方面的长远规划、研发投入、技术引进、人员引进等方面，以判断其科技创新能力是否有效可持续。公司治理：公司是否建立了合理高效的治理结构，是否制定了前瞻性的发展战略。商业模式：根据企业及行业特点分析上下游关系、企业核心竞争优势、业务结构等方面；管理能力：主要考察企业的经营独立性，管理层对股东的责任感，管理层长效约束与激励机制的建立，管理层的长远眼光及战略能力等定性指标。

第二，对于环保产业发展及生态建设做出积极贡献、履行环保责任或致力于向环保转型的公司，基金将重点关注但不限于以下因素：公司产品或服务对于环保的贡献，公司环保政策，公司在环保公益方面的投入，公司具有向环保产业转型的研究和准备，公司积极参与碳交易业务，公司投资于环保主题类行业等。

（2）定量分析。

在定量分析中，基金将结合 PE、PB、PS、PEG 等相对估值指标及自由现金流贴现等绝对估值方法来考察企业的估值水平，以判断当前股价高估或低估。环保主题类股票因其高成长性一般估值较高，因此，基金在关注估值指标的同时，还会关注营业收入增长率、盈利增长率、现金流量增长率、净资产收益率等指标，来评估企业的成长性。在考察其科技创新能力可持续性方面，将重点关注研发费用与营业收入的占比，以及获得财政补贴的情况。而在业务结构分布上，通过其收入的地区占比及业务占比，并结合对于不同地区不同业务的发展空间研判，来综合评估。基金将通过对行业估值指标的横向、纵向分析，并结合成长性的行业比较及其他量化指标，综合选择估值与成长位于合理区间的环保主题类企业进行投资，动态构建资产组合。同时，基金在进行股票资产配置时，将考察企业的流动性和换手率指标，参考基金的流动性需求，以降低股票资产的流动性风险。

4. 建信环保产业股票股票投资策略

1）自上而下

基金将自上而下地依据环保产业链，综合考虑以清洁能源、新材料、自然环境改造和再建为主的上游产业，以生产过程、能源传输过程节能化改造为主的中游产业，以及以污染排放治理为主的下游产业。基金将依次对产业链上细分子行业的产业政策、商业模式、技术壁垒、市场空间、增长速度等进行深度研究和综合考量，并在充分考虑估值水平的原则下进行资产配置。重点配置行业景气度较高，发展前景良好，技术基本成熟，政策重点扶植的子行业。对于技术、生产模式或商业模式等处于培育期，虽尚不成熟，但未来前景广阔的子行业，基金也将根据其发展阶段做适度配置。

2）自下而上

基金通过定量和定性相结合的方法进行个股自下而上的选择。在定性方面，通过以下标准对股票的基本面进行研究分析并筛选出基本面优异的上市公司：第一，根据公司的核心业务竞争力、市场地位、经营管理者能力、人才资源等选择具备良好竞争优势的公司；第二，根据上市公司股权结构、公司组织框架、信息透明度等角度定性分析，选择公司治理结构良好的公司；第三，通过定性的方式分析公司在自身的发展过程中，受国家相关政策扶持的程度，公司发展方向，核心产品发展前景，公司规模增长及经营效益的趋势。另外，还将考察公司在同业中的地位、核心产品的竞争力、市场需求状况及公司的决策体系及其开拓精神等。

在定量方面，采用的估值方法及评估指标包括 PE、PEG、PB、PS、EV/EBITDA 等。

（二）低碳方向社会责任类投资基金简介

1. 诺安低碳经济股票股票投资策略

（1）政策分析：基金将密切关注低碳经济相关国家产业政策、财政税收政策和货币政策等变化对低碳经济主题相关行业的影响，积极配置收益于政策变化的行业。

（2）公司分析：技术水平将影响低碳经济主题相关公司的发展情况。基金将密切跟踪低碳经济主题相关公司技术水平变化及发展趋势，重点关注技术水平提升较快且发展趋势良好的上市公司。

（3）市场分析：低碳经济主题相关行业可能会处于各自不同的发展阶段及行业周期。

2. 嘉实环保低碳股票股票投资策略

1）定义环保低碳产业

环保低碳产业主要是指在经济转型大背景下，利用能源资源和劳动力资源的相关企业，包括环保产业、清洁能源产业和工业自动化等相关产业。未来，由于经济增长方式转变、产业结构升级等因素，从事或受益于上述投资主题的外延将会逐渐扩大，将视实际情况调整上述对环保低碳类股票的识别及认定。相关行业具体如下。

第一，环保产业：碳减排、大气治理、水治理、土壤治理、废弃物管理和资源回收循环利用等，包括设备、服务和运营等全产业链。

第二，能源环保低碳生产和传输：风能、太阳能、核能、地热能、水力、天然气、生物燃料等清洁能源的设备、服务和运营，传统火电的清洁改造，智能电网、分布式能源、特高压输电，以及受益于能源体制市场化改革的公司。

第三，能源环保低碳使用：新能源汽车产业链，包括电机、电控、电池、整车生产、充电服务等，工业节能和建筑节能，包括电机变频节能、余热余压利用、LED照明、合同能源管理等。

第四，劳动力环保低碳利用：随着中国中产阶级的兴起和老龄化的来临，劳动力资源紧缺、劳动力成本上升、劳动力对工作环境的要求也持续提升。因此自动化设备、工业机器人、服务机器人、智能制造、工业4.0等产业的需求也会持续增长。基金管理人将在对上述行业个股进行深度研究的基础上，结合行业、政策等因素构建投资组合。

2）组合构建

（1）定性分析。

第一，经营状况分析：从行业趋势、盈利增长模式和管理层三个维度进行研究，并根据不同的市场环境，进行有针对性的研究。行业趋势维度：重点研究公司所处行业的长期成长空间、技术变革趋势和政策趋势等，同时也要兼顾事件性驱动等短期成长机会。盈利增长模式维度：重点研究公司所处产业链位置的盈利模式、技术成熟度、进入壁垒或护城河、资本密集程度、现金流和周期性等。管理层维度：重点研究公司技术研发能力、并购整合能力和市场网络等企业资源，以及公司治理结构、管理架构等企业流程、企业文化和价值观。

第二，财务状况分析：重点关注上市公司的盈利空间、成长能力、营运能力、杠杆水平，以及现金流管理水平和公司治理，控制风险，选择财务状况良好的公司。

（2）定量分析。

注重企业贴现现金流及内在价值贴现，结合总市值、市盈率（PE）、市净率（PB）、市销率（PS）、EV/EBITDA等指标，综合考察股票的价值是否被低估。

3. 富国低碳新经济混合股票投资策略

1）定义低碳新经济产业

低碳新经济主题是指中国经济发展方式转变、经济转型和升级这一过程中不断涌现出来的行业和个股的投资机会。主要包括：①从粗放型、高能耗的发展转变为科学的、可持续的发展方式，建设资源节约型、环境友好型社会过程中所蕴含的投资机会，包括节能环保、新能源、能源互联网等产业。②制造业是国民经济的主体，制造业的转型升级是推动经济发展方式转变的重要内容。"中国制造业发展纲要（2015~2025）"中明确指出，新一代信息技术产业、高档数控机床和机器人、航空航天装备、海洋工程装备及高技术船舶、先进轨道交通装备、节能与新能源汽车、电力装备、农机装备、新材料和生物医药及高性能医疗器械等产业是国家将大力推动的优势和战略产业。③低碳新经济的根本出发点和落脚点是改善民生，让居民共享经济发展的成果，因此低碳新经济相关产业还包含新兴消费及传统消费的二次普及，新兴消费包括文教娱乐、医疗保健、旅游、计算机、传媒、金融服务等产业，传统消费包括食品、服装、居住、交通、家电、零售、轻工等产业。

2）选择个股

（1）定性分析。

第一，公司的竞争优势：重点考察公司的市场优势、资源优势、产品优势、政策优势等。

第二，公司的盈利模式：对企业盈利模式的考察重点关注企业盈利模式的属性及成熟程度，是否具有不可复制性、可持续性、稳定性。

第三，公司治理方面：考察上市公司是否有清晰、合理、可执行的发展战略；是否具有合理的治理结构，管理团队是否团结高效、经验丰富，是否具有进取精神等。

（2）定量分析。

第一，成长性指标：收入增长率、营业利润增长率和净利润增长率等。

第二，财务指标：毛利率、营业利润率、净利率、净资产收益率、经营活动净收益/利润总额等。

第三，估值指标：市盈率（PE）、市盈率相对盈利增长比率（PEG）、市销率（PS）和总市值等。

4. 富国低碳环保混合股票投资策略

1）定义低碳环保主题产业

低碳环保包含了从资源、能源的获取和产生，经中间的输送和配送，到净化处理及循环利用的整个过程。一般来说，低碳主要是从工业活动前端改善能源结构，提升能源和资源的有效利用率，从源头减少能源的消耗；环保主要是后端处置，对工业活动日常生活产生的污染物进行处置后，排放到自然环境中。低碳环保，兼顾了前端与后端的处置，使经济发展与环境的矛盾得到有效化解，最终进入人与自然和谐共存的阶段。该基金认可的低碳环保主题类股票包括两种类型的股票。

（1）直接从事低碳环保主题相关行业的股票包括：第一，清洁能源主要包括清洁能源的研发、生产与运营，如风能、太阳能、生物质能、水电及核电等；也包括清洁能源的传输、服务等配套产业，如特高压输电、智能电网等相关上市公司。第二，节能减排主要包括与节能技术和装备、节能产品及节能服务产业相关的上市公司，如工业节能、建筑节能、汽车节能；也包括化石能源减排，如清洁燃煤、整体煤气化联合循环、碳捕获与封存等相关上市公司。第三，碳交易与陆地碳汇主要包括与清洁发展机制项目和农林产业减排增汇等相关的上市公司。

环保行业包括环保技术和设备、环保服务和资源利用等相关行业的上市公司。

（2）受益于低碳环保主题的股票包括：第一，传统高耗能高污染行业中，通过有效节能减排措施或污染治理措施，实现能耗降低、污染改善，从而实现产业升级，相对同类公司受益的上市公司；第二，与低碳环保主题相关的服务行业；第三，投资于低碳环保相关产业的上市公司。

（3）因低碳环保主题相关的产业结构升级、消费生活模式转变而受益的其他上市公司。

2）选择个股

（1）对于直接从事低碳环保主题相关行业的股票，按照上述"（1）低碳环保主题相关行业股票的界定"中，对于直接从事低碳环保主题相关行业的股票，将采取"自下而上"的方式，依靠定量与定性相结合的方法进行个股选择。

定量的方法主要基于对一些量化指标的考察，包括市净率（P/B）、市盈率（P/E）、动态市盈率（PEG）、主营业务收入增长率、净利润增长率等，并强调绝对估值（DCF，DDM，NAV 等）与相对估值（P/B、P/E、P/CF、PEG、EV/EBITDA 等）的结合。

第一，价值型股票的量化筛选：选取 P/B、P/E 较低的上市公司股票。

第二，成长型股票的量化筛选：选取动态市盈率（PEG）较低，主营业务收入增长率、净利润增长率排名靠前的上市公司股票。

定性的方法主要是结合基金研究团队的案头研究和实地调研，通过深入分析该类上市公司的基本面和长期发展前景，重点选择在以下方面具有优势的低碳环保主题类上市公司。

第一，低碳环保相关技术上的优势：公司掌握了低碳环保领域内的核心技术或拥有核心专利，具有较高的技术壁垒，且该种技术或专利的成熟度较高，适合大规模生产。第二，低碳环保相关产业政策的扶持力度：低碳环保主题相关公司，相对于一般上市公司而言，对于相关政策环境的依赖程度更为显著。关注上市公司所属细分行业受到国家产业政策扶持的力度，是否能够获得人力、技术、资金、财税等方面的支持和帮助。第三，产品的市场需求情况：对于低碳环保主题类公司而言，清洁能源产品、节能减排产品、环保产品等通常具有一定创新特点，该类产品是否符合市场需求，切合市场趋势变化，将成为决定企业盈利能力的关键因素之一。除了以上三个要点之外，也会考察上市公司是否是细分行业中的龙头企业，或即将成为细分行业的龙头企业；公司经营团队能力、治理结构完善程度等因素。

（2）对于受益于低碳环保主题的股票，除了使用上文中提到的定量和定性分析方法外，还将重点关注公司在同行业中节能减排、降低环境污染等方面是否处于领先地位。具体的参考指标包括每单位收入所消耗能源、每单位收入排碳量等。

5. 汇丰晋信低碳先锋股票股票投资策略

根据上市公司与低碳经济主题之间的关系，将低碳经济主题的上市公司细分为两类：①直接从事或受益于低碳经济主题的上市公司；②与低碳经济主题密切相关的上市公司。

（1）直接从事或受益于低碳经济主题的上市公司是指直接从事于低碳经济领域，公司经营受益于低碳经济所带来的高收益的上市公司。对此类上市公司筛选的标准主要有以下几点：①公司主营业务中具有或未来即将具有直接从事于低碳经济主题型相关的业务。②公司盈利前景明确，受益于低碳经济主题带来的高回报。③公司经营状况良好。

（2）与低碳经济主题密切相关的上市公司虽属于传统产业，但与低碳经济的主题密切相关。主要体现在传统高碳排放行业中因引入新技术、新设备，使企业的单位能耗下降，并使企业直接受益的相关上市公司；对低碳经济的相关产业进行投资，提供人力、技术、资金支持的上市公司等。对此类上市公司，基金关注的是其受益于低碳经济的程度及形式。相关研究团队将从以下几方面进行综合评判：①上市公司与低碳经济主题关联的程度。②上市公司与低碳经济主题关联的形式与性质。③公司经营状况良好。

针对以上特点，在得到以上两类上市公司后，基金将采用定性分析与定量分析的方法，选择成长潜力较大的上市公司进行投资。

在定量的分析方法上，主要根据成长性指标对上市公司进一步筛选，主要包括主营业务收入增长率、主营业务利润增长率、销售毛利率变化率、净利润增长率、净资产收益率（ROE）等。

在定性分析方面，基金主要通过借鉴汇丰投资关于上市公司评分体系的运用方法，建立了全面的公司治理评估体系，对公司的治理水平进行全面评估；评估结果不合格的公司坚决予以规避。同时，通过实地调研对综合评估结果做出实际验证，确保最大限度地规避投资风险。

公司治理结构的评估是指对上市公司经营管理层面的组织和制度上的灵活性、完整性和规范性的全面考察，包括对所有权和经营权的分离，对股东利益的保护，经营管理的自主性，政府及母公司对公司内部的干预程度，管理决策的执行和传达的有效性，股东会、董事会和监事会的实际执行情况，企业改制彻底性，企业内部控制的制定和执行情况等。公司治理结构是决定公司评估价值的重要因素，也是决定公司盈利能力能否持续的重要因素。在国内上市公司较普遍存在治理结构缺陷的情况下，基金管理人对个股的选择将尤为注重对上市公司治理结构的评估，以期为投资者挑选出具备持续盈利能力的股票。基金管理人将主要通过产业结构、行业展望、股东价值创造力、公司战略及管理质量、公司治理五个方面对上市公司治理水平进行评估。

（三）绿色、新能源方向社会责任类投资基金简介

1. 兴全绿色股票投资策略

（1）定量指标：考察企业贴现现金流及内在价值贴现，结合市盈率（PE）、市净率（PB）、市销率（PS）等指标采用年复合营业收入增长率、盈利增长率、息税前利润增长率、净资产收益率，以及现金流量增长率等指标综合考察上市公司的成长性。

在盈利水平方面，重点考察主营业务收入、经营现金流、盈利波动程度三个关键指标，以衡量具有高质量持续增长的公司。具体而言，为营业收入增长率/应收账款增长率（GAR/GSales）、核心营业利润与净资产比例（CE/Equity）、经营性现金流与核心营业利润比例（CFFO/CE）。

（2）定性指标：综合考察科技创新能力、商业模式、管理团队等因素，并据此给以相应的折溢价水平，最终确定。基金认为公司的研发及科技创新能力与其长期绩效紧密相关，一个公司的科研与创新能力是实现企业履行环境责任的关键点，也是绿色产业发展的源泉；而且好的绿色产业商业模式才是决定公司能否持续经营的根本；当然，公司持续的技术创新与保持有活力的商业模式，都需要优秀的团队与员工的积极参与。

2. 中海环保新能源股票投资策略

（1）以行业的环保水平、行业的环境竞争优势，以及是否属于新能源领域对行业进行分类，并将环保产业、环保优势行业、环保改善行业、环保潜力行业与新能源行业的股票作为备选构建初选股票池。

（2）依据公司所属行业的环境优势评级赋予公司环境优势因子，以中海财务评价体系和 MMVA 估值评价体系为评估基础，对公司的财务优势、估值优势综合评估，进行量化选股，构建优选股票池。

（3）通过环境战略矩阵模型分析优选股票池中公司的环境战略，并采用中海上市公司环境评价体系对公司的环境优势进行综合评估；在此基础上，选取基本面较优，既具备环保优势，又有成长优势，能够在环保基础上实现可持续发展的

上市公司来构建核心股票池。

（4）基金经理通过对核心股票池中的股票进行价值分析和市场环境判断，相机选择具有估值优势的公司构建投资组合，并根据市场变化自主选择投资时机和权重，长期持有并结合适度波段操作，争取获得较高收益。

（四）分析

由上述 11 只基金的股票投资策略可以看出以下几点：

（1）当前我国大多数与绿色、低碳环保有关的上市公司均处于成长初期。多只基金在其股票投资策略中均提到了组建股票池的上市公司的产品竞争优势、长期发展性及科技创新能力，表明这些公司的发展尚不如传统行业成熟，产品更新换代速度较快，没有形成强有力的竞争优势或者占据明显的市场份额。在定性上注重绿色、低碳环保上市公司的增长潜力、盈利模式及在整个环保产业链中所处的位置，在定量上注重营业收入、利润的增长率等考察上市公司成长性的指标。

（2）基金在选股时注重政府的支持。由于环保产业相对于传统行业是新兴产业，并且发展多以创新为主，对相关政策环境的依赖程度更为显著，因而政府对于环保相关产业发展的政策支持及资金补助自然而然成了基金关注的焦点。基金公司会重点关注上市公司所属细分行业受到国家产业政策扶持的力度，是否能够获得人力、技术、资金、财税等方面的支持和帮助。

（3）公司治理也不能忽视。基金在招募说明书中均不同程度提到了公司治理的重要性。在定性上衡量一个上市公司的公司治理能力或者管理团队的完善，或者在定量上利用公司治理评价体系来测度公司治理的完善程度，这都表明了良好的公司治理对于一个正处于成长期的上市公司的重要性。

第二节　　可持续发展方向的社会责任类投资基金

一、基金的基本情况及分析

可持续发展基金是将募集到的资金和基金增值的可再投资部分投资到中国社

会发展科技和产业领域，其中重点是投资到经中国政府有关部门批准建立的国家级社会发展综合实验区。目前我国在可持续发展方向上只有两只基金，均为财通基金管理有限公司所有，基本情况见表 7.2。

表 7.2　可持续发展方向基金基本情况

基金代码	基金简称	基金管理公司名称	成立日期	基金类别	投资风格
000017	财通可持续股票	财通基金管理有限公司	2013-03-27	混合型基金	稳健成长型
000042	中证财通可持续发展 100 指数	财通基金管理有限公司	2013-03-22	股票型基金	指数型

二、基金的投资策略

（一）简介

由于中证财通可持续发展 100 指数（000042）为完全复制指数的被动型基金，因而本节将重点介绍财通可持续股票（000017）对于可持续发展的定义标准及股票投资策略。

财通可持续股票（000017）股票投资策略

以企业的可持续发展特征评估为股票选择的基础，以企业的综合性成长评估为股票选择的增强因素，并在此基础上精选具有估值优势的个股。其中，对企业的可持续发展特征评估是选股策略的核心，以评估结果为主要依据，形成可持续发展公司股票池，作为基金股票投资的基础。实施股票投资策略的三个步骤概述如下。

1）可持续发展公司股票池的构建和维护

企业可持续发展特征的体现方式是多方面的，但其最直接和本质性的体现形式是企业的主营业务利润率水平及其长期可持续性，长期可持续的高水平的主营业务利润率是企业各方面核心竞争力的综合体现，是带动企业外延式成长的内生性驱动力。因此，构建可持续发展公司股票池的过程分为三步：首先，评估公司的历史主营业务利润率水平和资产收益率水平，以剔除过往成长质量不高的公司；其次，对影响公司可持续发展的主要风险因素进行分析，剔除发展方式具有较大潜在风险的公司；最后，通过重点分析公司的核心竞争力评估公司的可持续发展状况，精选可持续发展状况优良的公司，此为股票池构建的核心环节。

（1）过往可持续发展状况评估：在剔除流动性较差的股票后，考察满足基金基本流动性要求的上市公司的过往可持续发展状况。为了客观综合地反映该项状况，将公司过去五年的主营业务综合利润率指标和净资产收益率指标进行加权平均（1/3 × 最近 5 年主营业务平均毛利率+1/3 × 最近 5 年主营业务平均净利率+1/3 × 最近 5 年平均净资产收益率），再对各公司的该指标进行排序，剔除该指标排名靠后的 20%公司，对剩余公司进行后续的分析评估。通过剔除该项指标排名较低的公司，可淘汰最近 5 年内成长质量较低、可持续发展动力明显不足的上市公司。

（2）可持续发展风险评估：随着我国经济结构转型期的到来，除了当前的经济效益以外，我国对企业在环境友好、社会责任和公司治理等方面的实际履行情况愈发关注，逐渐成为企业是否能够保持可持续发展的基本前提条件。

为了对上市公司在环境友好、社会责任和公司治理等方面的实际履行情况进行综合评估，在投资中能够有效揭示目标公司的可持续发展风险，基金管理人下设的研究部的各行业研究员将对自己负责的研究行业中各公司的上述三方面进行综合评估，并对各公司的可持续发展风险度进行综合排名，剔除各行业内可持续发展风险度综合排名较高的 20%公司，对剩余公司进行后续的分析评估。通过剔除风险度排名较高的公司，可在各行业内淘汰发展模式存在较大潜在风险和发展隐患的公司。研究员对各公司的可持续发展风险度进行综合排名的主要依据包括以下三方面因素，每个因素中包含了若干定性和定量指标。

第一，社会责任：主要考察企业的法律责任和社会道德责任的实际履行情况。企业的法律责任主要包括税收责任、雇主责任等；社会道德责任主要是指公司满足社会准则、规范和价值观、回报社会的责任。

第二，环境友好：主要考察企业环保责任的实际履行情况，即公司保护和利用公司自有资源和社会资源的情况。具体地，需考察公司是否始终遵守国家及所在地方政府的环境政策和条例，是否制订了专门为保护环境及提高资源利用效率的方案和措施及其实际执行情况，以及对已造成环境污染或环境污染潜在项目的信息披露报告的及时性和内容翔实性。在量化指标选择上，可通过计算公司的单位收入能耗、单位工业产值主要污染物排放量、环保投资率、横向比较公司在同行业的环保表现等方法，评估公司的环保友好表现。

第三，公司治理：公司治理结构是通过企业的发展理念和制度支撑起企业的整体框架，为企业成长提供有效的激励机制，为企业的成长动力提供保障和支持。从多个角度考察公司的治理状况，如董事会的独立性及多样性、委托-代理制度健全性、是否具有健全且可操作性强的公司管理制度、是否具有完善的风险管理和内部人监督体系、信息披露强度和公司透明度、公司文化建设状况。

（3）可持续发展动力评估：企业的可持续发展动力是由企业的多方面内在特征和各项核心竞争力共同产生的。基金认为，主营业务专注性、技术优势和技术创新、商业模式和市场创新、资源禀赋等四方面因素相互联系、相互影响，共同形成了企业可持续发展的核心动力。相较于诸多外延式增长因素，这些内生性成长因素是公司保持较高水平的成长质量和可持续性的决定性因素。

为了对上市公司在主营业务专注度、技术优势和技术创新、商业模式和市场创新、资源禀赋等方面进行综合评估，精选出具有持续的核心竞争力的公司，基金管理人下设的研究部的各行业研究员在坚持可比性、可操作性、系统性、绝对指标分析和相对指标分析相结合等原则的基础上，将对自己负责研究行业中的各公司的上述四方面进行综合评估，形成对公司的可持续发展动力的综合评估结果，最后按照综合评估结果，选择各行业内的综合评估排名靠前的50%公司的股票形成基金的可持续发展公司股票池。

研究员对各公司的可持续发展动力进行综合评估和排名的主要依据包括以下四方面因素，每个因素中包含了若干定性和定量指标。

第一，主营业务专注度：基金特别注重对公司主营业务专注度的考察，该因素是影响企业是否在所属行业内形成长期可持续的比较优势和核心竞争力的主要前提条件之一。在量化指标选择上，可通过计算公司的主营业务收入、主营业务支出和主营业务利润占比，评估公司的主营业务专注度。

第二，技术优势和技术创新：技术优势和技术创新是企业实现科学技术成果向现实生产力转化的根本途径，也是形成企业核心竞争力的关键和源泉。具体地，需要考察公司的主营产品是否符合产业升级趋势；企业是否采取了不易被模仿或受专利保护的技术优势，确保企业在较长一段时间内独享技术领先带来的超额利润率；企业是否制定并有效执行了鼓励技术创新的激励机制。在量化指标的选择上，可通过两大类指标考察公司的创新能力：一是创新产出指标，如新产品产值率、专利水平等项；二是创新潜力指标，包括技术创新投入率、技术开发人员比率等项。

第三，商业模式和市场创新：商业模式和市场创新通过不断创造新盈利模式和开拓新市场，将创新成果转化为商业价值和企业实力，并决定和影响着企业创新活动的规模、内容及发展方向。主要考察公司管理层是否具有不断创造全新商业模式和市场创新的理念和能力。

第四，资源禀赋：企业的资源禀赋，是指企业所处的地理位置、气候条件、自然资源蕴藏等方面的不同所导致的企业专门从事某项业务的天然优势。

2）综合成长性评估

对可持续发展公司股票池中的个股进行综合成长性评价，兼顾历史的表现和未来的评估。历史成长性因子主要包括过往5年主营业务收入增长率、主营业务利润增长率、净利润增长率、总资产增长率、净资产收益率变动等指标。未来成长性的评估，主要基于行业研究员对于行业和公司的以上各项成长指标的预测。

基金对公司上述各项综合成长性因子进行分析和评估，剔除可持续发展公司股票池中的外延式成长特征不足的个股，剩余股票构成基金的基础股票库。

3）价值评估与投资

基金采用相对估值方法和绝对估值方法相结合的方式，在基础股票库中选择具有明显估值优势的个股进行实际投资。具体采用的方法包括股息贴现模型、自由现金流贴现模型、市盈率法、市净率法、PEG、EV/EBITDA 等方法。

（二）分析

财通可持续股票（000017）对于可持续发展上市公司的挑选以考察上市公司历史平均值为主，以环境友好、社会责任和公司治理为基本的评估标准，以主营业务专注度、技术优势和技术创新、商业模式和市场创新、资源禀赋作为动力评估标准。既强调了公司自身发展的可持续性，同时也注重公司对外部环境的责任履行情况。

第三节　美丽中国方向的社会责任类投资基金

一、基金的基本情况

"美丽中国"是党的第十八次全国代表大会提出的概念，强调把生态文明建设放在突出地位，融入经济建设、政治建设、文化建设、社会建设各方面和全过程，因而涉及多个行业和上市公司，当前我国共有三只美丽中国方向的社会责任类投资基金，其基本情况见表 7.3。

表 7.3　美丽中国方向基金基本情况

基金代码	基金简称	基金管理公司名称	成立日期	基金类别	投资风格
000120	中银美丽中国混合	中银基金管理有限公司	2013-06-07	股票型基金	稳健成长型
000663	国投瑞银美丽中国混合	国投瑞银基金管理有限公司	2014-06-24	混合型基金	增值型
000822	东海美丽中国灵活配置混合	东海基金管理有限责任公司	2014-11-14	混合型基金	收益型

二、基金的投资策略

（一）简介

1. 中银美丽中国混合股票投资策略

1）定义美丽中国产业

在党的十八大报告提出生态文明建设作为社会主义现代化建设五位一体总体布局的长期政策利好下，以环境保护、环境治理、园林绿化、园林装饰、生态建设、生态修复、污染防治等为主营业务，提供相关设备、技术、产品、服务等与美丽中国之美丽家园（地绿、天蓝、水净）相关的环保行业和企业；和地产、建筑、医药、电子、传媒、旅游、食品饮料、水、电力、可选消费、金融、文体、文化等与美丽中国之美好生活相关的基础行业和企业；以及节约能源和资源、新能源、新材料、新技术、新模式等为美丽中国提供持续推动力的新能源和新服务相关行业和企业。

2）主题配置策略

（1）政策影响分析：根据国家产业政策、财政税收政策、货币政策等变化，分析各项政策对美丽中国主题各子行业的影响，超配受益于国家政策较大的子行业。

（2）技术优势分析：对公司在新材料开发、原材料消耗、材料回收和再利用、废物管理等方面的核心技术或专利进行分析。技术进步情况影响投资主体的投资周期长度。基金将密切跟踪各细分主题上市公司技术水平变化及其发展趋势，重点关注整体技术水平提高较快且发展趋势良好的投资标的。

（3）市场需求变化：美丽中国主题各细分主题面对的客户不同，市场需求的特点也有明显差异。不同子行业在竞争格局、定价策略等方面的差异，最终影响到盈利水平。基金将重点投资市场需求稳定或保持较高增长的细分子行业。

3）个股投资策略

（1）定性分析：基金对上市公司的竞争优势进行定性评估。上市公司在行业中的相对竞争力是决定投资价值的重要依据，主要包括以下几个方面。

第一，公司的竞争优势：重点考察公司的市场优势，包括市场地位和市场份额，在细分市场是否占据领先位置，是否具有品牌号召力或较高的行业知名度，在营销渠道及营销网络方面的优势和发展潜力等；资源优势，包括是否拥有具有独特优势的物资或非物质资源，如市场资源、专利技术等；产品优势，包括是否拥有独特的、难以模仿的产品，对产品的定价能力等及其他优势，如是否受到中央或地方政府政策的扶持等因素。

第二，公司的盈利模式：对企业盈利模式的考察重点关注企业盈利模式的属性及成熟程度，考察核心竞争力的不可复制性、可持续性、稳定性。

第三，公司治理方面：考察上市公司是否有清晰、合理、可执行的发展战略，是否具有合理的治理结构，管理团队是否团结高效、经验丰富，是否具有进取精神等。

（2）定量分析：第一，成长性指标包括收入增长率、营业利润增长率和净利润增长率等；第二，财务指标包括毛利率、营业利润率、净利率、净资产收益率、经营活动净收益/利润总额等；第三，估值指标包括市盈率（PE）、市盈率相对盈利增长比率（PEG）、市销率（PS）和总市值。

2. 国投瑞银美丽中国混合股票投资策略

1）定义美丽中国产业

在党的十八大报告提出生态文明建设作为社会主义现代化建设五位一体总体布局的长期政策下，以新能源、节能减排、产业升级、绿色发展、低碳环保、环境保护、循环经济、环境治理、生态建设、生态修复、污染防治等为主营业务，提供相关设备、技术、产品、服务等与泛环保产业链相关的行业或企业；与美丽环境、美丽生态相关的行业，如园林绿化、园林装饰等；与美丽景色相关的行业，如旅游酒店等；与美丽文化相关的行业，如电子、传媒、文化教育等；与美丽生活相关的行业，如建筑、地产、可选消费、农业、食品饮料、医疗保健等。未来，随着经济增长方式转变和产业结构升级，从事或受益于上述投资主题的外延将会逐渐扩大，基金将视实际情况调整上述对美丽中国主题类股票的识别及认定。

2）行业配置策略

（1）自上而下的行业配置是指通过深入分析宏观经济指标和不同行业自身的周期变化特征及在国民经济中所处的位置，确定在当前宏观背景下适宜投资的重点行业。

（2）自下而上的行业配置是指从行业的成长能力、盈利趋势、价格动量、市场估值等因素来确定基金重点投资的行业。对行业的具体分析主要包括以下方面。

第一，景气分析：行业的景气程度可通过观测销量、价格、产能利用率、库存、毛利率等关键指标进行跟踪。行业的景气程度与宏观经济、产业政策、竞争格局、科技发展与技术进步等因素密切相关。

第二，财务分析：关键指标主要包括净资产收益率、主营业务收入增长率、毛利率、净利率、存货周转率、应收账款周转率、经营性现金流状况、债务结构等。

第三，估值分析：结合上述分析，基金管理人将根据各行业的不同特点确定适合该行业的估值方法，同时参考可比国家类似行业的估值水平，来确定该行业的合理估值水平，并将合理估值水平与市场估值水平相比较，从而得出该行业高估、低估或中性的判断。估值分析中还将运用行业估值历史比较、行业间估值比较等相对估值方法进行辅助判断。此外，还将运用数量化方法对上述行业配置策略进行辅助，并在适当情形下对行业配置进行战术性调整，使用的方法包括行业动量与反转策略，行业间相关性跟踪与分析等。

　　3）选择个股

　　（1）股票基本面分析。

　　基金严格遵循"价格/内在价值"的投资理念。虽然证券的市场价格波动不定，但随着时间的推移，价格一定会反映其内在价值。个股基本面分析的主要内容包括价值评估、成长性评估、现金流预测和行业环境评估等。基本面分析的目的是从定性和定量两个方面考量行业竞争趋势、短期和长期内公司现金流增长的主要驱动因素，业务发展的关键点等，从而明确财务预测（包括现金流贴现模型输入变量）的重要假设条件，并对这些假设的可靠性加以评估。

　　第一，价值评估。主要指标包括：EV/EBITDA、EV/Sales、P/E、P/B、P/RNAV、股息率、ROE、经营利润率和净利润率等。

　　第二，成长性评估。主要基于收入、EBITDA、净利润等的预期增长率来评价公司盈利的持续增长前景。

　　第三，现金流预测。通过对影响公司现金流各因素的前瞻性地估计，得到公司未来自由现金流量。

　　第四，行业所处阶段及其发展前景的评估。沿着典型的技术生命周期，产业的发展一般经历创新期、增长繁荣期Ⅰ、震荡期、增长繁荣期Ⅱ和技术成熟期。其中增长繁荣期Ⅰ和增长繁荣期Ⅱ是投资的黄金期。

　　（2）现金流贴现股票估值模型：是一个多阶段自由现金流折现模型，其中，自由现金流的增长率被分成四个阶段。

　　第一，初始阶段：这个阶段现金流的增长率会受到内外部因素的影响。外部因素包括总体经济状况和其他因素，如货币政策、税收政策、产业政策对收入和成本的影响等。公司内部因素包括新产品的引入导致的市场份额变化、业务重整及资金面变化，如债务削减和资本回购。

　　第二，正常阶段：在初始阶段结束时，假设公司处于一个正常的经济环境中，既非繁荣也非衰退，公司达到了可持续的长期增长水平。现在，公司现金流的增长速度和所在的行业增长速度基本一致。

　　第三，变迁阶段：在这个阶段，公司资本支出比率、权益回报、盈利增长和BETA值都向市场平均水平靠拢。这是市场竞争的结果，因为高额的利润会吸引新的进入者，竞争越来越激烈，新进入者不断挤压利润空间，直到整个行业利润水平跌落到市场平均水平，在这个水平上，不会再有新的进入者。

第四，终极阶段：在最后阶段，资本支出比率、BETA 值和现金流增长率都等于市场平均水平。

模型最后得到股票的内在价值，即四阶段现金流的现值总和。市场价格与内在价值的差额是基金买入或卖出股票的依据。市场价格低于内在价值的幅度，表明股票的吸引力大小，以及其他合适的估值方法，如 P/E、P/B、EV/EBITDA、PE/G、P/RNAV 等。

3. 东海美丽中国灵活配置混合股票投资策略

重点关注美丽中国概念所蕴含的中国经济结构转型和经济品质改善的行业，挖掘对环境污染、生态失衡、能源紧缺、农业生产力低下、文化产品缺乏、地区发展不平衡、传统行业增长乏力及消费品质落后等方面的问题提供解决方案，景气周期向上的优势行业。基金管理人将围绕美丽中国投资主线，寻找价值低估的企业股票进行配置，包括环保、生态治理、智慧城市、新能源、现代农业、文化传媒、金融服务、电子商务、信息消费、旅游、服务、高端装备、新型材料、健康医疗、国有企业改革等景气周期向上的行业。

1）定性分析

（1）市场优势包括上市公司的市场地位和市场份额；在细分市场是否占据领先位置；是否具有品牌号召力或较高的行业知名度；在营销渠道及营销网络方面的优势；等等。

（2）资源和垄断优势包括是否拥有具有独特优势的物资或非物质资源，如市场资源、专利技术等。

（3）产品优势包括是否拥有独特的、难以模仿的产品；对产品的定价能力等。

（4）其他优势，如是否受到中央或地方政府政策的扶持等因素。基金还对上市公司经营状况和公司治理情况进行定性分析，主要考察上市公司是否有明确、合理的发展战略；是否拥有较为清晰的经营策略和经营模式；是否具有合理的治理结构，管理团队是否团结高效、经验丰富，是否具有进取精神；等等。

2）定量分析

定量分析主要包括主营业务收入增长率、主营业务利润和净利润增长率、每股收益增长率、净资产收益率、PEG 等。

（二）分析

美丽中国概念相较绿色、低碳环保和可持续发展等概念较为宽泛，基金对于美丽中国的概念也不仅仅局限于环保产业，而是除此之外将娱乐、餐饮、高端装备、国企改革、现代农业等多个行业囊括在内，更强调构建整个社会的和谐健康发展，因而对于行业选择、公司竞争优势及盈利模式给予了更多的关注。

其中，中银美丽中国混合（000120）对美丽中国的界定更注重环保产业和新能源行业，在个股选择上重点考察企业是否获得政策支持、产品是否有竞争优势及公司治理是否完善。而国投瑞银美丽中国混合（000663）对美丽中国的定义除了环保产业外更加注重服务业的发展状况，在个股选择上更加注重上市公司的成长性。东海美丽中国灵活配置混合（000822）则在对美丽中国的解释中重点强调了问题解决企业及处于行业上升期的企业，在个股选择上更加注重企业是否有市场优势和产品优势。

第四节　公司治理方向的社会责任类投资基金

一、基金的基本情况

公司治理基金也是一种近年来出现的基金，它与以往基金的不同之处在于公司治理基金主动参与上市公司治理结构改进，通过全面提升上市公司整体价值来获得超额收益。最终目标是规范上市公司治理结构，提升上市公司运行效率，协助上市公司采用有利于长远发展的治理结构，从而提高上市公司整体价值，最终提高基金持有人收益。其意义在于用市场的力量协助监管部门监督上市公司治理结构的规范性，稳定证券市场的发展。以下为三只公司治理基金的基本情况，见表 7.4。

表 7.4　公司治理方向基金基本情况

基金代码	基金简称	基金管理公司名称	成立日期	基金类别	投资风格
260111	景顺长城公司治理混合	景顺长城基金管理有限公司	2008-10-22	混合型	稳健成长型
510010	交银上证180公司治理ETF	交银施罗德基金管理有限公司	2009-09-25	股票型	指数型
519686	交银上证180公司治理ETF联结	交银施罗德基金管理有限公司	2009-09-29	股票型	指数型

二、基金的投资方向、策略

（一）简介

1. 景顺长城公司治理混合股票投资策略

1）股票研究数据库

公司建立了完善的股票研究数据库，采用定量分析和定性分析相结合的方法。以沪深 300 指数的成份股为基础，剔除被 ST 及证监会和交易所公开谴责的上市公司，并剔除公司治理结构有严重问题的上市公司和股价被严重操纵的股票，其余公司进入股票库。此外，投资研究联席会议可以依据主动选股的标准加入部分上市公司，二者结合形成股票研究数据库。

2）公司治理分析

景顺长城基金管理有限公司参照国际上先进的公司治理实践标准，同时结合中国市场实际情况，本着随经济条件变化不断改进和完善的原则，建立了景顺长城公司治理评价体系。基金综合运用该体系对股票研究数据库中个股所属上市公司的公司治理情况进行系统性分析，现阶段主要包括三方面内容：①公司治理评级体系。这是一个多因素综合评分体系，运用综合评分法确定所研究上市公司的相对治理评级。②内部研究。运用公司股票研究数据库中的标准分析模板从违规记录、信息披露透明度等方面对上市公司公司治理状况进行分析。③卖方研究报告。其在分析过程中起到对评级结果和内部研究进行参照验证的作用。

3）综合分析

基金以股票研究数据库为基础，运用公司治理评级体系对上市公司的治理情况做出评价，重点投资于以下两类上市公司股票：①公司治理情况良好，具有较高的业务价值和良好的发展前景。②公司内部管理得到明显提升，盈利能力增强或有较强的业绩增长潜力。同时，利用股票研究数据库对跟踪的每一家上市公司进行系统的财务分析。

（二）分析

近年来国际上对于公司治理的研究趋于完善，公司治理评级体系也越来越完整，有助于我国上市公司在公司治理上的完善，特别是在 2015 年多起公司治理违规事件出现、高管贪腐的背景下，更需要有更多的监督机构加入完善上市公司的公司治理的队伍中来，公司治理的提高也是上市公司履行社会责任的另外一种表现形式。

第八章　构建多目标投资组合选择模型

本章承接前文分析，将展开对企业社会责任与投资组合相结合的模型研究。在对三个一级指标的评价基础之上，本章将投资者对社会责任的期望融入投资决策中，构建面向企业社会责任的投资决策模型。把企业社会责任的三个一级指标作为构建多目标投资组合选择模型的三个维度，在经典的模型的二维空间上添加企业社会责任的三个一级指标变量，从而得出本书所要研究的五维空间的多目标投资组合选择模型。即在 Markowitz（均值-方差）理论模型的基础之上，构建出充分考虑投资者价值取向的多准则社会责任投资的高维投资组合选择模型，通过对高维模型的优化，进而得出既充分考虑投资者的经济利益和风险因素，还高度关注社会责任的多准则投资组合选择模型。通过运用数学方法对模型进行优化求解从而推导出最优投资组合选择的方案，并以此为后续的实证研究奠定理论和模型的基础，也为关注企业社会责任的广大投资者提供投资决策的模型参考和价值投资的理论依据。

第一节　投资的回报率和风险

在探讨投资组合模型之前，本节先讨论投资者最为关注的两个重要指标，即回报率和方差，以及这两个指标的相关性和平衡关系。从而通过"把鸡蛋分别放在不同的篮子里"的原则，来达到降低投资风险、提高收益的目的，进而导入投资组合，并简要探讨投资组合有利于降低投资风险的作用。

一、投资的回报率

毫无疑问，没有投资者进行投资的目的不是盈利，正如，Bodie 等（2004）国外学者在研究中如是认为。因此，笔者首先引入衡量投资效益的第一个重要指标，即回报率，并对其进行如下定义。

定义 8.1　投资回报率是单位资本投入所获得的利润收益。

以某一证券 i 为例，其投资回报率的计算公式为

$$r_i = \frac{p_1 - p_0 + d_1}{p_0} \tag{8.1}$$

其中，r_i 为回报率；p_0 为证券期初价格；p_1 为证券期末价格；d_1 为证券的股息或分红（股票股息或债券的分红），并且假设 d_1 发生在投资的期末。

例 8.1　2014 年 2 月初，万科企业股份有限公司（股票代码为 000002）的股票价格（收盘价）是 6.72 元，其月末的股票价格（收盘价）是 8.09 元，并且在月末没有股息，即股息为 0 元[①]。那么该股票的回报率为

回报率=（8.09-6.72+0）/6.72=1.37/6.72=0.204

作为一个比率，投资回报率适用于比较不同数额的投资。而作为绝对值的回报率则因人而异，因此也难以比较。例如，例 8.1 中，万科企业月末股票价格与月初股票价格差额为 1.37 元，而同期的平安银行股份有限公司（股票代码为 000001）的股票价格（收盘价）分别为 11.13 元和 10.77 元，故差额为 10.77-11.13=-0.36（元），属于亏损状态，但在不知道平安银行股份有限公司期初的价格的情况下，投资者很难判断这两种股票的业绩。

由于股票市场每个时间点都存在变动，所以投资者很难在期初就能准确预测出某个股票期末的价格。因此，依赖于期末价格的回报率通常是个随机的变量。由于随机变量的不确定性的缘故，精确地预测其回报率也是不太可能的。因此笔者所能做的就是以借鉴的方式引入一些指标，以此来描述投资回报率的分布特征。因此，平均回报率就成为投资者希望获得的信息。从而，投资回报率的数学期望，即预期投资回报率（也称期望收益）代表了这项指标。

定义 8.2　预期回报率是以回报率出现的概率为权重的加权平均，用来反映证券的平均投资回报率。

[①] 资料来源：CCER 经济金融数据库. http://www.ccerdata.cn/Home/Mainpage.aspx。

证券 i 的预期回报率 $E(r_i)$ 的计算公式为

$$E(r_i) = \sum_{s=1}^{m} r_i(s)p(s) \qquad (8.2)$$

其中，存在 m 种投资收益的可能性，$r_i(s)$ 为可能性 s 发生时，证券 i 的投资回报率；$p(s)$ 为可能性 s 发生的概率。上述的投资回报率假设是基于离散型的随机变量，对于连续型的随机变量，投资者需要根据其密度函数进行判断和计量。

二、投资的风险

除了投资回报率外，投资者关注的另外一个重要指标则是投资的风险问题。由于投资回报率存在随机性，风险通常表示投资回报率可能是正的（如例 8.1 中万科 2014 年 3 月的情况），也有可能是负的（如平安银行股份有限公司 2014 年 3 月的情况）。

定义 8.3　风险描述了作为随机变量的投资回报率的不确定性。

作为随机变量的回报率具有不确定性的特征，因此才导致了投资的风险因素的存在。为了定量地精确衡量风险，笔者导入了回报率的方差。证券 i 回报率的方差 σ_{ii} 计算公式表示为

$$\sigma_{ii} = \sum_{s=1}^{m} [r_i(s) - E(r_i)]^2 p(s) \qquad (8.3)$$

其中，$E(r_i)$ 表示证券 i 的预期回报率，其他的各项和式（8.2）相同。通过这种计量公式，将难以量化的风险转换为可定量的。在现实的研究和实践工作中，更为常用的风险计量指标为标准差（standard deviation），即方差的平方根。除了以上计量风险指标之外，还有半方差（simivariance）、风险数值（value at risk）、绝对差（absolute deviation）等。

第二节　投资组合及其数学背景

无论是机构投资者还是个人投资者，通常都持有一种以上的多种证券，而其

所持有的多种证券就构成了一个投资组合。对于人们所关注的内容就是，在给定单个证券资产属性的条件下，如何计算出投资组合的期望收益和风险。相比较来讲，投资组合的风险远比单个证券风险的处理要复杂得多。这取决于单个证券的收益是否同向变动，以及组合中一些证券表现不佳时，其他证券是否表现良好。如果所持有的证券组合绩效变动方向并不一致，投资者可以通过持有投资组合来降低风险。

定义 8.4 投资组合是投资者根据一定的约束条件并选择某种权重而建立的多种证券的组合。

正因如此，通常情况下投资者通过建立投资组合来分散单个证券投资风险，从而达到降低其投资的风险程度。根据投资组合所包含的证券种类的多少分为小的投资组合和大的投资组合。小的投资组合可包含有两三种证券，大的投资组合甚至会包含数千种证券。这里说的投资组合的大小是指证券的种类多少，而与组合的市值无关。

一、投资组合回报率的协方差

为了能够定量地衡量两种及两种以上的证券组合的价格变动对总体投资组合回报率变化的影响程度，笔者引入投资组合的协方差（covariance）的概念。证券 i 和证券 j 的回报率的协方差 σ_{ij} 的计算公式为

$$\sigma_{ij} = \sum_{s=1}^{m} \left[(r_i(s) - E(r_i)) \right] \left[(r_j(s) - E(r_j)) \right] p(s) \tag{8.4}$$

其中，$E(r_i)$ 和 $E(r_j)$ 为证券 i 和证券 j 的预期回报率，其余同式（8.3）。

协方差定量地描述证券回报率之间的相关性，但缺乏可比性。因此笔者将协方差标准化，因此引入了协相关系数（correlation coefficient）。证券 i 和证券 j 的回报率的协相关系数的计算公式为

$$\rho_{ij} = \frac{\sigma_{ij}}{\sigma_i \sigma_j} \tag{8.5}$$

其中，ρ_{ij} 表示投资组合中的证券 i 和证券 j 的投资回报率的协相关系数；σ_{ij} 为证券 i 和证券 j 的回报率的协方差；σ_i 为证券 i 的回报率的标准差；σ_j 为证券 j 的回报率的标准差。协相关系数介于–1~1 的取值范围，即 $\rho_{ij} \in [-1, 1]$。在构建投资组合时，具有较小协相关性的证券，更受投资者的喜欢，因为可以通过回报率相

互弥补的优势，来降低所构造的投资组合的风险。

二、投资组合权重

在投资活动的初期，投资者将会面临如下一些情况：

（1）为了获得未来的投资收益，尽管投资者也无法预知投资活动准确的期末回报率，但是投资者必须做出证券投资组合的决定。

（2）投资者需要准备基于 n 种证券所构建的投资组合。

（3）投资者希望获得最优的投资组合权重（portfolio weight vector）。

因此，笔者导入投资组合权重的概念。

定义 8.5　基于 n 种证券，一个投资组合权重是一个 n 维列向量，用来描述购买各种证券的占有资金的权重。

用数学表达如下：

$$\boldsymbol{x} = (x_1, x_2, \cdots, x_n) \tag{8.6}$$

其中，x_i 表示用于投资购买证券 i 的权重。

投资组合权重所在的空间，通常被称为投资组合的权重空间。常常记此 n 维实数空间为 R^n，由于选定了一个投资组合投资权重之后，投资者就确定了一个投资组合，所以也经常称投资组合权重为投资组合。

如果用 $\boldsymbol{r} = (r_1, r_2, \cdots, r_n)$ 代表投资组合的回报率，其中，r_i 为证券 i 的回报率，那么此投资回报率 $\boldsymbol{r}_p$ 为

$$\boldsymbol{r}_p = \sum_{i=1}^{n} r_i x_i \tag{8.7}$$

或者

$$\boldsymbol{r}_p = \boldsymbol{r}^{\mathrm{T}} \boldsymbol{x} \tag{8.8}$$

三、约束条件

在进行投资活动时，通常在一些条件无法同时满足的情况下，为了能够尽最大努力得到接近的最理想的方案，往往设定一些约束条件。常见的有

$$x_1 + x_2 + \cdots + x_n = 1 \tag{8.9}$$

或者表达为

$$\mathbf{1}^{\mathrm{T}} \boldsymbol{x} = 1 \tag{8.10}$$

其中，$\mathbf{1}$表示所有的加权和为 1 的向量。

在投资活动中，还会根据需要设定一些其他的约束条件，在此先不讨论。

四、投资组合期望收益和方差

对于多种证券来说，当选定了某个投资组合权重 $\boldsymbol{x} = (x_1, x_2, \cdots, x_n)$ 之后，投资者就确定了该投资组合。这个投资组合的期望回报率计算公式为

$$E(r_p) = \sum_{i=1}^{n} E(r_i) x_i \tag{8.11}$$

或者用向量表达式计为

$$E(r_p) = \boldsymbol{\mu}^{\mathrm{T}} \boldsymbol{x} \tag{8.12}$$

其中，$\boldsymbol{\mu} = (\mu_1, \mu_2, \cdots, \mu_n)$，且 $\mu_i = E(r_i)$。

投资组合方差的方差 $v(r_p)$ 计算公式为

$$v(r_p) = \sum_{i=1}^{n} \sigma_{ii} x_i^2 + \sum_{i=1}^{n} \sum_{j=1, j \neq i}^{n} \sigma_{ij} x_i x_j \tag{8.13}$$

其中，σ_{ii} 为证券回报率的方差；σ_{ij} 为证券 i 和证券 j 回报率的协方差，以向量形式表示为

$$V(r_p) = \boldsymbol{x}^{\mathrm{T}} \boldsymbol{\Sigma} \boldsymbol{x} \tag{8.14}$$

其中，$\boldsymbol{\Sigma}$ 表示构造投资组合的 n 只股票的收益率的协方差 $n \times n$ 矩阵，表达示为

$$\boldsymbol{\Sigma} = \begin{bmatrix} \sigma_{11} & \sigma_{12} & \cdots & \sigma_{1n} \\ \sigma_{21} & \sigma_{22} & \cdots & \sigma_{2n} \\ \vdots & \vdots & & \vdots \\ \sigma_{n1} & \sigma_{n2} & \cdots & \sigma_{nn} \end{bmatrix} \tag{8.15}$$

其中，对角线元素为各种证券收益率的方差；非对角线元素为某两种证券收益率的协方差。计算协方差时可以先通过统计软件 STATA 计算出样本企业收益率的协防差矩阵，刚开始计算出来的是斜三角矩阵的左下半部分，再通过对矩阵的每一列进行转置后将其粘贴到相应对称的位置，就成了协方差 $n \times n$ 矩阵。

五、投资组合的基本假设

金融研究需要有严格的数学推导，并且在一定约束条件的框架下才能进行，同时还需要设定一定的假设条件作为研究的前提。下面进行基本条件的假设（崇曦农和李宏，2000）：

（1）投资者在制订决策方案时以期望收益率和收益率的方差两参数为基础。

（2）投资者是 Markowitz 的信徒：理性的和风险规避型的。

（3）投资者间具有相同的预期。

（4）市场是完全竞争和无摩擦的，市场不存在无风险套利机会。

（5）不存在无风险资产。

（6）不允许卖空。

第三节　多目标优化和投资组合选择

由于本书研究的是一种面向投资者的投资组合选择模型，是一种新的社会责任投资思路，在研究方法上不同于传统的企业社会责任与企业绩效关系的实证研究，而是运用多目标理论，将社会责任感的投资意愿作为投资组合的组成要素进行研究，从而将社会责任投资思路转化为有社会责任感的多目标投资组合选择问题；因此，研究中涉及多目标求解的数学问题；此外，传统投资组合是个双目标优化的问题，所以下面有必要为传统投资组合选择和多目标投资组合选择提供简要的数学背景介绍。

一、多目标函数及求解法

一个多目标优化问题可以表示如下：

$$\max\left\{z_1 = f_1(\boldsymbol{x})\right\}$$

$$\cdots$$

$$\max\left\{z_k = f_k(\boldsymbol{x})\right\} \qquad (8.16)$$

$$\text{s.t.} \quad \boldsymbol{x} \in S$$

其中，$\boldsymbol{x}$ 为一个解向量，$\boldsymbol{x} = (x_1, x_2, \cdots, x_n)^{\mathrm{T}}$，$\boldsymbol{x}$ 所在的空间 R^n 为解空间；k 为目标函数的个数；$f_1(\boldsymbol{x}), f_2(\boldsymbol{x}), \cdots, f_k(\boldsymbol{x})$ 为目标函数；$\boldsymbol{z} = [z_1, z_2, \cdots, z_k]^{\mathrm{T}}$ 为目标向量；z_i 为目标分量；S 为解空间的可行域；$Z = \left\{z \mid \boldsymbol{x} \in S\right\}$ 为目标空间的可行域。为了获得更多的目标函数之间相互平衡的点即寻找出多目标函数的最优集，笔者做出如下定义：

定义 8.6　在模型（8.16）中，对于两个目标向量 $\bar{z} \in Z$ 和 $z \in Z$，其中 $\bar{z}$ 占优于 z 定义为 $z_i \leqslant \bar{z}_i$，当 $i = 1, 2, \cdots, k$，而且至少有一个 $z_i < \bar{z}_i$。

定义 8.7　在模型（8.16）中，一个目标向量 $\bar{z} \in Z$ 是非劣的，这意味着不存在 Z 中的另外一个目标向量 z 使得 z 优于 $\bar{z}$。否则 $\bar{z}$ 就是劣的。

定义 8.8　在模型（8.16）中，一个解向量 $\bar{x} \in S$ 是有效的，这意味着它的目标向量 $\bar{z} \in Z$ 是非劣的。否则（也就是 $\bar{z} \in Z$ 是劣的），$\bar{x} \in S$ 是无效的。

根据上述的定义，Z 中任意一个目标向量不是劣的就是非劣质的，S 中的任意一个解向量不是无效的就是有效的。同时，有效解向量是单目标函数最优解向量的推广。将 S 中所有的有效解向量组成的集合称为有效集，用 E 表示。将 Z 中所有的非劣目标向量组成的集合称为非劣集，用 N 表示。那么多目标优化的目的就是计算出所有的有效集 E 和非劣集 N。下面对有效集的求解方法进行探讨。

采用 ε-约束条件法对模型（8.16）进行求解。根据这种方法特点，为了求解的需要只保留一个目标函数 [在此保留 $f_1(\boldsymbol{x})$]，而其他的目标函数被转化为等于（或大于等于）某个约束条件，相应模型如下：

$$\max\left\{f_1(\boldsymbol{x}) = z_1\right\}$$

$$\text{s.t.} \quad f_2(\boldsymbol{x}) = \varepsilon_2$$

$$\cdots \qquad (8.17)$$

$$f_k(\boldsymbol{x}) = \varepsilon_k$$

$$\boldsymbol{x} \in S$$

其中，$\varepsilon_2, \cdots, \varepsilon_k$ 为约束条件的参数（可以由使用者设定）。该模型的思路在于第 i 个目标函数等于（或大于）ε_i 和在 $\boldsymbol{x} \in S$ 的约束条件下，计算出第一个目标函数的最优解。

除了 ε-约束条件法外，常见的多目标优化的方法还有加权求和法、合成函数法、遗传算法等。而且近年来有一些学者还提出新的优化方法，如朱刚和马良（2010）提出了一种生长竞争蚁群算法的多目标优化方法。还有其他一些多目标优化方法，限于篇幅，本书就不再讨论。下面笔者来回顾一下投资组合选择的问题。

二、投资组合选择及优化

Markowitz（1952）构造的投资组合选择模型可以表达为

$$\min\left\{z_1 = \text{var}(r) = \boldsymbol{x}^{\text{T}} \boldsymbol{\Sigma} \boldsymbol{x}\right\}$$

$$\max\left\{z_2 = E(r) = \boldsymbol{\mu}^{\text{T}} \boldsymbol{x}\right\} \tag{8.18}$$

$$\text{s.t.} \quad \boldsymbol{x} \in S$$

其中，r 表示投资组合回报率；$\text{var}()$ 表示投资组合方差；$E()$ 表示期望；$\boldsymbol{\Sigma}$ 表示 n 只股票回报率的协方差 $n \times n$ 矩阵；$\boldsymbol{\mu}$ 表示 n 只股票的期望回报率向量；z_1 表示投资组合的方差；z_2 表示投资组合的期望回报率。

传统的金融学经济学家们（Huang and Litzenberger，1988）构建了以效用函数为基础的投资组合选择模型可以表达为

$$\max\left\{E(u(r))\right\} \tag{8.19}$$

$$\text{s.t.} \quad \boldsymbol{x} \in S$$

其中，$u(r)$ 表示效用函数，并且通常被假定为关于 r 单增的凹函数[①]。模型（8.19）也被称为期望效用原则。常见的效用函数的表达式是 $u(r) = r - \frac{1}{2}qr^2$（当 $q > 0$ 时）；当 $r \leqslant \frac{1}{q}$ 时，$u(r)$ 是关于 r 单增的。Huang and Litzenberger（1988）描述了如下的定理［通过模型（8.19）来论证了模型（8.18）的有效性］：当效用函数 $u(r)$ 是二次性的或者证券回报率是服从多元正态分布时，模型（8.19）的最优投资组合权重就是模型（8.18）的有效投资组合权重[②]。

Merton（1972）分析了如下模型：

$$\min\left\{z_1 = \boldsymbol{x}^{\text{T}} \boldsymbol{\Sigma} \boldsymbol{x}\right\}$$

$$\max\left\{z_2 = \boldsymbol{\mu}^{\text{T}} \boldsymbol{x}\right\} \tag{8.20}$$

$$\text{s.t.} \quad \mathbf{1}^{\text{T}} \boldsymbol{x} = 1$$

[①] 效用函数通常被假定为单增的，这可以描述投资者希望回报率越高越好的倾向；而且效用函数通常被假定为凹的，这可以描述投资者厌恶风险的倾向。

[②] 通常来说，模型（8.19）计算出的是一个最优投资组合权重，模型（8.18）计算出的是一些有效投资组合权重。这两模型的关系是，当效用函数是二次性的，或者这些证券的回报率服从多元正态分布，模型（8.19）的最优投资组合权重就是模型（8.18）的有效投资组合权重。

其中，**1**表示一个 n 维 1 向量。

Merton（1972）运用了一个 ε - 约束方法将模型（8.20）转化为如下模型：

$$\min\left\{z_1 = \boldsymbol{x}^{\mathrm{T}}\boldsymbol{\Sigma}\,\boldsymbol{x}\right\}$$

$$\text{s.t.} \quad \boldsymbol{\mu}^{\mathrm{T}}\boldsymbol{x} = \varepsilon_2 \tag{8.21}$$

$$\mathbf{1}^{\mathrm{T}}\boldsymbol{x} = 1$$

其中，ε_2 作为一个参数，在金融学中是指定的期望回报率，模型（8.21）可以理解为在指定的期望回报率下求解最小方差投资组合。通过连续改变 ε_2 的值，就可以计算出模型（8.21）的最小方差边界。最小方差边界既包括有效投资组合，又包括无效投资组合。去除最优解中的无效投资组合，保留其中的有效投资组合。然后把这些有效投资组合在（方差和期望回报率）空间的像用线顺序连接起来，就产生了模型（8.20）的有效边界。那么把有效投资组合在投资组合的权重空间用线顺序连接起来，就产生了有效边界的投资组合权重。

由于模型（8.20）没有投资组合的上界和下界的约束，因此笔者可以进行卖空（在现实中受到严格限制）。模型（8.20）的优势在于用公式明确指出了投资组合选择中各个要素的组成（如有效边界）。同时，模型（8.20）的绝大部分的值都可以通过设定参数来推导得出。因此，这种解析性的推导方法在科研和教学工作中（Huang and Litzenberger，1988）具有独特的优势；并且模型（8.20）成为资产定价模型的基础。

假定协方差矩阵 $\boldsymbol{\Sigma}$ 是可逆的从而是正定的（一个 $n \times n$ 的矩阵 $\boldsymbol{\Sigma}$ 是正定的意味着 $\forall \boldsymbol{x} \in R^n, \boldsymbol{x}^{\mathrm{T}}\boldsymbol{\Sigma}\,\boldsymbol{x} > 0$ 始终成立）前提下（Brockwell and Davis，1987），可以得到模型（8.21）的最小方差边界在投资组合（方差，回报率）空间为

$$z_1 = \frac{1}{af - cc}(fz_2^2 - 2cz_2 + a) \tag{8.22}$$

其中，z_1 为方差；z_2 为期望回报率；$a = \boldsymbol{\mu}^{\mathrm{T}}\boldsymbol{\Sigma}^{-1}\boldsymbol{\mu}$；$c = \boldsymbol{\mu}^{\mathrm{T}}\boldsymbol{\Sigma}^{-1}\mathbf{1}$；$f = \mathbf{1}^{\mathrm{T}}\boldsymbol{\Sigma}^{-1}\mathbf{1}$；那么，最小方差边界是一条在投资组合（方差，期望回报率）空间的抛物线，并且非劣集就是抛物线的上半部分（图 8.1）。

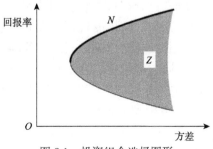

图 8.1 投资组合选择图形

可行域为空间 Z ，有效边界为 N

此外，在 Markowitz（1952）投资组合模型基础之上，一些学者进一步研究了投资组合问题。例如，刘勇军等（2013）提出了考虑现实约束条件下的模糊多准则投资组合优化模型。王树娟（2005）提出了适应基金变动特征的投资组合选择模型。Hirschberger 等（2010）提出了利用参数及二次规划流程对大规模的投资组合计算其有效前沿的方法。这些成果都为推动投资组合选择模型的研究起到积极的促进作用。

第四节　基于企业社会责任的多目标投资组合选择模型

由于本书在第三章已经对企业社会责任量化方法进行了阐述，对样本企业的企业社会责任履行情况进行了评价与分析；在本章的前三节对投资组合的基本概念、风险和回报率、投资组合的数学背景进行了论述；对多目标优化和投资组合选择等基础工作进行了阐述，下面将基于企业社会责任视角来构建多目标投资组合选择模型。

一、构建多目标投资组合选择模型

本书研究的目的就是从投资者的角度来研究企业社会责任的问题，即考虑了社会责任的履行情况，或者充分尊重了利益相关者的利益诉求对于投资者或者机构投资者来讲会意味着什么？整体的投资绩效和风险会有怎样的影响？带着这个问题，笔者将关注企业社会责任的因素融入经典的投资组合模型中构建多目标投资组合选择模型。通过将量化的企业社会责任的三个一级指标（根据《中国企业社会责任建设蓝皮书（2010）》的"企业社会责任评价指标体系"）期望作为目标函数加入 Merton 模型（8.20），构建出多目标投资组合模型（黎友焕和刘延平，2010）。这个模型扩展了 Merton 模型，扩展后的模型包含企业社会责任三个一级指标（核心利益相关者、蛰伏利益相关者、边缘利益相关者）

期望，具体模型如下：

$$\min\left\{z_1 = \boldsymbol{x}^{\mathrm{T}} \boldsymbol{\Sigma} \boldsymbol{x}\right\}$$

$$\max\left\{z_2 = \boldsymbol{\mu}^{\mathrm{T}} \boldsymbol{x}\right\}$$

$$\max\left\{z_3 = \boldsymbol{c}^{1^{\mathrm{T}}} \boldsymbol{x}\right\}$$

$$\max\left\{z_4 = \boldsymbol{c}^{2^{\mathrm{T}}} \boldsymbol{x}\right\} \quad (8.23)$$

$$\max\left\{z_5 = \boldsymbol{c}^{3^{\mathrm{T}}} \boldsymbol{x}\right\}$$

$$\text{s.t.} \quad \boldsymbol{1}^{\mathrm{T}} \boldsymbol{x} = 1$$

其中，$\boldsymbol{\Sigma}$、$\boldsymbol{\mu}$、z_1、z_2见模型（8.18）的定义；c^1、c^2、c^3分别代表n只股票的企业社会责任的三个一级指标，即"核心利益相关者"、"边缘利益相关者心"及"蛰伏利益相关者"的期望向量；z_3表示投资组合的核心利益相关者的期望；z_4表示投资组合的边缘利益相关者的期望；z_5表示投资组合的蛰伏利益相关者的期望。

Markowitz（1991）也意识到在投资组合中多目标的重要性，而且他明确提出，"投资者的投资效用函数可能不仅受到投资组合回报率的影响，也许还受到其他变量的影响……现代投资组合理论家有能力计算并描绘出大规模证券组合均值-方差的有效边界。但对于投资者来说，这是否是为投资者所做的正确的事情，这种传统的投资心理效用的假设是否合理，也就是说投资者追求回报率是否足够满足了他们的投资心理的需求呢，也许在满足回报率心理需求之外还有其他的诉求。在实际中投资者的目标千差万别，在关注风险和回报率的同时，有的投资者关注股票的股息，有的投资者考虑交易流动性，有的投资者考虑有企业社会责任感的投资等"。

可见，在投资者更为注重投资效用的时代，在经典的 Markowitz 投资组合模型基础上，引入企业社会责任是具有很强的理论依据的。因为尽管中国的资本市场规模逐渐扩大，资本总量也在上升，但是许多企业，包括一些知名的上市公司依然会出现社会责任的问题，而且许多企业社会责任问题直接影响到很多人的生活质量，甚至生活状态，如食品安全问题、高铁安全问题等。这些现象进一步促使了人们真心地关注企业社会责任问题。这些关心企业社会责任问题的人群中，不乏大量的投资者存在。此外，现代的投资者更加年轻化，他们的投资动机具有很强的个性化特征，除了追求经济效益之外，还会融入许多自身对社会和投资对象的期望在内，就是人们常说的效用问题。这些效用包括围绕着对投资对象的不同诉求和期望，而这些期望往往对他们的投资决策具有很大的影响，只是这些投资者苦于难以找到一种渠道或者模式来承载他们的这种以投资效用为动机的投资理念。本书正是以解决这个问题为出发点来进行研究的。

而且我国现有的四只社会责任基金包括兴全基金（2008/4/30，基金代码为：

340007）、添富基金（2011/3/29，基金代码为：470028）、建信基金（2012/8/14，基金代码为：530019）及建信责任（2010/5/28，基金代码为：530010），从股票配置和基金季报所阐述的投资策略中，难以确认落实了"社会责任"选股的投资标准。

这就进一步令投资者感到困惑，即如果要考虑企业社会责任问题进行投资的话，社会责任基金也并不能实现其投资效用的目的，那么投资者在构建和管理投资组合的过程中如何实现其投资效用呢？如何将这些对不同企业社会责任的期望因素考虑在内呢？模型（8.23）正是为解决这种困惑而提出来的。

在本章第三节已经介绍了 Markowitz 投资组合模型（8.18）和以效用函数为基础的投资组合选择模型（8.19），当效用函数是二次性的或者证券的回报率服从多元正态分布时的一致性。下面笔者从推广的效用函数角度论证多目标投资组合选择模型（8.23），即考虑企业社会责任的期望的投资组合选择模型是有效的，也就是这种模型是效用函数，从而进一步从逻辑模型上论证了将企业社会责任引入经典投资组合模型中是合理的。

二、以效用函数论证多目标投资组合选择模型的有效性

传统的效用函数仅依赖于投资组合的回报率，当投资者考虑多个目标时，效用函数可以被扩展并依赖于其他目标。为了研究企业社会责任，即在传统投资组合选择模型中引入投资者所关注的不同维度的企业社会责任期望，笔者把传统的效用函数 $u(r)$ 扩展为

$$u(r, r_{c_1}, r_{c_2}, r_{c_3}) = (r - \frac{1}{2}qr^2) + a_1 r_{c_1} + a_2 r_{c_2} + a_3 r_{c_3} \qquad (8.24)$$

当 $q > 0$，$r \leqslant \frac{1}{q}$，效用函数 $u(r)$ 关于 r 是单增的，且 $a_1 > 0$，$a_2 > 0$，$a_3 > 0$。其中，r 代表投资组合回报率，r_{c_1}、r_{c_2}、r_{c_3} 分别代表投资组合的企业社会责任的三个一级指标（核心利益相关者、蛰伏利益相关者、边缘利益相关者），并且 r_{c_1}、r_{c_2}、r_{c_3} 与 c^1、c^2、c^3 的关系如下：

$$E(r_{c_1}) = c^{1\mathrm{T}} x$$
$$E(r_{c_2}) = c^{2\mathrm{T}} x \qquad (8.25)$$
$$E(r_{c_3}) = c^{3\mathrm{T}} x$$

下面笔者证明 $u(r, r_{c_1}, r_{c_2}, r_{c_3})$ 是一个效用函数。

定理 8.1 $u(r, r_{c_1}, r_{c_2}, r_{c_3})$ 是个效用函数；也就是说它关于 r, r_{c_1}, r_{c_2} 和 r_{c_3} 是单增的。而且效用函数 $u(r, r_{c_1}, r_{c_2}, r_{c_3})$ 是关于 $r, r_{c_1}, r_{c_2}, r_{c_3}$ 的凹函数。

证明： $u(r, r_{c_1}, r_{c_2}, r_{c_3}) = (r - \frac{1}{2}qr^2) + (a_1 r_{c_1}) + (a_2 r_{c_2}) + (a_3 r_{c_3})$

因为效用函数 $u(r)$ 关于 r 是单增的，所以 $u(r, r_{c_1}, r_{c_2}, r_{c_3})$ 关于 r 是单增的。

因为 $a_1 r_{c_1}$ 关于 r_{c_1} 是单增的，所以 $u(r, r_{c_1}, r_{c_2}, r_{c_3})$ 关于 r_{c_1} 是单增的。

因为 $a_2 r_{c_2}$ 关于 r_{c_2} 是单增的，所以 $u(r, r_{c_1}, r_{c_2}, r_{c_3})$ 关于 r_{c_2} 是单增的。

因为 $a_3 r_{c_3}$ 关于 r_{c_3} 是单增的，所以 $u(r, r_{c_1}, r_{c_2}, r_{c_3})$ 关于 r_{c_3} 是单增的。

可以拆分 $u(r, r_{c_1}, r_{c_2}, r_{c_3})$ 为

$$u(r, r_{c_1}, r_{c_2}, r_{c_3})$$

$$= (r - \frac{1}{2}qr^2) \tag{8.26}$$

$$+ (a_1 r_{c_1} + a_2 r_{c_2} + a_3 r_{c_3}) \tag{8.27}$$

此时，式（8.26）是个关于 $(r, r_{c_1}, r_{c_2}, r_{c_3})$ 的凹函数，式（8.27）是个关于 $(r, r_{c_1}, r_{c_2}, r_{c_3})$ 的凹函数，所以，$u(r, r_{c_1}, r_{c_2}, r_{c_3})$ 作为两者的和就是一个关于 $(r, r_{c_1}, r_{c_2}, r_{c_3})$ 的凹函数。由此可见，$u(r, r_{c_1}, r_{c_2}, r_{c_3})$ 是一个效用函数。（证毕）

或者也可以通过海森矩阵（Hessian Matrix）证明如下。

经过对 $u(r, r_{c_1}, r_{c_2}, r_{c_3})$ 求二阶偏导数，$u(r, r_{c_1}, r_{c_2}, r_{c_3})$ 的海森矩阵为

$$\begin{bmatrix} -q & 0 & 0 & 0 \\ 0 & 0 & 0 & 0 \\ 0 & 0 & 0 & 0 \\ 0 & 0 & 0 & 0 \end{bmatrix} \tag{8.28}$$

已知 $q > 0$，所以知道 $-q < 0$，因此以上矩阵是半负定的，从而可知 $u(r, r_{c_1}, r_{c_2}, r_{c_3})$ 是凹函数。

由此可见，$u(r, r_{c_1}, r_{c_2}, r_{c_3})$ 是一个效用函数。（证毕）

因此，考虑了企业社会责任的三个一级指标期望之后，传统的以效用函数为基础的投资组合选择模型（8.19）就可以被推广为

$$\max \left\{ E(u(r, r_{c_1}, r_{c_2}, r_{c_3})) \right\}$$

$$\text{s.t.} \quad \mathbf{1}^{\mathrm{T}} \boldsymbol{x} = 1 \tag{8.29}$$

那么，模型（8.29）与模型（8.23）的关系是什么呢？类似于传统的投资组合理论中的模型（8.18）和模型（8.19）的关系，定理 8.2 证明了当推广的效用函数

是二次性的时候，模型（8.29）的最优投资组合权重就是模型（8.24）的有效投资组合权重。

定理 8.2　当 $u(r, r_{c_1}, r_{c_2}, r_{c_3}) = (r - \frac{1}{2}qr^2) + a_1r_{c_1} + a_2r_{c_2} + a_3r_{c_3}$ 时，模型（8.29）的最优解是模型（8.24）的有效解。详细证明请参见 Steuer 等（2007）。

综上可以看出，传统效用函数 $u(r)$ 扩展后的函数 $u(r, r_{c_1}, r_{c_2}, r_{c_3})$ 还是效用函数；由于模型（8.19）的最优解是模型（8.18）的有效解，从而论证了模型（8.18）的合理性；同样的，模型（8.19）可以推广为模型（8.29）；Steuer 等（2007）证明了模型（8.29）的最优解是模型（8.23）的有效解；从而论证了模型（8.23）的合理性。

因此，将企业社会责任引入投资组合选择模型中，构造出的考虑企业社会责任的多目标投资组合选择模型不仅符合现代投资者的投资心理需求，也满足不同投资者对企业社会责任不同维度期望的诉求，而且通过效用函数理论和海森矩阵原理均证实了这种扩展后的模型的有效性，即考虑企业社会责任的多目标投资组合选择模型是有效的并且是合理的。

三、多目标投资组合选择模型的求解

由于模型（8.23）是考虑了投资者的企业社会责任期望的多目标投资组合模型，根据本章第二节的介绍，笔者借鉴模型（8.17）和模型（8.21）运用 ε - 约束法将考虑企业社会责任一级指标期望因素的多目标投资组合选择模型（8.23）转化为如下模型：

$$\min\left\{z_1 = \boldsymbol{x}^{\mathrm{T}} \boldsymbol{\Sigma} \boldsymbol{x}\right\}$$
$$\text{s.t. } \boldsymbol{\mu}^{\mathrm{T}} \boldsymbol{x} = \varepsilon_2$$
$$\boldsymbol{c}^{1^{\mathrm{T}}} \boldsymbol{x} = \varepsilon_3$$
$$\boldsymbol{c}^{2^{\mathrm{T}}} \boldsymbol{x} = \varepsilon_4 \quad\quad (8.30)$$
$$\boldsymbol{c}^{3^{\mathrm{T}}} \boldsymbol{x} = \varepsilon_5$$
$$\boldsymbol{1}^{\mathrm{T}} \boldsymbol{x} = 1$$

为了对模型（8.30）进行求解，齐岳（2007）提出以下三个假设。

假设 8.1　构成投资组合的证券种类大于目标函数的个数。

假设 8.2　回报率的协方差矩阵 $\boldsymbol{\Sigma}$ 是可逆的正定矩阵。

假设 8.3　包括期望回报率在内的所有线性目标函数的系数向量是线性无关的。

在上述三个假设的基础之上，齐岳（2007）证明了模型（8.23）的最小方差曲面在$(z_1, z_2, z_3, z_4, z_5)$空间的表达式为

$$z_1 = \varepsilon^{\mathrm{T}} (C^{\mathrm{T}} \boldsymbol{\Sigma}^{-1} C)^{-1} \varepsilon \qquad (8.31)$$

其中，$\varepsilon = \begin{bmatrix} \varepsilon_2 \\ \varepsilon_3 \\ \varepsilon_4 \\ \varepsilon_5 \\ 1 \end{bmatrix}_{5 \times 1}$ ；$C = \begin{bmatrix} \boldsymbol{\mu} \, c^1 \, c^2 \, c^3 \, \mathbf{1} \end{bmatrix}_{n \times 5}$，同时还证明了该最小方差曲面为高维空间的抛物面。那么，模型（8.31）就是模型（8.22）的推广。从图形上看，是将模型（8.22）从二维空间的一条最小方差曲线，扩展为模型（8.31）的五维空间的最小方差曲面。

此外，齐岳（2007）还证明了模型（8.30）的最优解向量为

$$x = \boldsymbol{\Sigma}^{-1} C (C^{\mathrm{T}} \boldsymbol{\Sigma}^{-1} C)^{-1} \varepsilon \qquad (8.32)$$

至此，本书已经将企业社会责任期望引入经典投资组合选择模型，并且通过多种方式论证了模型的有效性。而且，在借鉴前人的研究结果及上文对投资组合选择模型的计算方法基础上，推导出了对本书所构建的投资组合选择模型的求解途径。为了通过实证研究的方法来验证本节所构建的投资组合选择模型的有效性——是否能够解决投资者的这种困惑：在实际投资中不仅可以考虑企业社会责任的期望，还可以获得好的投资效益呢？第九章将通过样本企业的历史数据来实现对该模型的求解和模型有效性的进一步检验。

四、小结

本章在第三章的企业社会责任评价和量化的基础上提出了多目标投资组合选择模型，这个模型充分考虑了投资者的不同诉求。此模型将利益相关者的诉求转化为企业社会责任三个一级指标的期望，即核心利益相关者的期望、蛰伏利益相关者的期望、边缘利益相关者的期望。本书将这三种期望转化为三个函数关系融入经典的投资组合选择模型中，与回报率和风险（用方差表示），共同构成五维空间的投资组合选择模型。为了验证模型的有效性，本章从效用函数理论的角度进行了论证。根据效用函数的性质，将传统的效用函数进行扩展，通过分别证明扩展后的函数是单增的，而且是凹函数的性质来证明效用函数被扩展后还是效用函数。此外，还通过海森矩阵进一步论证添加社会责任维度的多目标投资组合选择

模型是扩展后的效用函数。进而推断出本章所构建的多目标投资组合选择模型有效性的结论。

　　为了能够用实证的数据进一步验证模型的有效性,本章将 ε-约束法运用到所构建的多目标投资组合选择模型中,在一定的假设条件下,本书推导了多目标投资组合选择模型的最小方差曲面的表达式,并且论述了最小方差曲面为高维空间的抛物面,这种抛物面是二维空间的一条最小方差曲线的扩展。此外,本章还推导出了基于企业社会责任视角的多目标投资组合选择模型的最优解向量公式,对于后续章节的实证研究解决了模型框架问题,本章同时也解决了对高维空间的投资组合模型计算求解的问题。

第九章　企业社会责任在投资组合中应用的实证分析

第七章在研究需要与数据可得性的基础之上，选择了企业社会责任的三个一级指标维度，构建了由经典投资组合模型的期望收益、期望收益率方差、核心利益相关者期望、蛰伏利益相关者期望和边缘利益相关者期望组成的五个目标投资组合选择模型。而第三章中根据企业社会责任评价方法对企业社会责任进行了量化打分，并将所有研究样本的多年得分结果进行排序分析，根据排名先后顺序得出相对比较稳定的结论，从而进一步证实了这种评价方法的客观性和可操作性。在此基础之上计算得出了样本企业的三个一级指标的历史平均值。

尽管许多学者已经对企业社会责任和企业绩效的关系进行过一些研究，但是从投资者角度研究企业社会责任的比较少，尤其是在进行投资组合决策时考虑企业社会责任因素的研究更是罕见，在第七章中已经从效用函数的角度证明了本书所构建的多目标投资组合选择模型的有效性，那么应用到实际投资中的效果又会如何，本章的目标就是通过实证研究对该模型进行多角度的检验，并分析其现实意义。为了检验的科学性，本章先通过 10 只股票进行检验，再通过 5 只股票进行检验，最后通过 30 只股票对模型进行实证检验，以此来排除由于研究对象的特殊性、研究对象的市值太小或太大，以及研究对象的样本量太小或太大等可能存在的干扰因素，影响对结果的可靠性的分析。

第一节　10 家企业构造的投资组合实证研究

在建立起社会责任指标体系和投资组合选择模型的基础之上，本节开展对 10

家上市公司构成的投资组合的研究，即以 10 只股票构成的投资组合作为研究对象，根据最小风险期望、最大收益期望、最大核心利益相关者期望和最大蛰伏利益相关者期望及最大边缘利益相关者期望来构建投资组合，根据 2007~2011 年的各个上市公司的收益情况、风险波动情况，以及这些公司的三个社会责任指标的履行情况，计算出由 10 家上市公司构成的最优投资组合。由于投资的目的是获取未来的期望收益，所以为了检验由本书构建出来的多目标投资组合选择模型所计算出的这组投资组合权重是否具有投资优势，可以将这几组投资组合权重代入样本外数据（即 2011 年之后的上市公司数据）进行投资组合构建和检验。

一、样本选择和数据来源

为了能够体现投资组合的分散性原则，使得所选样本能够覆盖所有的行业，本章在选取样本时，按照国际行业划分标准全球行业分类标准进行分散性的选股，即 10 个部门大类中，每个大类分别选出一家样本公司进行研究。为了排除样本股的市值太大或者太小可能影响到研究的可信度的偏差，本节选股的对象全部为上市公司中市值中等的企业，总共选取 10 家企业进行研究（表 9.1）。选取的样本与第三章中进行企业社会责任评价中的样本有重叠。

表 9.1　研究样本的构成情况

行业组	行业名称	股票简称	股票代码
1010	能源	凯迪电力	000939
1510	原材料	金路集团	000510
2010	资本货物	宇通客车	600066
2520	耐用消费品与服装	常山股份	000158
3020	食品、饮料与烟草	新农开发	600359
3520	制药与生物科技	鲁抗医药	600789
4010	工商银行	浦发银行	600000
4520	技术硬件与设备	浪潮信息	000977
5010	电信业务	鹏博士	600804
5510	公共事业	漳泽电力	000767

资料来源：Wind 资讯金融数据库

为研究所选公司的企业社会责任的履行情况，笔者获取数据的渠道包括各种经济金融数据库、各个监管部门的官方网站、证券交易所、民间组织、企业公布的年报和季报等（详细的来源请参见本书第三章第四节"一、样本选择和数据来源"）。

由于本书的模型（8.23）是由 Merton（1972）的模型（8.20）添加企业社会责任的三个一级指标（核心利益相关者、蛰伏利益相关者、边缘利益相关者）期望扩展而来的，而且模型（8.30）又是模型（8.23）通过 ε - 约束法转化而来的，因此要想获得模型（8.30）的最优解向量，那么 c^1、c^2、c^3 的样本数据收集和量化就显得异常重要。

考虑到数据的可获取性和评价的客观性及本书研究的特点，笔者借鉴黎友焕和刘延平（2010）《中国企业社会责任建设蓝皮书》（2010）的评价方法。采用的方法是"在总结国内外有影响力的关于企业社会责任评价的基础上，依据……设计了中国企业社会责任综合评价指标体系。通过……，经过一致性检验，在全面的企业社会责任指标体系基础上得出了各层次的权重及组合权重，构建了评价模型，为企业社会责任综合评价的理论和实践提供了依据"。可见，此评价方法经过科学的验证，具有重要的应用价值，因此本书决定采用这种评价方法对研究样本进行量化打分。而且在本书的第三章中，通过对 30 家样本评价打分的综合得分中，2007~2011 年的得分总和的排名结果显示，这几年这些样本企业的排序基本比较稳定。这符合现实的企业社会责任的表现特征，因此也从正面验证了这种评价体系的评分方法的科学性，也证明了此次对样本企业的社会责任评价的客观性和有效性。

二、企业社会责任指标量化

通过对样本企业 2007 年 1 月 1 日至 2011 年 12 月 30 日（因为在 2007 年之前我国很少有企业披露社会责任报告，所以企业社会责任评价数据难以获取）企业社会责任表现相关数据的完整搜集，根据表 3.1 的企业社会责任综合评价指标体系及权重情况，结合企业社会责任综合评价模型（3.1），即 $s_k = \sum_{i=1}^{6} \sum_{j=1}^{100} w_{kij} v_{kij}$（各个参数详见第三章第三节），对样本企业企业社会责任进行量化打分。由第六级指标得分累积到第五级，逐级递推到第一级指标得分，最后再将 6 年的一级指标得分值（每年得分均占 1/6 权重）加权平均，从而得到随机所选的 10 家样本企业的社会责任一级指标得分结果如表 9.2 所示。

表 9.2　构成投资组合的样本企业企业社会责任一级指标得分结果

股票代码	核心利益相关者 c^1	蛰伏利益相关者 c^2	边缘利益相关者 c^3
000939	0.365	0.183	0.113
000510	0.341	0.169	0.131
600066	0.367	0.185	0.177
000158	0.355	0.161	0.121
600359	0.301	0.184	0.207
600789	0.298	0.158	0.148
600000	0.359	0.195	0.188
000977	0.356	0.167	0.125
600804	0.345	0.163	0.108
000767	0.300	0.183	0.161

在表 9.2 中，第一列表示样本企业股票代码，如前 2 只样本股的代码分别为 000939 和 000510。第一行分别表示股票代码和企业社会责任的三个一级指标，包括核心利益相关者、蛰伏利益相关者、边缘利益相关者。第二列到第四列分别表示样本企业对应的企业社会责任的三个一级指标的各样本企业的得分值，如股票 000939 所对应的企业社会责任一级指标的核心利益相关者的得分值为 0.365，蛰伏利益相关者的得分值为 0.183，边缘利益相关者的得分值为 0.113，其他依此类推。c^1、c^2、c^3 见模型（8.23）的定义。

三、多目标投资组合模型实证研究

要对所构建的投资组合模型的有效性进行实证检验，就需要先用该模型计算出最优的投资组合的有效边界，对于高维空间的多目标投资组合则要计算出投资组合的有效曲面和最优曲面，然后再根据其权重比例计算出其他时间段的投资表现情况。为了比较出投资的业绩表现，就需要进行对比检验，因此，下面笔者将分成两个部分来进行实证分析，第一部分是计算出投资组合，第二部分则是进行统计检验。

（一）多目标投资组合求解

第八章已经构建了包含企业社会责任的多目标投资组合选择模型（8.23），并且运用经典的效用函数理论论证了此模型的有效性，那么本节将通过实际数据进一步验证模型的优势之处。根据模型（8.31）的算法，通过不断改变向量 ε 的值，算出最小方差曲面，根据模型（8.32）算出模型（8.30）的最优投资组合权重即解向量。在模型（8.31）的表达式中，由于表 9.2 已经展示了 c^1、c^2、c^3，那么下面将通过表 9.3 和表 9.4 分别展示 10 家样本企业回报率的协方差矩阵 Σ 和样本企业期望回报率向量 μ（因为期望回报率是无法获知的，所以常用样本企业月回报率平均值来表示），所选取的时间段均为 2007 年 1 月 1 日至 2011 年 12 月 31 日。

表 9.3　样本企业回报率的协方差矩阵 Σ

股票代码	000939	000510	600066	000158	600359	600789	600000	000977	600804	000767
000939	0.027	0.020	0.010	0.020	0.017	0.016	0.011	0.017	0.020	0.019
000510	0.020	0.032	0.012	0.021	0.022	0.018	0.012	0.018	0.020	0.020
600066	0.010	0.012	0.015	0.009	0.011	0.009	0.010	0.009	0.012	0.009
000158	0.020	0.021	0.009	0.025	0.019	0.015	0.012	0.017	0.019	0.019
600359	0.017	0.022	0.011	0.019	0.032	0.018	0.006	0.015	0.016	0.015
600789	0.016	0.018	0.009	0.015	0.018	0.020	0.007	0.013	0.014	0.014
600000	0.011	0.012	0.010	0.012	0.006	0.007	0.018	0.008	0.012	0.010
000977	0.017	0.018	0.009	0.017	0.015	0.013	0.008	0.027	0.018	0.013
600804	0.020	0.020	0.012	0.019	0.016	0.014	0.012	0.018	0.032	0.016
000767	0.019	0.020	0.009	0.019	0.015	0.014	0.010	0.013	0.016	0.021

为了方便矩阵之间的计算，下面将根据表 9.3 的 10 个样本企业之间的收益率的斜相关系数的表格转化成协方差矩阵的形式呈现如下：

$$\Sigma_{10\times10}=\begin{bmatrix} 0.027 & 0.020 & 0.010 & 0.020 & 0.017 & 0.016 & 0.011 & 0.017 & 0.020 & 0.019 \\ 0.020 & 0.032 & 0.012 & 0.021 & 0.022 & 0.018 & 0.012 & 0.018 & 0.020 & 0.020 \\ 0.010 & 0.012 & 0.015 & 0.009 & 0.011 & 0.009 & 0.010 & 0.009 & 0.012 & 0.009 \\ 0.020 & 0.021 & 0.009 & 0.025 & 0.019 & 0.015 & 0.012 & 0.017 & 0.019 & 0.019 \\ 0.017 & 0.022 & 0.011 & 0.019 & 0.032 & 0.018 & 0.006 & 0.015 & 0.016 & 0.015 \\ 0.016 & 0.018 & 0.009 & 0.015 & 0.018 & 0.020 & 0.007 & 0.013 & 0.014 & 0.014 \\ 0.011 & 0.012 & 0.010 & 0.012 & 0.006 & 0.007 & 0.018 & 0.008 & 0.012 & 0.010 \\ 0.017 & 0.018 & 0.009 & 0.017 & 0.015 & 0.013 & 0.008 & 0.027 & 0.018 & 0.013 \\ 0.020 & 0.020 & 0.012 & 0.019 & 0.016 & 0.014 & 0.012 & 0.018 & 0.032 & 0.016 \\ 0.019 & 0.020 & 0.009 & 0.019 & 0.015 & 0.014 & 0.010 & 0.013 & 0.016 & 0.021 \end{bmatrix}$$

下面来计算这 10 家样本企业的期望回报率。由于期望回报率是无法获知的，所以常用的办法就是通过对历史收益率的数据计算来获取平均收益率的数值，用此来表示期望回报率。因此，笔者测算的对象是所选的这 10 家企业，时间跨度是 2007 年 1 月 1 日到 2011 年 12 月 31 日，收集的数据是月收益率数据，搜集数据的渠道是通过查阅 CCER 经济金融数据库的月收益率，或者根据这些样本每个月股票的价格，通过当月股价减去上个月的股价得出的数值再除以上个月的股价，就得出当月的企业收益率。依此类推，计算出每年 12 个月的数据，总计 5 年有 60 个数据，然后将这些数据取平均值，之后就得出了如下的样本企业的期望回报率（表 9.4）。

表 9.4　样本企业期望回报率向量 μ

股票代码	000939	000510	600066	000158	600359	600789	600000	000977	600804	000767
期望回报率	0.024	0.027	0.022	0.015	0.020	0.013	0.014	0.027	0.025	0.007

由于所构建的模型是五维度空间的多目标投资组合选择模型，所以为了计算的方便和理解上更为直观，有必要将表 9.2 和表 9.4 进行合并，在此基础之上添加投资组合权重和为 1 的向量 **1**，因此重新构成的表如表 9.5 所示。

表 9.5　样本企业五个指标向量得分表

股票代码	期望回报率 μ	核心利益相关者 c^1	蛰伏利益相关者 c^2	边缘利益相关者 c^3	投资组合权重 1
凯迪电力	0.024	0.365	0.183	0.113	1
金路集团	0.027	0.341	0.169	0.131	1
宇通客车	0.022	0.367	0.185	0.177	1
常山股份	0.015	0.355	0.161	0.121	1
新农开发	0.020	0.301	0.184	0.207	1
鲁抗医药	0.013	0.298	0.158	0.148	1
浦发银行	0.014	0.359	0.195	0.188	1
浪潮信息	0.027	0.356	0.167	0.125	1
鹏博士	0.025	0.345	0.163	0.108	1
漳泽电力	0.006	0.300	0.183	0.161	1

在表 9.5 中，μ 代表期望收益率（expected return）5 年（2007~2011 年）共计 60 个月的均值向量，c^1 代表核心利益相关者量化打分所得的 5 年平均值，c^2 代表蛰伏利益相关者量化打分所得的 5 年平均值，c^3 代表边缘利益相关者量化打分所得的 5 年平均值，**1** 代表所有投资权重（weights of portfolio）和为 1。

为了计算时更为直观地代入公式，笔者将上面的表格转换为矩阵的表达式如下：

$$C_{10\times5} = \begin{bmatrix} 0.024 & 0.365 & 0.183 & 0.113 & 1 \\ 0.027 & 0.341 & 0.169 & 0.131 & 1 \\ 0.022 & 0.367 & 0.185 & 0.177 & 1 \\ 0.015 & 0.355 & 0.161 & 0.121 & 1 \\ 0.020 & 0.301 & 0.184 & 0.207 & 1 \\ 0.013 & 0.298 & 0.158 & 0.148 & 1 \\ 0.014 & 0.359 & 0.195 & 0.188 & 1 \\ 0.027 & 0.356 & 0.167 & 0.125 & 1 \\ 0.025 & 0.345 & 0.163 & 0.108 & 1 \\ 0.006 & 0.300 & 0.183 & 0.161 & 1 \end{bmatrix}_{10\times5}$$

　　同时，表9.4的转置后和表9.5中期望回报率 μ 列，表示样本企业的期望收益率，5年（2007~2011年）共60个月的均值向量用矩阵表示为

$$\mu_{10\times1} = \begin{bmatrix} 0.024 \\ 0.027 \\ 0.022 \\ 0.015 \\ 0.020 \\ 0.013 \\ 0.014 \\ 0.027 \\ 0.025 \\ 0.006 \end{bmatrix}_{10\times1}$$

　　在所有企业的利益相关者中，关系最为密切的包括投资者、管理者及企业的员工，共同构成了核心利益相关者，根据评价体系分别对每一级涉及的指标进行量化，最后逐级往上加权，得出5年的平均值即为核心利益相关者均值向量，用矩阵表示为

$$c^1{}_{10\times1} = \begin{bmatrix} 0.365 \\ 0.341 \\ 0.367 \\ 0.355 \\ 0.301 \\ 0.298 \\ 0.359 \\ 0.356 \\ 0.345 \\ 0.300 \end{bmatrix}_{10\times1}$$

　　将企业社会责任一级指标中关系仅次于核心利益相关者的群体称为蛰伏利益相关者，10家样本企业依据等级次序，从第六级指标开始打分，依次逐级往上递进的加权计算，得出一级指标的得分，然后进行5年的得分值取平均即为蛰伏利益相关者平均值向量，用矩阵表示为

$$c^2_{10\times1} = \begin{bmatrix} 0.183 \\ 0.169 \\ 0.185 \\ 0.161 \\ 0.184 \\ 0.158 \\ 0.195 \\ 0.167 \\ 0.163 \\ 0.183 \end{bmatrix}_{10\times1}$$

将企业社会责任一级指标中关系最远的利益相关者称为边缘利益相关者，10家样本企业依据从低到高的次序，从第六级指标先打分，依次逐级往上递进的加权计算，得出一级指标的得分，然后进行 5 年的得分值取平均即为边缘利益相关者平均值向量，用矩阵表示为

$$c^3_{10\times1} = \begin{bmatrix} 0.113 \\ 0.131 \\ 0.177 \\ 0.121 \\ 0.207 \\ 0.148 \\ 0.188 \\ 0.125 \\ 0.108 \\ 0.161 \end{bmatrix}_{10\times1}$$

对于所有的投资者来讲，不管准备用于投资的资金量有多少，构成投资的所有投资比重和一定是 1，也就是如果他持有的资金用于投资 N 种资产的话，那他分布在所有的 N 种资产的所有投资的权重和也为 1。所有投资权重和为 1 的向量用矩阵表示为

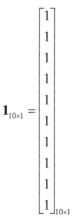

$$\mathbf{1}_{10\times1} = \begin{bmatrix} 1 \\ 1 \\ 1 \\ 1 \\ 1 \\ 1 \\ 1 \\ 1 \\ 1 \\ 1 \end{bmatrix}_{10\times1}$$

根据第四章对投资模型的推导可知，最优投资组合风险的公式为模型（8.31），即 $z_1 = \boldsymbol{\varepsilon}^{\mathrm{T}}(\boldsymbol{C}^{\mathrm{T}}\boldsymbol{\Sigma}^{-1}\boldsymbol{C})^{-1}\boldsymbol{\varepsilon}$，由于考察的是 10 家样本对象，所以行数为 10，计算的空间维度是 5 个，所以模型（8.31）具体可转为如下表达：

$$z_1 = \boldsymbol{\varepsilon}_{5\times1}{}^{\mathrm{T}}(\boldsymbol{C}_{10\times5}{}^{\mathrm{T}}\boldsymbol{\Sigma}^{-1}_{10\times10}\boldsymbol{C}_{10\times5})^{-1}\boldsymbol{\varepsilon}_{5\times1} \tag{9.1}$$

因此，要想得出 z_1 的值，就需要分别求出 $\boldsymbol{\varepsilon}_{5\times1}{}^{\mathrm{T}}$、$\boldsymbol{C}_{10\times5}{}^{\mathrm{T}}$、$\boldsymbol{\Sigma}^{-1}_{10\times10}$、$\boldsymbol{C}_{10\times5}$、$(\boldsymbol{C}_{10\times5}{}^{\mathrm{T}}\boldsymbol{\Sigma}^{-1}_{10\times10}\boldsymbol{C}_{10\times5})^{-1}$ 和 $\boldsymbol{\varepsilon}_{5\times1}$ 的值。

由于代表五个指标得分的向量 $\boldsymbol{C}_{10\times5}$ 已经计算得出，所以还要计算出其他几项，先计算 $\boldsymbol{C}_{10\times5}{}^{\mathrm{T}}$ 如下：

$$\boldsymbol{C}_{10\times5}{}^{\mathrm{T}} = \begin{bmatrix} 0.024 & 0.027 & 0.022 & 0.015 & 0.020 & 0.013 & 0.014 & 0.027 & 0.025 & 0.006 \\ 0.365 & 0.341 & 0.367 & 0.355 & 0.301 & 0.298 & 0.359 & 0.356 & 0.345 & 0.300 \\ 0.183 & 0.169 & 0.185 & 0.161 & 0.184 & 0.158 & 0.195 & 0.167 & 0.163 & 0.183 \\ 0.113 & 0.131 & 0.177 & 0.121 & 0.207 & 0.148 & 0.188 & 0.125 & 0.108 & 0.161 \\ 1 & 1 & 1 & 1 & 1 & 1 & 1 & 1 & 1 & 1 \end{bmatrix}_{5\times10}$$

下面计算 10 只股票从 2007 年 1 月 1 日至 2011 年 12 月 31 日的月收益率的协方差的逆矩阵，如表 9.6 所示。

表 9.6　样本企业（10 家中等市值）5 年月收益率协方差的逆矩阵

124.862	7.465	11.197	-15.861	-1.565	-32.858	-13.172	-15.172	-22.543	-52.597
7.465	114.663	6.002	7.399	-30.050	-29.665	-25.167	-14.728	-7.541	-58.281
11.197	6.002	138.830	41.421	-27.200	-23.480	-61.510	-12.916	-15.347	-31.378
-15.861	7.399	41.421	200.260	-56.571	7.252	-62.887	-31.769	-16.320	-92.192
-1.565	-30.050	-27.200	-56.571	91.089	-34.567	37.688	3.734	-0.429	31.771
-32.858	-29.665	-23.480	7.252	-34.567	150.921	10.605	-4.310	0.726	-16.152
-13.172	-25.167	-61.510	-62.887	37.688	10.605	125.909	17.681	-10.169	23.746
-15.172	-14.728	-12.916	-31.769	3.734	-4.310	17.681	76.628	-14.849	15.733
-22.543	-7.541	-15.347	-16.320	-0.429	0.726	-10.169	-14.849	73.852	7.576
-52.597	-58.281	-31.378	-92.192	31.771	-16.152	23.746	15.733	7.576	205.310

为了便于计算及在模型代入中更为方便，下面将表 9.6 用矩阵表示为

$$
\boldsymbol{\Sigma}_{10\times10}^{-1} =
\begin{bmatrix}
124.862 & 7.465 & 11.197 & \cdots & -15.172 & -22.543 & -52.597 \\
7.465 & 114.663 & 6.002 & \cdots & -14.728 & -7.541 & -58.281 \\
11.197 & 6.002 & 138.830 & \cdots & -12.916 & -15.347 & -31.378 \\
-15.861 & 7.399 & 41.421 & \cdots & -31.769 & -16.320 & -92.192 \\
-1.565 & -30.050 & -27.200 & \cdots & 3.734 & -0.429 & 31.771 \\
-32.858 & -29.665 & -23.480 & \cdots & -4.310 & 0.726 & -16.152 \\
-13.172 & -25.167 & -61.510 & \cdots & 17.681 & -10.169 & 23.746 \\
-15.172 & -14.728 & -12.916 & \cdots & 76.628 & -14.849 & 15.733 \\
-22.543 & -7.541 & -15.347 & \cdots & -14.849 & 73.852 & 7.576 \\
-52.597 & -58.281 & -31.378 & \cdots & 15.733 & 7.576 & 205.310
\end{bmatrix}_{10\times10}
$$

为了计算出几个矩阵相乘的积，下面先通过两个矩阵相乘计算出 $\boldsymbol{C}_{10\times5}^{\mathrm{T}}\boldsymbol{\Sigma}_{10\times10}^{-1}$ 的矩阵为

$$
\boldsymbol{C}_{10\times5}^{\mathrm{T}}\boldsymbol{\Sigma}_{10\times10}^{-1} =
\begin{bmatrix}
1.246 & 1.143 & 1.464 & -0.033 & -0.076 & -0.729 & -0.222 & 0.564 & -0.005 & -2.207 \\
2.636 & -5.596 & 15.284 & 1.039 & 0.487 & 4.078 & 11.268 & 6.461 & -3.313 & -0.278 \\
-0.235 & -6.478 & 4.230 & -8.181 & 5.574 & 1.727 & 10.692 & 3.974 & -1.872 & 9.329 \\
-5.291 & -9.563 & 2.673 & -12.162 & 10.532 & 3.322 & 14.676 & 4.148 & -2.807 & 14.082 \\
-10.245 & -29.902 & 25.619 & -19.269 & 13.901 & 28.473 & 42.726 & 20.032 & -5.045 & 33.537
\end{bmatrix}_{5\times10}
$$

三个矩阵相乘，计算出 $\boldsymbol{C}_{10\times5}^{\mathrm{T}}\boldsymbol{\Sigma}_{10\times10}^{-1}\boldsymbol{C}_{10\times5}^{\mathrm{T}}$ 的矩阵为

$$
\boldsymbol{C}_{10\times5}^{\mathrm{T}}\boldsymbol{\Sigma}_{10\times10}^{-1}\boldsymbol{C}_{10\times5}^{\mathrm{T}} =
\begin{bmatrix}
0.079 & 0.588 & 0.203 & 0.095 & 1.146 \\
0.588 & 11.510 & 5.947 & 5.629 & 32.067 \\
0.203 & 5.947 & 3.781 & 4.096 & 18.760 \\
0.095 & 5.629 & 4.096 & 5.058 & 19.611 \\
1.146 & 32.067 & 18.760 & 19.611 & 99.828
\end{bmatrix}_{5\times5}
$$

那么，逆矩阵的计算如下：

$$
(\boldsymbol{C}_{10\times5}^{\mathrm{T}}\boldsymbol{\Sigma}_{10\times10}^{-1}\boldsymbol{C}_{10\times5}^{\mathrm{T}})^{-1} =
\begin{bmatrix}
39.271 & -6.504 & -2.407 & 1.433 & 1.810 \\
-6.504 & 2.629 & -1.594 & 1.304 & -0.726 \\
-2.407 & -1.594 & 11.313 & -4.997 & -0.604 \\
1.433 & 1.304 & -4.997 & 3.411 & -0.166 \\
1.810 & -0.726 & -0.604 & -0.166 & 0.369
\end{bmatrix}_{5\times5}
$$

由于本节的研究对象为 10 只股票，五个维度的投资组合选择模型，所以，

根据模型（8.31）的条件 $\varepsilon = \begin{bmatrix} \varepsilon_2 \\ \varepsilon_3 \\ \varepsilon_4 \\ \varepsilon_5 \\ 1 \end{bmatrix}_{5 \times 1}$ ，$C = \begin{bmatrix} \boldsymbol{\mu} \ \boldsymbol{c}^1 \ \boldsymbol{c}^2 \ \boldsymbol{c}^3 \ \boldsymbol{1} \end{bmatrix}_{n \times 5}$ ，所以代入模型（9.1）

中，计算出 z_1 的值如下：

$$z_1 = \begin{bmatrix} \varepsilon_2 \\ \varepsilon_3 \\ \varepsilon_4 \\ \varepsilon_5 \\ 1 \end{bmatrix}^{T}_{5 \times 1} (C_{10 \times 5}{}^{T} \boldsymbol{\Sigma}^{-1}_{10 \times 10} C_{10 \times 5})^{-1} \begin{bmatrix} \varepsilon_2 \\ \varepsilon_3 \\ \varepsilon_4 \\ \varepsilon_5 \\ 1 \end{bmatrix}_{5 \times 1}$$

整理得

$$z_1 = \begin{bmatrix} \varepsilon_2 \varepsilon_3 \varepsilon_4 \varepsilon_5 1 \end{bmatrix}_{1 \times 5} \times (C_{10 \times 5}{}^{T} \boldsymbol{\Sigma}^{-1}_{10 \times 10} C_{10 \times 5})^{-1} \times \begin{bmatrix} \varepsilon_2 \\ \varepsilon_3 \\ \varepsilon_4 \\ \varepsilon_5 \\ 1 \end{bmatrix}_{5 \times 1}$$

代入 $(C_{10 \times 5}{}^{T} \boldsymbol{\Sigma}^{-1}_{10 \times 10} C_{10 \times 5})^{-1}$ 后，z_1 为

$$z_1 = \begin{bmatrix} \varepsilon_2 \varepsilon_3 \varepsilon_4 \varepsilon_5 1 \end{bmatrix}_{1 \times 5} \times \begin{bmatrix} 39.271 & -6.504 & -2.407 & 1.433 & 1.810 \\ -6.504 & 2.629 & -1.594 & 1.304 & -0.726 \\ -2.407 & -1.594 & 11.313 & -4.997 & -0.604 \\ 1.433 & 1.304 & -4.997 & 3.411 & -0.166 \\ 1.810 & -0.726 & -0.604 & -0.166 & 0.369 \end{bmatrix}_{5 \times 5} \times \begin{bmatrix} \varepsilon_2 \\ \varepsilon_3 \\ \varepsilon_4 \\ \varepsilon_5 \\ 1 \end{bmatrix}_{5 \times 1}$$

结合规划求解的方法，计算如表 9.7 所示。

表 9.7 规划求解计算表（10 样本）

$\varepsilon =$	ε_2	0.011 5
	ε_3	0.321
	ε_4	0.188
	ε_5	0.196
	$\boldsymbol{1}$	1
$z_1 =$		0.010

注：规划求解中 ε_2 和 ε_3 不限制条件，所得出的为 z_1 的最小值

讨论可知，根据表9.7的规划求解结果，当约束条件为s.t. $\mathbf{1}^{\mathrm{T}} x = 1$时，算出投资组合的风险最小值为$z_1 = 0.010$，此时，所对应的$\varepsilon_2 = 0.011$，$\varepsilon_3 = 0.321$，$\varepsilon_4 = 0.188$，$\varepsilon_5 = 0.196$，$\varepsilon_2$代表$\boldsymbol{\mu}^{\mathrm{T}} x$，即在这种风险水平下的期望收益水平，$\varepsilon_3$、$\varepsilon_4$、$\varepsilon_5$分别代表这种投资组合权重下的不同社会责任维度的函数值。

从函数所对应的空间维度来讲，这是一个五维空间的函数，把ε_4和ε_5用极小风险时所对应的值表示，$\varepsilon_4 = 0.188$，$\varepsilon_5 = 0.196$，s.t. $\mathbf{1}^{\mathrm{T}} x = 1$；其中，$\varepsilon_2$和$\varepsilon_3$可变动，另外三个值不变，以10只股票作为研究对象，那么，根据风险求解公式

$$z_1 = \boldsymbol{\varepsilon}^{\mathrm{T}} (\boldsymbol{C}^{\mathrm{T}} \boldsymbol{\Sigma}^{-1} \boldsymbol{C})^{-1} \boldsymbol{\varepsilon} = \boldsymbol{\varepsilon}_{5\times1}^{\mathrm{T}} (\boldsymbol{C}_{10\times5}^{\mathrm{T}} \boldsymbol{\Sigma}_{10\times10}^{-1} \boldsymbol{C}_{10\times5})^{-1} \boldsymbol{\varepsilon}_{5\times1} \qquad (9.2)$$

利用规划求解分析方法，用ε_2表示横轴，ε_3表示纵轴，中间部分数据表示当ε_2取得横轴上对应的值，ε_3取得其在纵轴上的对应值时，所求得的风险z_1的值。

因为，投资组合风险的求解公式是$z_1 = x^{\mathrm{T}} \boldsymbol{\Sigma} x$，且此时的$\boldsymbol{\Sigma} = \boldsymbol{\Sigma}_{10\times10}$的值，如下（上文计算出的结果），

$$\boldsymbol{\Sigma}_{10\times10} = \begin{bmatrix} 0.027 & 0.020 & 0.010 & 0.020 & 0.017 & 0.016 & 0.011 & 0.017 & 0.020 & 0.019 \\ 0.020 & 0.032 & 0.012 & 0.021 & 0.022 & 0.018 & 0.012 & 0.018 & 0.020 & 0.020 \\ 0.010 & 0.012 & 0.015 & 0.009 & 0.011 & 0.009 & 0.010 & 0.009 & 0.012 & 0.009 \\ 0.020 & 0.021 & 0.009 & 0.025 & 0.019 & 0.0147 & 0.012 & 0.017 & 0.019 & 0.019 \\ 0.017 & 0.022 & 0.011 & 0.019 & 0.032 & 0.018 & 0.006 & 0.015 & 0.016 & 0.015 \\ 0.016 & 0.018 & 0.009 & 0.015 & 0.018 & 0.020 & 0.007 & 0.013 & 0.014 & 0.014 \\ 0.011 & 0.012 & 0.010 & 0.012 & 0.006 & 0.007 & 0.018 & 0.008 & 0.012 & 0.010 \\ 0.017 & 0.018 & 0.009 & 0.017 & 0.015 & 0.013 & 0.008 & 0.027 & 0.018 & 0.013 \\ 0.020 & 0.020 & 0.012 & 0.019 & 0.016 & 0.014 & 0.012 & 0.018 & 0.032 & 0.016 \\ 0.019 & 0.020 & 0.009 & 0.019 & 0.015 & 0.014 & 0.010 & 0.013 & 0.016 & 0.021 \end{bmatrix}$$

通过代入对应的值，求出投资组合中各只股票的权重：

$$z_1 = x^{\mathrm{T}} \boldsymbol{\Sigma} x = x_{10\times1}^{\mathrm{T}} \boldsymbol{\Sigma}_{10\times1} x_{10\times1} \qquad (9.3)$$

当ε_2表示投资组合期望收益率时，由于样本股的历史平均收益率分别为0.024、0.027、0.022、0.015、0.020、0.013、0.014、0.027、0.025、0.006，所以，

$$\varepsilon_2 = \boldsymbol{\mu}^{\mathrm{T}} \boldsymbol{x} = \begin{bmatrix} 0.024 \\ 0.027 \\ 0.022 \\ 0.015 \\ 0.020 \\ 0.013 \\ 0.014 \\ 0.027 \\ 0.025 \\ 0.006 \end{bmatrix}_{10\times1}^{\mathrm{T}} \boldsymbol{x}_{10\times1}$$

当 ε_3 表示投资组合社会责任的第一个维度值时，由于样本股的历史平均社会责任得分值分别为 0.365、0.341、0.367、0.355、0.301、0.298、0.359、0.356、0.345、0.300，所以，

$$\varepsilon_3 = \boldsymbol{c}^{1\mathrm{T}} \boldsymbol{x} = \begin{bmatrix} 0.365 \\ 0.341 \\ 0.367 \\ 0.355 \\ 0.301 \\ 0.298 \\ 0.359 \\ 0.356 \\ 0.345 \\ 0.300 \end{bmatrix}_{10\times1}^{\mathrm{T}} \boldsymbol{x}_{10\times1}$$

当 ε_4 表示投资组合社会责任的第二个维度值时，由于样本股的历史平均社会责任得分值分别为 0.183、0.169、0.185、0.161、0.184、0.158、0.195、0.167、0.163、0.183，所以，

$$\varepsilon_4 = \boldsymbol{c^{2^\mathrm{T}}} \boldsymbol{x} = \begin{bmatrix} 0.183 \\ 0.169 \\ 0.185 \\ 0.161 \\ 0.184 \\ 0.158 \\ 0.195 \\ 0.167 \\ 0.163 \\ 0.183 \end{bmatrix}_{10\times1}^{\mathrm{T}} \boldsymbol{x}_{10\times1}$$

当 ε_5 表示投资组合社会责任的第三个维度值时，由于样本股的历史平均社会责任得分值分别为 0.113、0.131、0.177、0.121、0.207、0.148、0.188、0.125、0.108、0.161，所以，

$$\varepsilon_5 = \boldsymbol{c^{3^\mathrm{T}}} \boldsymbol{x} = \begin{bmatrix} 0.113 \\ 0.131 \\ 0.177 \\ 0.121 \\ 0.207 \\ 0.148 \\ 0.188 \\ 0.125 \\ 0.108 \\ 0.161 \end{bmatrix}_{10\times1}^{\mathrm{T}} \boldsymbol{x}_{10\times1}$$

当 1 表示投资组合的所有的值加权和为 1 时，由于样本股投资组合的权重值 10 个都是 1，所以，

$$1 = \mathbf{1}^{\mathrm{T}} x = \begin{bmatrix} 1 \\ 1 \\ 1 \\ 1 \\ 1 \\ 1 \\ 1 \\ 1 \\ 1 \\ 1 \end{bmatrix}_{10 \times 1}^{\mathrm{T}} x_{10 \times 1}$$

因此，当以上条件都满足时，即当 $\mathrm{s.t.}\,\mathbf{1}^{\mathrm{T}} x = 1$，投资组合的风险取极小值，极小值 z_1 的值为 0.010，期望收益率 ε_2 代表 $\boldsymbol{\mu}^{\mathrm{T}} x$，其值为 0.011，社会责任的三个维度函数值 ε_3、ε_4、ε_5 分别为 0.321、0.189、0.196，求解出的投资组合的权重比例分别为 -0.103、-0.300、0.257、-0.193、0.139、0.285、0.428、0.201、-0.050、0.336，所以，x 矩阵为

$$x = \begin{bmatrix} -0.103 \\ -0.300 \\ 0.257 \\ -0.193 \\ 0.139 \\ 0.285 \\ 0.428 \\ 0.201 \\ -0.050 \\ 0.336 \end{bmatrix}_{10 \times 1}$$

通过不断改变向量 ε 的值从而产生不同的点，将这些点连接起来，构造出模型（8.23）的最小方差曲面图［模型（8.31）］，这些曲面图是五维空间图形。因为五维空间无法直接进行观察，所以为了便于观察，本书将五维空间图投影到其中任意的三维空间中（本书仅列出其投影到方差、期望回报率、核心利益相关者期望所构成的三维空间作为演示），绘出（包括最小风险值在内的）三维空间图（高维空间的数据见附录 1），如图 9.1 所示。

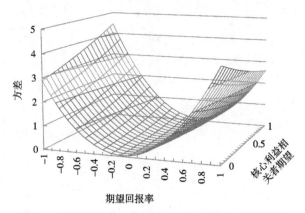

图 9.1　投资组合的一个最小方差曲面（10 只股票）

在图 9.1 中，纵轴（左侧）表示多目标投资组合的方差，横轴表示投资组合的期望回报率，第三个轴（右侧）表示投资组合的核心利益相关者期望。在图 8.1 最小方差曲面上选取其中的 10 个点，找到对应点的投资组合权重向量 x [参见模型（8.32）]，构造出 10 个投资组合（即 p1～p10）。各投资组合的权重、方差、期望回报率和对应的企业社会责任三个一级指标的期望如表 9.8 所示。

表 9.8　2007~2011 年所选取的 10 个投资组合权重、方差、期望回报率和对应企业社会责任的三个一级指标的期望

股票代码	p1	p2	p3	p4	p5	p6	p7	p8	p9	p10
000939	−0.103	−0.209	0.554	0.256	0.107	0.101	0.465	1.243	0.097	0.692
000510	−0.300	−0.258	0.126	0.115	−0.143	0.067	0.126	0.131	−0.256	0.125
600066	0.257	0.198	−0.043	0.045	0.164	0.109	−0.020	−0.227	0.212	−0.077
000158	−0.193	−0.364	0.092	0.100	0.107	0.101	0.096	0.065	0.098	0.086
600359	0.139	0.255	0.081	0.096	0.112	0.102	0.087	0.037	0.114	0.071
600789	0.285	0.411	0.032	0.075	0.134	0.105	0.043	−0.062	0.157	0.014
600000	0.428	5.299	−0.042	0.045	0.164	0.109	−0.020	−0.223	0.212	−0.076
000977	0.201	0.223	0.052	0.083	0.125	0.103	0.061	−0.021	0.134	0.037
600804	−0.050	0.033	0.093	0.101	0.107	0.101	0.098	0.066	0.093	0.087
000767	0.336	0.412	0.055	0.084	0.124	0.103	0.063	−0.010	0.138	0.042
方差	0.010	0.011	0.023	0.018	0.013	0.015	0.022	0.043	0.012	0.026
期望回报率	0.011	0.011	0.023	0.021	0.017	0.019	0.022	0.027	0.016	0.024
ε_3	0.321	0.300	0.348	0.342	0.339	0.339	0.346	0.363	0.339	0.351
ε_4	0.188	0.184	0.175	0.175	0.178	0.175	0.175	0.178	0.180	0.176
ε_5	0.196	0.201	0.122	0.138	0.156	0.149	0.126	0.085	0.163	0.115

在表 9.8 中，ε_3、ε_4、ε_5 表示投资组合的企业社会责任三个一级指标的期望，即 ε_3 表示投资组合的核心利益相关者的期望，ε_4 表示投资组合的蛰伏利益相关者的期望，ε_5 表示投资组合的边缘利益相关者的期望。p1，p2，…，p10 表示 10 个投资组合。在 p1，p2，…，p10 的下边的纵列（上半部分）的数值表示投资组合的权重（如在第一个投资组合 p1 中的前 2 只股票投资权重为 -0.103 和 -0.300（股票代码为 000939 和 000510）。第一个投资组合 p1 的方差为 0.010、期望回报率为 0.011、核心利益相关者的期望 ε_3 为 0.321、蛰伏利益相关者的期望 ε_4 为 0.188、边缘利益相关者的期望 ε_5 为 0.196，其他各列数值依此类推。

（二）投资组合的 T 检验分析

由于投资者构建投资组合均是面向未来的预期，表 9.8 所展示的投资组合是基于 2007 年 1 月 1 日到 2011 年 12 月 31 日的历史数据计算出来的，而投资组合的绩效表现是否优异通常都是与市场指数相比较得出的结论。下面将得到的 10 个投资组合用于样本外实际数据检验，即用于 2013 年（1 月 1 日至 12 月 31 日，除去节假日，共计 236 个交易日）的中国股市投资，用投资组合与沪深 300 指数和上证 50 指数的日回报率进行 T 检验，验证本书所采用的投资方法和思路的有效性。

本书所构建的 10 个投资组合中，首先，有 9 个组合的回报率均值高于同期的综合指数沪深 300 指数均值，有效率达到 90%；其次，回报率低于市场指数的投资组合 p8，其均值也与市场指数的回报率相差较小，各个投资组合的方差与市场指数较为接近。具体数据如表 9.9 所示。

表 9.9　2013 年样本外投资组合与沪深 300 指数成对 T 检验结果

检查结果	p1	p2	p3	p4	p5	p6	p7	p8	p9	p10	沪深 300 指数
平均（回报率）	0.002	0.003	0.001	0.002	0.002	0.002	0.001	-0.001	0.002	0.000	0.000
方差	0.001	0.001	0.000	0.000	0.000	0.000	0.000	0.001	0.000	0.000	0.000
观测值	236	236	236	236	236	236	236	236	236	236	236
t Stat	1.384	1.647	0.988	2.299	2.979	3.137	1.339	-0.580	2.546	0.523	1.384
$P(T \leqslant t)$ 单尾	0.084	0.051	0.162	0.011	0.002	0.001	0.091	0.281	0.006	0.301	0.084

在表 9.9 的成对双样本均值分析的 T 检验结果中，p4、p5、p6 和 p9 的 P 值均小于 0.05，p1、p2 和 p7 的 P 值均小于 0.1，结果是显著的。因此，由这 10 只股票所构成的社会责任投资组合是可以跑赢市场指数的。

为了进一步验证投资组合回报率与市场指数回报率的关系，下面将这 10 个投资组合（样本外）与上证 50 指数进行 T 检验，结果如表 9.10 所示。

表 9.10　2013 年样本外投资组合与上证 50 指数成对 T 检验结果

检验结果	p1	p2	p3	p4	p5	p6	p7	p8	p9	p10	上证 50 指数
平均（回报率）	0.002	0.003	0.001	0.002	0.003	0.002	0.001	−0.001	0.003	0.001	−0.001
方差	0.001	0.001	0.000	0.000	0.000	0.000	0.000	0.001	0.000	0.000	0.000
观测值	236	236	236	236	236	236	236	236	236	236	236
t Stat	1.647	1.823	1.136	2.179	2.870	2.834	1.425	−0.336	2.610	0.733	
$P(T \leqslant t)$ 单尾	0.051	0.035	0.129	0.015	0.002	0.003	0.078	0.369	0.005	0.232	

在与上证 50 指数成对双样本均值分析的 T 检验结果（表 9.10）中，p2、p4、p5、p6 和 p9 的 P 值均小于 0.05，p1 和 p7 的 P 值均小于 0.1，结果是显著的。因此，在这 10 只股票构成的社会责任投资组合可以跑赢市场指数。综上，本书所构造的包含企业社会责任三个一级指标的多目标投资组合模型是行之有效的。

四、多目标投资组合与经典的 Markowitz 投资组合对比实证分析

在上文论证的基础之上，笔者也考虑到了传统 Markowitz 投资组合模型的投资表现情况。根据经典的资本资产定价和市场有效性理论，当市场是有效的时候，所有投资者都应该持有市场投资组合，市场投资组合因此就被认定为传统 Markowitz 投资组合的最优解，笔者应用所构造的模型在曲面上选取了 10 个投资组合跑赢了市场指数，就意味着跑赢了市场投资组合，因此本章的研究结果证明了本书所构造的投资组合模型比传统投资组合模型有所改进。

为了进一步验证本书所构造的模型的有效性，下面将根据经典的 Markowitz 投资组合理论，运用第八章的模型（8.20），在不考虑企业社会责任因素的情况下，根据样本企业历史数据（2007 年 1 月 1 日至 2011 年 12 月 31 日）计算出最小方差曲线，即根据模型（8.21）的算法，通过不断改变 ε_2 值，算出最小方差曲线，在该曲线上选取 10 个点构造 10 个投资组合，然后运用此投资组合对 2013 年样本企业日收益率和风险情况进行投资检验（因为投资是面向未来的），进而将经典的投资组合模型（8.20）与本书所构造的模型（8.23）的有效性进行对比，见表 9.11。

表 9.11　2007~2011 年选取的 10 个不考虑企业社会责任的经典投资组合模型的投资组合权重、方差和期望回报率

股票代码	Q1	Q2	Q3	Q4	Q5	Q6	Q7	Q8	Q9	Q10
000939	−0.664	−0.607	−0.550	−0.492	−0.435	−0.378	−0.321	−0.263	−0.206	−0.149
000510	−0.796	−0.740	−0.685	−0.630	−0.574	−0.519	−0.464	−0.409	−0.353	−0.298
600066	−0.073	−0.033	0.007	0.047	0.087	0.127	0.166	0.206	0.246	0.286
000158	−0.294	−0.281	−0.267	−0.253	−0.239	−0.225	−0.211	−0.198	−0.184	−0.170
600359	0.222	0.210	0.199	0.188	0.176	0.165	0.153	0.142	0.131	0.119
600789	0.577	0.544	0.510	0.477	0.444	0.411	0.377	0.344	0.311	0.278
600000	0.620	0.593	0.567	0.541	0.515	0.489	0.462	0.436	0.410	0.384
000977	0.157	0.163	0.169	0.175	0.182	0.188	0.194	0.200	0.206	0.213
600804	−0.052	−0.051	−0.050	−0.050	−0.049	−0.049	−0.048	−0.047	−0.047	−0.046
000767	1.304	1.201	1.099	0.997	0.895	0.793	60.690	0.588	0.486	0.384
方差	0.017	0.016	0.015	0.013	0.012	0.012	0.011	0.011	0.010	0.010
期望回报率	−0.011	−0.008	−0.006	−0.004	−0.001	0.001	0.004	0.006	0.008	0.011

表 9.11 就是运用 2007 年 1 月 1 日至 2011 年 12 月 31 日的数据得出的 10 个最优投资组合 Q1，Q2，…，Q10 各自的投资权重、方差和期望回报率。因为企业社会责任表现对财务绩效的影响和市场的影响通常具有信息反应滞后的现象，所以，下面将这 10 个投资组合各自的投资权重运用到 2013 年的投资（除节假日共计 236 个交易日数据），得出相应的投资组合，通过计算和整理得出投资组合 Q1，Q2，…，Q10 的 2013 年的收益率方差和期望收益率（表 9.11 的下半部分）。此外，p1，p2，…，p10 是考虑了企业社会责任的五维空间的投资组合模型所得出的 2013 年的投资组合，其对应的方差和期望收益率见表 9.10，二者对比如表 9.12 所示。

表 9.12　2013 年样本外投资组合 p 与不考虑企业社会责任的投资组合 Q 回报率和方差对比

检验结果	p1	p2	p3	p4	p5	p6	p7	p8	p9	p10
平均（回报率）	0.002	0.003	0.001	0.002	0.002	0.002	0.001	−0.001	0.002	0.000
方差	0.001	0.001	0.000	0.000	0.000	0.000	0.000	0.001	0.000	0.000
检验结果	Q1	Q2	Q3	Q4	Q5	Q6	Q7	Q8	Q9	Q10
平均（回报率）	0.001	0.001	0.001	0.001	0.001	0.001	0.001	0.002	0.002	0.002
方差	0.002	0.002	0.002	0.001	0.001	0.001	0.001	0.001	0.001	0.001

通过表 9.12 数据，笔者得知有 100 组，且每组 236 个（交易日）投资组合收益率数据的对比，下面将对 p 和 Q 进行成对双样本 T 检验，即将 p1，p2，…，p10 分别与同期 Q1，Q2，…，Q10 进行成对双样本 T 检验，得出 10 个 T 检验表，共计 100 个比较结果。以下选取了以 p1，p2，…，p10 与同期 Q6 进行成对双样本 T

检验的结果，如表 9.13 所示。

表 9.13　2013 年样本外投资组合 *p* 与不考虑企业社会责任的 Q6 回报率的成对 *T* 检验

检验结果	p1	p2	p3	p4	p5	p6	p7	p8	p9	p10	Q6
平均（回报率）	0.002	0.003	0.001	0.002	0.002	0.002	0.001	−0.001	0.002	0.000	0.001
方差	0.001	0.001	0.000	0.000	0.000	0.000	0.000	0.001	0.000	0.000	0.001
观测值	236	236	236	236	236	236	236	236	236	236	236
t Stat	0.566	1.369	−0.169	0.197	0.659	0.440	−0.062	−0.787	0.766	−0.322	
P（*T* ≤ *t*）单尾	0.286	0.086	0.433	0.422	0.255	0.330	0.075	0.216	0.222	0.374	

在表 9.13 的成对双样本均值分析的 *T* 检验结果中，只有 p8 和 p10 的回报率小于 Q6 的回报率，p3 和 p7 的回报率等于 Q6 的回报率，其余的 6 个投资组合的回报率均高于 Q6 的回报率；p1、p2 和 p8 的方差等于 Q6 的方差，其余的 7 个投资组合的方差都小于 Q6 的方差，可见考虑企业社会责任的投资组合 *p* 比不考虑企业社会责任的投资组合 Q 投资效果更优。那么是不是个别的投资组合的绩效表现是如此，是否具有普遍性的结论呢？带着这个问题，也为了更加明确笔者的研究结论，下面对其他的几组投资组合也进行统计对比分析。

具体的分析是通过把 2013 年的样本外的投资组合与不考虑企业社会责任因素所构造的 Q1~Q10 中其他 9 组投资组合（除了 Q6 已经检验外），进行成对 *T* 检验，检验结果如表 9.14~表 9.22 所示。

表 9.14　2013 年样本外投资组合 *p* 与不考虑企业社会责任的 Q1 回报率的成对 *T* 检验

检验结果	p1	p2	p3	p4	p5	p6	p7	p8	p9	p10	Q1
平均（回报率）	0.002	0.003	0.001	0.002	0.002	0.002	0.001	−0.001	0.002	0.000	0.001
方差	0.001	0.001	0.000	0.000	0.000	0.000	0.000	0.001	0.000	0.000	0.001
观测值	236	236	236	236	236	236	236	236	236	236	236
t Stat	0.662	1.082	0.103	0.379	0.705	0.553	0.185	−0.424	0.772	−0.018	
P（*T* ≤ *t*）单尾	0.254	0.140	0.459	0.353	0.241	0.290	0.427	0.336	0.221	0.493	

表 9.15　2013 年样本外投资组合 *p* 与不考虑企业社会责任的 Q2 回报率的成对 *T* 检验

检验结果	p1	p2	p3	p4	p5	p6	p7	p8	p9	p10	Q2
平均（回报率）	0.002	0.003	0.001	0.002	0.002	0.002	0.001	−0.001	0.002	0.000	0.002
方差	0.001	0.001	0.000	0.000	0.000	0.000	0.000	0.001	0.000	0.000	0.001
观测值	236	236	236	236	236	236	236	236	236	236	236
t Stat	0.653	1.119	0.061	0.352	0.700	0.538	0.147	−0.484	0.772	−0.065	
P（*T* ≤ *t*）单尾	0.257	0.132	0.476	0.363	0.243	0.296	0.441	0.314	0.220	0.474	

表 9.16　2013 年样本外投资组合 p 与不考虑企业社会责任的 Q3 回报率的成对 T 检验

检验结果	p1	p2	p3	p4	p5	p6	p7	p8	p9	p10	Q3
平均（回报率）	0.002	0.003	0.001	0.002	0.002	0.002	0.001	−0.001	0.002	0.000	0.002
方差	0.001	0.001	0.000	0.000	0.000	0.000	0.000	0.001	0.000	0.000	0.001
观测值	236	236	236	236	236	236	236	236	236	236	236
t Stat	0.640	1.164	0.014	0.322	0.693	0.520	0.105	−0.550	0.773	−0.118	
$P(T \leq t)$ 单尾	0.261	0.123	0.494	0.374	0.245	0.302	0.458	0.292	0.220	0.453	

表 9.17　2013 年样本外投资组合 p 与不考虑企业社会责任的 Q4 回报率的成对 T 检验

检验结果	p1	p2	p3	p4	p5	p6	p7	p8	p9	p10	Q4
平均（回报率）	0.002	0.003	0.001	0.002	0.002	0.002	0.001	−0.001	0.002	0.000	0.002
方差	0.001	0.001	0.000	0.000	0.000	0.000	0.000	0.001	0.000	0.000	0.001
观测值	236	236	236	236	236	236	236	236	236	236	236
t Stat	0.624	1.220	−0.039	0.287	0.685	0.498	0.057	−0.622	0.772	−0.178	
$P(T \leq t)$ 单尾	0.267	0.112	0.485	0.387	0.247	0.310	0.477	0.267	0.221	0.429	

表 9.18　2013 年样本外投资组合 p 与不考虑企业社会责任的 Q5 回报率的成对 T 检验

检验结果	p1	p2	p3	p4	p5	p6	p7	p8	p9	p10	Q5
平均（回报率）	0.002	0.003	0.001	0.002	0.002	0.002	0.001	−0.001	0.002	0.000	0.002
方差	0.001	0.001	0.000	0.000	0.000	0.000	0.000	0.001	0.000	0.000	0.001
观测值	236	236	236	236	236	236	236	236	236	236	236
t Stat	0.601	1.288	−0.099	0.246	0.674	0.472	0.002	−0.701	0.771	−0.245	
$P(T \leq t)$ 单尾	0.274	0.100	0.460	0.403	0.251	0.319	0.499	0.242	0.221	0.403	

表 9.19　2013 年样本外投资组合 p 与不考虑企业社会责任的 Q7 回报率的成对 T 检验

检验结果	p1	p2	p3	p4	p5	p6	p7	p8	p9	p10	Q7
平均（回报率）	0.002	0.003	0.001	0.002	0.002	0.002	0.001	−0.001	0.002	0.000	0.002
方差	0.001	0.001	0.000	0.000	0.000	0.000	0.000	0.001	0.000	0.000	0.001
观测值	236	236	236	236	236	236	236	236	236	236	236
t Stat	0.506	1.454	−0.249	0.139	0.638	0.401	−0.136	−0.882	0.757	−0.409	
$P(T \leq t)$ 单尾	0.307	0.074	0.402	0.445	0.262	0.344	0.446	0.190	0.225	0.341	

表 9.20　2013 年样本外投资组合 *p* 与不考虑企业社会责任的 Q8 回报率的成对 *T* 检验

检验结果	p1	p2	p3	p4	p5	p6	p7	p8	p9	p10	Q8
平均（回报率）	0.002	0.003	0.001	0.002	0.002	0.002	0.001	−0.001	0.002	0.000	0.002
方差	0.001	0.001	0.000	0.000	0.000	0.000	0.000	0.001	0.000	0.000	0.001
观测值	236	236	236	236	236	236	236	236	236	236	236
t Stat	0.386	1.505	−0.342	0.070	0.608	0.352	−0.223	−0.985	0.738	−0.509	
$P(T \leq t)$ 单尾	0.350	0.067	0.367	0.472	0.272	0.363	0.412	0.163	0.231	0.306	

表 9.21　2013 年样本外资组合 *p* 与不考虑企业社会责任的 Q9 回报率的成对 *T* 检验

检验结果	p1	p2	p3	p4	p5	p6	p7	p8	p9	p10	Q9
平均（回报率）	0.002	0.003	0.001	0.002	0.002	0.002	0.001	−0.001	0.002	0.000	0.002
方差	0.001	0.001	0.000	0.000	0.000	0.000	0.000	0.001	0.000	0.000	0.001
观测值	236	236	236	236	236	236	236	236	236	236	236
t Stat	0.036	1.425	−0.449	−0.014	0.562	0.289	−0.324	−1.097	0.702	−0.622	
$P(T \leq t)$ 单尾	0.486	0.078	0.327	0.494	0.287	0.386	0.373	0.137	0.242	0.267	

表 9.22　2013 年样本外投资组合 *p* 与不考虑企业社会责任的 Q10 回报率的成对 *T* 检验

检验结果	p1	p2	p3	p4	p5	p6	p7	p8	p9	p10	Q10
平均（回报率）	0.002	0.003	0.001	0.002	0.002	0.002	0.001	−0.001	0.002	0.000	0.002
方差	0.001	0.001	0.000	0.000	0.000	0.000	0.000	0.001	0.000	0.000	0.001
观测值	236	236	236	236	236	236	236	236	236	236	236
t Stat	−1.224	1.134	−0.573	−0.116	0.491	0.208	−0.443	−1.219	0.630	−0.751	
$P(T \leq t)$ 单尾	0.111	0.129	0.284	0.454	0.312	0.418	0.329	0.112	0.265	0.227	

　　由表 9.14~表 9.22 的其他 9 组不考虑企业社会责任因素的经典投资组合选择模型与考虑企业社会责任相关利益者关系因素的投资组合模型所构建的投资组合中，对它们的绩效表现进行统计检验，成对 *T* 检验的结果显示，这 9 个 *T* 检验表中，共计 90 个比较结果，结果为：有 67 个 *p* 回报率均高于或等于 *Q* 的回报率，占 74.4%；有 72 个 *p* 的方差小于 *Q* 的方差，占 80%，另外 18 个 *p* 的方差与 *Q* 的方差几乎无差异，占 20%。

　　综上，通过实证对比分析，在抽样时间段内 *T* 检验得到的结果表明：本书构建的包含有企业社会责任的投资组合 *p* 回报率均值高于同期的不考虑企业社会责任投资组合 *Q* 回报率，其风险也明显低于根据经典模型计算出来的投资回报率的风险。可见，考虑企业社会责任的投资组合相比于不考虑企业社会责任的投资组合有优越性。因此，本书所构造的投资组合模型相较于传统投资组合模型是有所改进的。

　　那么是否是笔者在选取投资对象时，所选样本具有一些特殊性或偶然性的因素导致了这种研究结果呢，是不是由于投资的企业较多而极大地分散了投资风险呢？带着这个问题，笔者对样本选择重新考虑，通过选取其他样本，并改变样本的数量，进行本章第二节的研究。

第二节　缩小样本量进行实证检验

在本章的第一节已经验证了 10 个样本的社会责任投资的有效性情况，那么如果样本量变小的话，是否有效呢？下面将随机选取上述 10 个样本中的 5 家企业展开实证研究。首先，根据这些企业的历史收益率和风险的数据及企业社会责任的履行情况，计算出五维空间的最优投资组合；其次，将这些投资组合权重代入新的年份进行投资组合的计算求解，计算出所有五个指标的最优值；最后，与市场指数进行统计检验，进一步检测是否本章第一节的结果是个偶然因素。因此本节分为三个部分进行研究。首先是对样本的选择和指标参数的获取，其次进行投资组合的求解，最后进行统计检验分析。

一、样本选择和指标参数

按照前文中介绍的选股方法选取 5 个样本，如表 9.23 所示。

表 9.23　研究样本的构成情况

行业组	行业名称	中等规模	
		股票代码	公司名称
1010	能源	000939	凯迪电力
1510	原材料	000510	金路集团
2010	资本货物	600066	宇通客车
2520	耐用消费品与服装	000158	常山股份
3020	食品、饮料与烟草	600359	新农开发

根据本书的第三章和第四章的评价介绍方法对所选企业进行评价得出这些样

本企业 2007~2011 年企业社会责任三个一级指标得分值，分别记为 c^1、c^2 和 c^3，各企业收益率构成的向量记为 μ，权重向量记为 **1**（表 9.24）。

表 9.24　收益率、三个利益相关者和投资组合权重

股票代码	期望回报率 μ	核心利益相关者 c^1	蛰伏利益相关者 c^2	边缘利益相关者 c^3	投资组合重 **1**
000939	0.024	0.365	0.183	0.113	1
000510	0.027	0.341	0.169	0.131	1
600066	0.022	0.367	0.185	0.177	1
000158	0.015	0.355	0.161	0.122	1
600359	0.020	0.301	0.184	0.207	1

根据样本企业 2007~2011 年每个月的股票收益率情况计算出 5 年共计 60 个月的 5 家企业之间的协相关性，即根据收益波动的相关性计算样本企业收益率协方差，结果如表 9.25 所示。

表 9.25　研究样本收益率协方差 Σ

股票代码	000939	000510	600066	000158	600359
000939	0.028	0.020	0.010	0.020	0.017
000510	0.020	0.032	0.012	0.021	0.022
600066	0.010	0.012	0.015	0.010	0.011
000158	0.020	0.021	0.010	0.025	0.019
600359	0.017	0.022	0.011	0.019	0.032

二、投资组合求解

根据模型（8.31）可知，

$$z_1 = \varepsilon^{\mathrm{T}} (C^{\mathrm{T}} \Sigma^{-1} C)^{-1} \varepsilon$$

因为在本节选的是五家企业作为研究对象，所以，根据表 9.24 可知，

$$C = C_{5\times5} = \begin{bmatrix} 0.024 & 0.365 & 0.183 & 0.113 & 1.000 \\ 0.027 & 0.341 & 0.169 & 0.131 & 1.000 \\ 0.022 & 0.367 & 0.185 & 0.177 & 1.000 \\ 0.015 & 0.355 & 0.161 & 0.121 & 1.000 \\ 0.020 & 0.301 & 0.184 & 0.207 & 1.000 \end{bmatrix}_{5\times5}$$

所以，求解得，投资收益率、三个利益相关者和投资组合权重等所构成的矩阵的

逆矩阵为

$$
\boldsymbol{C}^{\mathrm{T}} = \boldsymbol{C}_{5\times5}^{\mathrm{T}} = \begin{bmatrix} 0.024 & 0.027 & 0.022 & 0.015 & 0.020 \\ 0.365 & 0.341 & 0.367 & 0.355 & 0.301 \\ 0.183 & 0.169 & 0.185 & 0.161 & 0.184 \\ 0.113 & 0.131 & 0.177 & 0.121 & 0.207 \\ 1.000 & 1.000 & 1.000 & 1.000 & 1.000 \end{bmatrix}_{5\times5}
$$

这五家企业的历史收益率的协相关系数的逆矩阵为

$$
\boldsymbol{\Sigma}_{5\times5}^{-1} = \begin{bmatrix} 104.401 & 1.318 & -17.583 & -13.134 & -47.928 \\ 1.318 & 81.942 & 2.628 & -21.901 & -23.701 \\ -17.583 & 2.628 & 66.225 & -22.923 & -14.551 \\ -13.134 & -21.901 & -22.923 & 65.958 & -15.426 \\ -47.928 & -23.701 & -14.551 & -15.426 & 109.431 \end{bmatrix}_{5\times5}
$$

先计算前两个矩阵的乘积为

$$
\boldsymbol{C}_{5\times5}^{\mathrm{T}}\,\boldsymbol{\Sigma}_{5\times5}^{-1} = \begin{bmatrix} 0.986 & 1.454 & 0.471 & -0.718 & -0.115 \\ 12.950 & 14.449 & 6.289 & -1.909 & -3.395 \\ 5.168 & 6.661 & 3.070 & -2.551 & 2.202 \\ -2.636 & 3.772 & 4.287 & -3.591 & 9.663 \\ 27.074 & 40.286 & 13.797 & -7.426 & 7.825 \end{bmatrix}_{5\times5}
$$

所以，三个矩阵相乘得

$$
\boldsymbol{C}_{5\times5}^{\mathrm{T}}\,\boldsymbol{\Sigma}_{5\times5}^{-1}\,\boldsymbol{C}_{5\times5}^{\mathrm{T}} = \begin{bmatrix} 0.060 & 0.739 & 0.376 & 0.274 & 2.079 \\ 0.739 & 10.253 & 5.039 & 3.535 & 28.384 \\ 0.376 & 5.039 & 2.632 & 2.146 & 14.551 \\ 0.274 & 3.535 & 2.146 & 2.517 & 11.495 \\ 2.079 & 28.384 & 14.551 & 11.495 & 81.555 \end{bmatrix}_{5\times5}
$$

然后，求解除上述矩阵的逆矩阵为

$$
(\boldsymbol{C}_{5\times5}^{\mathrm{T}}\,\boldsymbol{\Sigma}_{5\times5}^{-1}\,\boldsymbol{C}_{5\times5}^{\mathrm{T}})^{-1} = \begin{bmatrix} 236.186 & 2.923 & -68.919 & 13.716 & 3.325 \\ 2.923 & 9.067 & -9.199 & 5.736 & -2.397 \\ -68.919 & -9.199 & 65.827 & -13.168 & -4.930 \\ 13.716 & 5.736 & -13.168 & 5.768 & -0.809 \\ 3.325 & -2.397 & -4.930 & -0.809 & 1.755 \end{bmatrix}_{5\times5}
$$

那么，代入各个式子的矩阵，计算出最小风险的值为

$$z_1 = \left[\varepsilon_2 \varepsilon_3 \varepsilon_4 \varepsilon_5 1\right]_{1\times 5} \times (C^T \Sigma^{-1} C)^{-1} \times \begin{bmatrix} \varepsilon_2 \\ \varepsilon_3 \\ \varepsilon_4 \\ \varepsilon_5 \\ 1 \end{bmatrix}_{5\times 1}$$

代入 $(C^T \Sigma^{-1} C)^{-1}$ 的值后，得到如下式子

$$z_1 = \left[\varepsilon_2 \varepsilon_3 \varepsilon_4 \varepsilon_5 1\right]_{1\times 5} \times \begin{bmatrix} 236.186 & 2.923 & -68.919 & 13.716 & 3.325 \\ 2.923 & 9.067 & -9.199 & 5.736 & -2.397 \\ -68.919 & -9.199 & 65.827 & -13.168 & -4.930 \\ 13.716 & 5.736 & -13.168 & 5.768 & -0.809 \\ 3.325 & -2.397 & -4.930 & -0.809 & 1.755 \end{bmatrix} \times \begin{bmatrix} \varepsilon_2 \\ \varepsilon_3 \\ \varepsilon_4 \\ \varepsilon_5 \\ 1 \end{bmatrix}_{5\times 1}$$

用规划求解的方法，计算如表 9.26 所示。

表 9.26 　规划求解计算表（5 样本）

$\varepsilon =$	ε_2	0.025
	ε_3	0.348
	ε_4	0.178
	ε_5	0.141
	1	1
$z_1 =$		0.012

注：规划求解中 ε_2 和 ε_3 不限制条件，所得出的是 z_1 的最小值

讨论可知，当 s.t. $\mathbf{1}^T = 1$，求出投资组合的风险极小值为 $z_1 = 0.012$，此时，所对应的 $\varepsilon_2 = 0.025$，$\varepsilon_3 = 0.348$，$\varepsilon_4 = 0.178$，$\varepsilon_5 = 0.141$，ε_2 代表 $\boldsymbol{\mu}^T \boldsymbol{x}$，即表示在这种风险程度下的期望收益水平。$\varepsilon_3$、$\varepsilon_4$ 和 ε_5 分别代表这种投资组合情况下的不同社会责任维度的函数值。

从函数所对应的空间维度来讲，这是个五维空间的函数，把 ε_4 和 ε_5 用极小风险时所对应的值 $\varepsilon_4 = 0.178$，$\varepsilon_5 = 0.141$，s.t. $\mathbf{1}^T = 1$ 表示，其中，ε_2 和 ε_3 可变动，另外 3 个值不变。以 5 只股票作为研究对象，通过规划求解的方法画图。用 ε_2 表示横轴，ε_3 表示纵轴，中间部分数据表示当 ε_2 取得横轴上对应的值，ε_3 取得其在纵轴上的对应的值的时候，所求得的风险 z_1 的值。那么画出的包括最小值在内的三维空间（因为五维空间无法在图形中体现出来）如图 9.2 所示（具体作图数据见附录 2）。

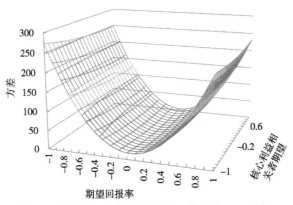

图 9.2 投资组合的一个最小方差曲面（5 只股票）

为了区分考虑企业社会责任多个维度和企业社会责任单个维度的差异，下面将从图形上进行对比，图 9.2 是考虑了企业社会责任的核心利益相关者期望、蛰伏利益相关者期望、边缘利益相关者期望、投资组合的收益和方差的最小方差曲面图（由 5 只股票构成的投资组合），即考虑 5 组变量的高维空间图，并且所画出来的是五维空间图在三维空间的投影。

为了方便对比，下面将不考虑蛰伏利益相关者期望和边缘利益相关者期望，即只考虑核心利益相关者期望和投资组合的风险和收益情况。也就是说不考虑 ε_4 和 ε_5 的值，那么具体的设置为，ε_2 和 ε_3 可变动，另外 1 的值不变。画出的高维空间图如图 9.3 所示（具体作图的数据见附录 3）。

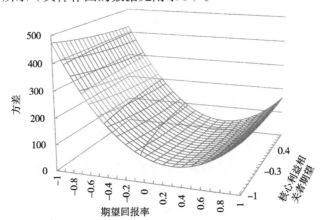

图 9.3 只考虑核心利益相关者的投资组合图（5 只股票）

此处暂不展开讨论这种图形面临的投资组合权重等问题。

下面继续讨论考虑五家企业社会责任维度的投资组合情况。

因为投资组合风险的求解公式是 $z_1 = x^{\mathrm{T}} \sum x$，再通过对应的值，求出投资组合各只股票的权重如下：

$$z_1 = x^T \sum x = x_{5\times1}^T \sum_{5\times5} x_{5\times1} = x_{5\times1}^T \times \begin{bmatrix} 0.028 & 0.020 & 0.010 & 0.020 & 0.017 \\ 0.020 & 0.032 & 0.012 & 0.021 & 0.022 \\ 0.010 & 0.012 & 0.015 & 0.010 & 0.011 \\ 0.020 & 0.021 & 0.010 & 0.025 & 0.019 \\ 0.017 & 0.022 & 0.011 & 0.019 & 0.032 \end{bmatrix} \times x_{5\times1}$$

当 ε_2 表示投资组合期望收益率时，由于样本股的历史平均收益率分别为 0.024、0.028、0.022、0.015、0.020，所以，

$$\varepsilon_2 = \mu^T x = \begin{bmatrix} 0.024 \\ 0.028 \\ 0.022 \\ 0.015 \\ 0.020 \end{bmatrix}^T \times x_{5\times1}$$

当 ε_3 表示投资组合社会责任的维度一即核心利益相关者的值时，由于其得分值为 0.365、0.341、0.367、0.355、0.301，所以，

$$\varepsilon_3 = c^{1^T} x = \begin{bmatrix} 0.365 \\ 0.341 \\ 0.367 \\ 0.355 \\ 0.301 \end{bmatrix}^T \times x_{5\times1}$$

当 ε_4 表示投资组合社会责任的第二个维度即蛰伏利益相关者时，由于其得分值为 0.183、0.169、0.185、0.161、0.184，所以，

$$\varepsilon_4 = c^{2^T} x = \begin{bmatrix} 0.183 \\ 0.169 \\ 0.185 \\ 0.161 \\ 0.184 \end{bmatrix}^T \times x_{5\times1}$$

当 ε_5 表示投资组合社会责任的第三个维度即边缘利益相关者时，其历史得分值为 0.113、0.131、0.177、0.122、0.207，所以，

$$\varepsilon_5 = c^{3^T} x = \begin{bmatrix} 0.113 \\ 0.131 \\ 0.177 \\ 0.122 \\ 0.207 \end{bmatrix}^T \times x_{5\times1}$$

当**1**表示投资组合的所有值加权和为 1 时，由于样本股投资组合的权重值都是 1，所以，

$$1 = 1^T x = \begin{bmatrix} 1 \\ 1 \\ 1 \\ 1 \\ 1 \end{bmatrix}^T \times x_{5 \times 1}$$

因此，当上述各个条件都满足时，计算出投资组合的比例分别为 0.121、−0.095、0.712、0.192、0.071，所以 **x** 向量为

$$x = \begin{bmatrix} 0.121 \\ -0.095 \\ 0.712 \\ 0.192 \\ 0.071 \end{bmatrix}$$

也就是说，投资于这五种证券的比例分别为 0.121、−0.095、0.712、0.192 和 0.071，投资组合的收益率为 0.024、0.027、0.022、0.015 和 0.020，投资组合的风险为 z_1=0.013。

依此类推，根据上面的方法，在有效曲面上选取其中的 10 个点，找到对应点的权重向量 **x**，以该向量的大小作为每个股票对应的投资权重，构成 10 个投资组合。各投资权重（用 w_i 表示，$i = 1, 2, \cdots, 10$），投资组合风险 z_1，期望收益 ε_2，企业社会责任的三个维度 ε_3、ε_4 和 ε_5，如表 9.27 所示。

表 9.27　最优投资组合各投资权重、风险、回报率和对应的企业社会责任值

投资组合	凯迪电力	金路集团	宇通客车	常山股份	新农开发	z_1	ε_2	ε_3	ε_4	ε_5
w_1	0.121	−0.095	0.712	0.192	0.071	0.013	0.021	0.362	0.181	0.165
w_2	10.033	12.675	1.113	−22.558	−0.263	5.149	0.255	0.300	0.501	0.197
w_3	1.543	−2.165	−1.714	1.857	1.480	0.194	0.000	0.300	0.173	0.119
w_4	1.839	−3.251	−0.174	1.306	1.280	0.166	0.000	0.348	0.202	0.175
w_5	1.832	−3.293	−0.091	1.279	1.273	0.166	0.000	0.350	0.204	0.179
w_6	0.131	−0.089	0.696	0.184	0.036	0.012	0.020	0.349	0.174	0.156
w_7	1.319	−0.034	0.241	0.013	−0.539	0.037	0.026	0.400	0.183	0.078
w_8	0.786	0.751	0.749	−1.311	0.024	0.036	0.036	0.360	0.202	0.166
w_9	0.212	−0.005	0.233	0.308	0.252	0.017	0.020	0.346	0.177	0.154
w_{10}	0.973	0.667	−1.181	−0.302	0.844	0.080	0.028	0.295	0.180	0.126

三、投资组合与沪深 300 和上证 50 指数成对 T 检验分析

投资者构建投资组合是面向未来的投资行为，表 9.27 得到的投资组合是基于 2007~2011 年的历史数据，而组合表现优异与否的评价都是与常见的指数进行比较，本书将得到的 10 个投资组合用于 2013 年 1 月 1 日到 2013 年 9 月 30 日的中国股市投资，用投资组合与沪深 300 指数进行成对 T 检验，验证这种投资方法的有效性（表 9.28）。

表 9.28　投资组合与沪深 300 指数成对 T 检验结果

检验结果	w_1	w_2	w_3	w_4	w_5	沪深 300 指数
平均	0.002	−0.041	0.000	0.000	0.000	0.000
方差	0.000	0.371	0.009	0.012	0.012	0.000
观测值	177	177	177	177	177	177
泊松相关系数	0.609	0.112	0.125	0.109	0.108	
假设平均差	0.000	0.000	0.000	0.000	0.000	
df	176	176	176	176	176	
t Stat	1.550	−0.897	−0.014	0.011	0.018	
$P(T \le t)$ 单尾	0.062	0.185	0.495	0.496	0.493	
t 单尾临界	1.654	1.654	1.654	1.654	1.654	
$P(T \le t)$ 双尾	0.123	0.371	0.989	0.991	0.985	
t 双尾临界	1.974	1.974	1.974	1.974	1.974	
检验结果	w_6	w_7	w_8	w_9	w_{10}	沪深 300 指数
平均	0.002	−0.002	−0.001	0.001	−0.002	0.000
方差	0.000	0.001	0.002	0.000	0.002	0.000
观测值	177	177	177	177	177	177
泊松相关系数	0.606	0.465	0.365	0.703	0.346	
假设平均差	0.000	0.000	0.000	0.000	0.000	
df	176	176	176	176	176	
t Stat	1.493	−0.907	−0.343	1.579	−0.450	
$P(T \le t)$ 单尾	0.069	0.183	0.366	0.058	0.327	
t 单尾临界	1.654	1.654	1.654	1.654	1.654	
$P(T \le t)$ 双尾	0.137	0.366	0.732	0.116	0.653	
t 双尾临界	1.974	1.974	1.974	1.974	1.974	

与沪深 300 指数的成对 T 检验表明，本节所构造的 10 个投资组合中，有 6 个投资组合的收益率均值均高于同期沪深 300 指数日收益率的均值，1 个与沪深 300

指数相同，投资组合标准差与沪深 300 指数标准差也较为接近。在双样本均值分析检验结果中，T 统计值小于 t 单尾和双尾临界值，P 值均大于 0.05，因此，在 5% 的显著水平下不能拒绝这几个样本均值相等的假设，即所构造的投资组合的日收益率没有显著区别。为了进一步检验与上证 50 指数的关系，检验结果如表 9.29 所示。

表 9.29 投资组合与上证 50 指数成对 T 检验结果

检验结果	w_1	w_2	w_3	w_4	w_5	上证 50 指数
平均	0.002	−0.041	0.000	0.000	0.000	−0.001
方差	0.000	0.371	0.009	0.012	0.012	0.000
观测值	177	177	177	177	177	177
泊松相关系数	0.514	0.078	0.138	0.118	0.117	
假设平均差	0.000	0.000	0.000	0.000	0.000	
df	176	176	176	176	176	
t Stat	1.641	−0.888	0.043	0.059	0.066	
$P(T \leqslant t)$ 单尾	0.051	0.188	0.483	0.476	0.474	
t 单尾临界	1.654	1.654	1.654	1.654	1.654	
$P(T \leqslant t)$ 双尾	0.103	0.376	0.966	0.953	0.947	
t 双尾临界	1.974	1.974	1.974	1.974	1.974	
检验结果	w_6	w_7	w_8	w_9	w_{10}	上证 50 指数
平均	0.002	−0.002	−0.001	0.001	−0.002	−0.001
方差	0.000	0.001	0.002	0.000	0.002	0.000
观测值	177	177	177	177	177	177
泊松相关系数	0.510	0.397	0.293	0.607	0.307	
假设平均差	0.000	0.000	0.000	0.000	0.000	
df	176	176	176	176	176	
t Stat	1.589	−0.659	−0.204	1.659	−0.318	
$P(T \leqslant t)$ 单尾	0.057	0.255	0.419	0.049	0.375	
t 单尾临界	1.654	1.654	1.654	1.654	1.654	
$P(T \leqslant t)$ 双尾	0.114	0.511	0.839	0.099	0.751	
t 双尾临界	1.974	1.974	1.974	1.974	1.974	

与上证 50 指数的成对检验表明，本书所构造的 10 个投资组合中，有 6 个投资组合的收益率均值均高于同期上证 50 指数日收益率的均值，1 个与上证 50 指数相同，投资组合标准差与上证 50 指数标准差也较为接近。在双样本均值分析检验结果中，T 统计值小于 t 单尾和双尾临界值，P 值均大于 0.05，因此，在 5% 的显著水平下不能拒绝这几个样本均值相等的假设，即所构造的投资组合的日收益率没有显著区别。

综上，不管与沪深 300 指数，还是与上证 50 指数的成对 T 检验，实证结果均表明：本书构造的投资组合（5 家样本企业）至少可以保证投资者获得大盘指数的收益。

第三节　扩大样本量进行实证检验

本章的第一节和第二节分别通过10个样本量和5个样本量研究多目标投资组合选择模型的有效性问题。第一节的结论是本书所构建的面向企业社会责任的投资组合选择模型是有效的，第二节通过减少样本数量的途径来考察是否是因为样本的偶然性因素所致，结果排除了选股偶然性的因素。那么，如果把样本量扩大到30只股票的话，这个投资组合选择模型还适用吗？带着这个困惑，笔者进行本节的研究。

一、样本来源

为了能够体现投资组合的分散性原则，使得所选样本能够覆盖所有的行业，本节从每个大类中分别选择企业市值大、中、小的企业作为研究对象，力争排除样本市值太大或太小导致的研究结果不具备普遍性的可能。因此本节选出的股票样本数为30，样本分布情况如表9.30所示。

表 9.30　研究样本的构成情况

行业组	行业名称	大规模		中等规模		小规模	
		股票代码	公司名称	股票代码	公司名称	股票代码	公司名称
1010	能源	600188	兖州煤业	000939	凯迪电力	000835	四川圣达
1510	原材料	600019	宝钢股份	000510	金路集团	600532	华阳科技
2010	资本货物	000157	中联重科	600066	宇通客车	600463	空港股份
2520	耐用消费品与服装	000527	美的电器	000158	常山股份	000803	金宇车城
3020	食品、饮料与烟草	600519	贵州茅台	600359	新农开发	600962	国鲁中投
3520	制药与生物科技	600276	恒瑞医药	600789	鲁抗医药	600613	永生投资
4010	工商银行	601398	工商银行	600000	浦发银行	600015	华夏银行
4520	技术硬件与设备	000063	中兴通讯	000977	浪潮信息	002027	七喜控股
5010	电信业务	600050	中国联通	600804	鹏博士	002148	北纬通信
5510	公共事业	600900	长江电力	000767	漳泽电力	600982	宁波热电

资料来源：Wind 资讯金融数据库

二、实证研究

对 30 家企业的 30 个样本股 2007~2011 年历时 60 个月的投资回报率进行处理，计算出 30 只股票的平均收益率及协方差矩阵，通过本书第三章对 30 家样本企业社会责任的评价结果的处理，得出了 30 个样本企业的三个一级指标维度 5 年的企业社会责任得分平均值，将其整理如下，以方便进行下一步的投资组合计算求解和对模型的实证检验（表 9.31）。

表 9.31　样本企业五个指标向量得分表（30 个样本）

股票代码	期望回报率 μ	核心利益相关者 c^1	蛰伏利益相关者 c^2	边缘利益相关者 c^3	投资组合权重 1
000063	0.007	0.313	0.187	0.187	1
000157	0.036	0.376	0.187	0.165	1
000158	0.015	0.355	0.161	0.122	1
000510	0.027	0.341	0.169	0.131	1
000527	0.030	0.347	0.180	0.172	1
000767	0.007	0.300	0.183	0.161	1
000803	0.021	0.308	0.172	0.129	1
000835	0.033	0.340	0.161	0.121	1
000939	0.024	0.365	0.183	0.113	1
000977	0.027	0.356	0.167	0.125	1
002027	0.006	0.316	0.156	0.133	1
002148	−0.001	0.362	0.231	0.132	1
600000	0.014	0.359	0.195	0.188	1
600015	0.013	0.369	0.195	0.169	1
600019	0.002	0.329	0.159	0.143	1
600050	0.002	0.338	0.164	0.140	1
600066	0.022	0.367	0.185	0.177	1
600188	0.025	0.343	0.176	0.146	1
600276	0.022	0.346	0.203	0.085	1
600359	0.020	0.301	0.184	0.207	1
600463	0.018	0.325	0.182	0.095	1
600519	0.020	0.364	0.175	0.153	1
600532	0.034	0.327	0.175	0.169	1
600613	0.022	0.295	0.150	0.112	1
600789	0.013	0.298	0.158	0.149	1

股票代码	期望回报率 μ	核心利益相关者 c^1	蛰伏利益相关者 c^2	边缘利益相关者 c^3	投资组合权重1
600804	0.025	0.345	0.163	0.108	1
600900	0.004	0.369	0.156	0.095	1
600962	0.021	0.334	0.163	0.154	1
600982	0.020	0.342	0.165	0.127	1
601398	−0.002	0.335	0.194	0.162	1

　　由于 30 行 30 列的矩阵才是完整的样本企业 5 年（2007 年 1 月 1 日至 2011 年 12 月 31 日）的月收益率协方差矩阵，即样本股票间的月收益率协相关系数，但在本书中因为篇幅和展示的难度，就用前 8 行前 8 列的协方差矩阵来替代（局部）表述，如表 9.32 所示（具体的数据详见附录 4）。

表 9.32　股票相关系数（第一行和第一列为股票代码，30 个样本）

股票代码	000063	000157	000158	000510	000527	000767	000803	000835
000063	0.0180	0.0131	0.0113	0.0116	0.0122	0.0101	0.0101	0.0123
000157	0.0131	0.0311	0.0170	0.0176	0.0182	0.0164	0.0141	0.0171
000158	0.0113	0.0170	0.0254	0.0210	0.0145	0.0187	0.0187	0.0192
000510	0.0116	0.0176	0.0210	0.0324	0.0154	0.0202	0.0207	0.0234
000527	0.0122	0.0182	0.0145	0.0154	0.0249	0.0138	0.0127	0.0176
000767	0.0101	0.0164	0.0187	0.0202	0.0138	0.0213	0.0176	0.0185
000803	0.0101	0.0141	0.0187	0.0207	0.0127	0.0176	0.0276	0.0217
000835	0.0123	0.0171	0.0192	0.0234	0.0176	0.0185	0.0217	0.0422

　　根据本书推导出的最小方差曲面的计算公式（8.32）：

$$z_1 = \varepsilon^{\mathrm{T}}(C^{\mathrm{T}} \Sigma^{-1} C)^{-1} \varepsilon$$

　　由于考察的是 30 家样本对象，所以行数是 30，计算的维度空间是 5 个，所以，得出如下计算模型，即

$$z_1 = \varepsilon^{\mathrm{T}}(C^{\mathrm{T}} \Sigma^{-1} C)^{-1} \varepsilon = \varepsilon_{5\times1}^{\mathrm{T}}(C_{30\times5}^{\mathrm{T}} \Sigma_{30\times30}^{-1} C_{30\times5})^{-1}\varepsilon_{5\times1} \tag{9.4}$$

因此，要想得到投资组合的最小方差 z_1 的值，就要分别计算出 $\varepsilon_{5\times1}^{\mathrm{T}}$、$(C_{30\times5}^{\mathrm{T}} \Sigma_{30\times30}^{-1} C_{30\times5})^{-1}$ 和 $\varepsilon_{5\times1}$ 的值，代入整理后得

$$z_1 = \left[\varepsilon_2 \varepsilon_3 \varepsilon_4 \varepsilon_5 1\right]_{1\times5} \times (C_{30\times5}^{\mathrm{T}} \Sigma_{30\times30}^{-1} C_{30\times5})^{-1} \times \begin{bmatrix} \varepsilon_2 \\ \varepsilon_3 \\ \varepsilon_4 \\ \varepsilon_5 \\ 1 \end{bmatrix}_{5\times1} \tag{9.5}$$

　　再通过规划求解的方法，对 30 个样本的最低风险值进行计算。

　　具体的方法即在规划求解中设定如下条件：投资组合期望收益 ε_2 不限制条

件，各个投资组合所对应的企业社会责任 ε_3 取值为（0，1）范围，投资组合的加权和为 1，所得出的是 z_1 的最小值，同时得出投资组合各个样本的权重比例是，当 $z_1 = 2.198$，$\varepsilon_2 = -1$，$\varepsilon_3 = -0.9$，权重和为 1 时，计算出的各个股票的权重如表 9.33 所示。

表 9.33　规划求解计算各个投资权重表（30 个样本）

股票代码	000063	000157	000158	000510	000527	000767	000803	000835
投资权重	1.737	−2.683	−3.100	−3.406	−0.866	12.542	−3.567	1.239
股票代码	000939	000977	002027	002148	600000	600015	600019	600050
投资权重	−1.643	−2.398	9.639	5.533	−2.964	0.001	0.72	2.426
股票代码	600066	600188	600276	600359	600463	600519	600532	600613
投资权重	0.009	−7.315	−7.441	0.886	−2.924	−3.537	−7.545	−0.07
股票代码	600789	600804	600900	600962	600982	601398		
投资权重	5.934	0.529	−0.308	3.043	−6.346	12.875		

讨论可知，当 s.t. $\mathbf{1}^T = 1$，求出投资组合的风险为 $z_1 = 2.198$，此时，所对应的 $\varepsilon_2 = -1$，$\varepsilon_3 = -0.9$，ε_2 代表 $\boldsymbol{\mu}^T\boldsymbol{x}$，即表示在这种风险程度下的期望收益水平。$\varepsilon_3$、$\varepsilon_4$ 和 ε_5 分别代表这种投资组合情况下的不同社会责任维度的函数值。然后依此方法，改变设定的条件，求出其他组的投资组合及相对应的风险、期望收益率、社会责任期望值。

从函数所对应的空间维度来讲，这是个五维空间的函数，以 30 只股票作为研究对象，通过不断改变规划求解的方法进行画图。用 ε_2 表示横轴，ε_3 表示纵轴，中间部分数据表示当 ε_2 取得横轴上对应的值，ε_3 取得其在纵轴上的对应的值的时候，所求得的风险 z_1 的值。画出的包括最小值在内的三维空间（因为五维空间无法在图形中体现出来）投资组合的有效边界图如图 9.4 所示。

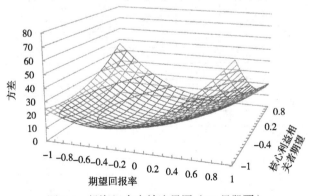

图 9.4　投资组合有效边界图（30 只股票）

横轴代表投资组合的期望收益率，纵轴代表投资组合的风险，右侧边的轴表示核心利益相关者得分

三、配对样本 T 检验

为了验证所构造的社会责任投资组合的收益情况，先在投资组合的有效曲面上随机选取 10 个点，构造 10 个投资组合进行分析。投资组合各股投资权重及风险如表 9.34 所示。

表 9.34　投资组合投资权重、风险及企业社会责任期望（30 样本）

项目	p1	p2	p3	p4	p5	p6	p7	p8	p9	p10
000063	0.011	1.841	0.058	0.011	−0.047	0.058	−0.046	−0.193	0.204	−0.066
000157	−0.116	−2.807	−0.170	−0.115	−0.046	−0.172	−0.048	0.179	−0.396	−0.128
000158	−0.081	−3.510	−0.269	−0.084	0.141	−0.267	0.144	0.344	−0.472	0.967
000510	0.023	−3.538	−0.035	0.025	0.098	−0.037	0.096	0.408	−0.345	−0.124
000527	0.016	−0.775	0.060	0.019	−0.032	0.057	−0.035	0.079	−0.051	−0.528
000767	0.096	13.045	0.315	0.088	−0.189	0.323	−0.181	−1.310	1.436	0.541
000803	−0.111	−3.495	−0.073	−0.106	−0.145	−0.079	−0.151	0.218	−0.436	−1.091
000835	0.002	1.230	−0.004	0.000	0.005	−0.002	0.007	−0.121	0.122	0.285
000939	−0.042	−1.963	−0.189	−0.045	0.130	−0.186	0.133	0.212	−0.271	0.931
000977	0.062	−2.251	0.134	0.067	−0.014	0.128	−0.019	0.270	−0.150	−1.024
002027	0.102	9.589	0.065	0.088	0.117	0.079	0.130	−0.854	1.036	2.210
002148	0.066	5.223	−0.086	0.054	0.224	−0.073	0.236	−0.400	0.538	2.400
600000	−0.036	−2.796	0.047	−0.029	−0.121	0.040	−0.128	0.216	−0.289	−1.295
600015	−0.021	−0.126	−0.081	−0.024	0.046	−0.078	0.049	0.011	−0.045	0.494
600019	−0.148	0.847	−0.090	−0.148	−0.217	−0.091	−0.218	−0.273	−0.035	−0.482
600050	0.060	2.462	0.074	0.057	0.037	0.076	0.039	−0.192	0.302	0.389
600066	0.015	0.011	0.016	0.015	0.014	0.016	0.014	0.016	0.014	0.006
600188	−0.083	−7.271	−0.053	−0.072	−0.096	−0.063	−0.106	0.638	−0.787	−1.696
600276	0.320	−7.284	0.403	0.333	0.247	0.391	0.234	1.062	−0.411	−1.855
600359	0.063	1.018	0.124	0.064	−0.009	0.123	−0.010	−0.058	0.173	−0.311
600463	0.123	−2.929	0.125	0.127	0.129	0.121	0.125	0.433	−0.180	−0.464
600519	−0.069	−3.604	−0.096	−0.065	−0.029	−0.100	−0.032	0.302	−0.427	−0.486
600532	−0.074	−7.604	−0.091	−0.065	−0.033	−0.100	−0.042	0.701	−0.825	−1.323
600613	−0.005	0.157	0.101	−0.001	−0.126	0.097	−0.130	−0.063	0.039	−0.932
600789	−0.108	6.274	0.043	−0.110	−0.297	0.046	−0.294	−0.817	0.563	−0.275
600804	−0.125	0.630	−0.078	−0.124	−0.179	−0.079	−0.180	−0.220	−0.037	−0.404
600900	0.473	−1.044	0.130	0.462	0.867	0.141	0.878	0.763	0.233	3.286
600962	0.109	2.960	0.067	0.103	0.148	0.072	0.154	−0.166	0.381	1.020
600982	0.045	−6.450	0.004	0.052	0.109	−0.003	0.102	0.724	−0.611	−0.810
601398	0.434	13.158	0.550	0.422	0.267	0.561	0.279	−0.908	1.725	1.764
风险 z_1	0.002	2.166	0.003	0.002	0.003	0.003	0.003	0.024	0.023	0.188
ε_2	−0.001	−1.000	0.000	0.000	0.000	−0.001	−0.001	0.100	−0.100	−0.200
ε_3	0.345	−1.000	0.300	0.345	0.400	0.300	0.400	0.500	0.200	0.500

出于对检验的时间段的考虑，本章第一节和第二节都是选取样本外的日收益率和风险数据进行统计检验，那么用周数据或月收益率数据会不会对检验结果有所改变呢？考虑到选择月收益率数据其样本量太少的缘故，所以本节的统计检验用的数据选取周数据。表9.34的数据来源于CCER经济金融数据库中30只股票从2013年1月1日至2013年9月30日（共计39周），考虑分红所得再投资的周个股收益率、沪深300指数、上证50指数、上证指数、深证成指同期的周收益率。

从表9.34可知，30家样本企业所构成的最低风险值下的投资组合风险为0.002，是p4，期望收益为0.000，企业社会责任期望值为0.345；比较好的是p8，风险值为0.024，收益为0.1，社会责任期望为0.500。下面通过这个投资组合权重乘以样本外的数据，进行投资组合的实证检验，计算出投资组合2013年的周回报率，如表9.35所示。

表 9.35　股票投资组合周回报率（30 个样本企业）

日期	p1 回报率	p2 回报率	p3 回报率	p4 回报率	p5 回报率	p6 回报率	p7 回报率	p8 回报率	p9 回报率	p10 回报率
2013-01-04	− 0.015	− 1.104	− 0.016	− 0.014	− 0.011	− 0.018	− 0.013	0.096	− 0.113	− 0.211
2013-01-11	0.026	2.303	0.025	0.023	0.021	0.028	0.024	− 0.205	0.195	0.460
2013-01-18	0.048	− 0.696	0.031	0.048	0.068	0.031	0.068	0.130	0.003	0.056
2013-01-25	0.005	− 1.389	0.037	0.008	− 0.028	0.034	− 0.031	0.135	− 0.114	− 0.548
2013-02-01	0.059	− 0.389	0.019	0.058	0.105	0.020	0.106	0.120	− 0.003	0.334
2013-02-08	0.000	− 1.065	− 0.001	0.001	0.005	− 0.002	0.003	0.109	− 0.109	− 0.186
2013-02-22	− 0.023	0.373	− 0.036	− 0.024	− 0.009	− 0.035	− 0.008	− 0.058	0.003	0.168
2013-03-01	0.019	0.168	0.018	0.018	0.019	0.019	0.019	0.004	0.034	0.049
2013-03-08	− 0.006	1.723	0.027	− 0.007	− 0.048	0.028	− 0.047	− 0.195	0.157	0.017
2013-03-15	− 0.021	− 1.819	− 0.041	− 0.019	0.006	− 0.042	0.005	0.171	− 0.178	− 0.181
2013-03-22	0.036	0.656	0.040	0.035	0.029	0.041	0.029	− 0.029	0.076	0.109
2013-03-29	0.015	2.144	0.018	0.013	0.006	0.020	0.009	− 0.203	0.211	0.389
2013-04-03	− 0.065	2.870	− 0.001	− 0.066	− 0.145	0.000	− 0.144	− 0.389	0.247	− 0.089
2013-04-12	− 0.022	− 0.075	− 0.014	− 0.022	− 0.031	− 0.014	− 0.032	− 0.020	− 0.020	− 0.107
2013-04-19	0.034	0.356	0.030	0.033	0.037	0.030	0.038	0.002	0.067	0.128
2013-04-26	− 0.038	2.512	− 0.059	− 0.042	− 0.021	− 0.055	− 0.017	− 0.290	0.219	0.630
2013-05-03	0.023	0.237	0.010	0.022	0.037	0.011	0.038	0.006	0.076	0.182
2013-05-10	− 0.007	− 1.604	0.027	− 0.004	− 0.041	0.023	− 0.044	0.142	− 0.144	− 0.611
2013-05-17	0.007	− 1.246	0.005	0.009	0.013	0.004	0.012	0.136	− 0.115	− 0.210
2013-05-24	− 0.015	0.672	− 0.052	− 0.018	0.024	− 0.050	0.026	− 0.071	0.073	0.443

续表

日期	p1 回报率	p2 回报率	p3 回报率	p4 回报率	p5 回报率	p6 回报率	p7 回报率	p8 回报率	p9 回报率	p10 回报率
2013-05-31	0.054	− 0.244	0.054	0.054	0.055	0.053	0.054	0.084	0.038	− 0.001
2013-06-07	− 0.004	0.913	− 0.044	− 0.007	0.038	− 0.041	0.040	− 0.083	0.071	0.521
2013-06-14	0.000	1.063	− 0.008	− 0.002	0.006	− 0.007	0.008	− 0.105	0.117	0.272
2013-06-21	− 0.006	1.895	0.008	− 0.007	− 0.026	0.010	− 0.024	− 0.204	0.177	0.229
2013-06-28	0.024	0.901	− 0.010	0.022	0.060	− 0.007	0.062	− 0.052	0.104	0.490
2013-07-05	− 0.004	− 0.935	0.009	− 0.002	− 0.016	0.007	− 0.018	0.086	− 0.073	− 0.296
2013-07-12	0.023	− 0.032	− 0.001	0.022	0.050	0.000	0.051	0.038	0.017	0.225
2013-07-19	0.050	1.352	0.070	0.049	0.023	0.071	0.024	− 0.091	0.196	0.108
2013-07-26	− 0.020	− 1.757	0.007	− 0.017	− 0.045	0.003	− 0.049	0.147	− 0.160	− 0.585
2013-08-02	− 0.007	0.717	0.014	− 0.007	− 0.033	0.014	− 0.033	− 0.089	0.059	− 0.063
2013-08-09	0.025	− 0.398	0.082	0.028	− 0.038	0.079	− 0.041	0.046	0.009	− 0.568
2013-08-16	− 0.048	− 0.095	− 0.066	− 0.048	− 0.027	− 0.065	− 0.026	− 0.035	− 0.056	0.110
2013-08-23	0.051	1.926	0.034	0.048	0.064	0.037	0.065	− 0.135	0.261	0.548
2013-08-30	0.011	0.232	− 0.005	0.010	0.030	− 0.005	0.031	− 0.004	0.006	0.205
2013-09-06	0.024	0.421	− 0.011	0.022	0.063	− 0.009	0.065	− 0.002	0.072	0.415
2013-09-13	0.039	2.123	0.048	0.037	0.024	0.050	0.026	− 0.177	0.210	0.353
2013-09-18	0.031	3.185	0.025	0.027	0.029	0.029	0.033	− 0.289	0.364	0.677
2013-09-27	− 0.012	− 1.672	− 0.021	− 0.010	0.003	− 0.023	0.001	0.161	− 0.165	− 0.244
2013-09-30	0.012	0.188	− 0.005	0.012	0.031	− 0.004	0.032	0.001	0.027	0.198

　　将 10 个投资组合的样本外的周收益率与 4 个大盘指数同期的周收益率进行配对 T 检验, 结果如表 9.36 所示。

表 9.36　配对 T 检验结果

T-检验: 成对双样本均值分析

检验结果	p1	p2	p3	p4	p5	p6	p7
平均值	0.007 8	0.369 4	0.006 4	0.007 3	0.008 3	0.006 9	0.008 9
方差	0.000 8	1.842 1	0.001 1	0.000 8	0.002 0	0.001 1	0.002 0
检验结果	p8	p9	p10	沪深 300 指数	上证 50 指数	上证指数	深圳成指
平均值	− 0.028 6	0.047 2	0.087 7	− 0.002 3	− 0.004 7	− 0.002 2	− 0.002 7
方差	0.019 8	0.017 7	0.115 2	0.000 8	0.001 0	0.000 5	0.000 8

　　经检验，10 个投资组合的收益率中，有 9 个均值大于 4 个大盘指数收益率均值，并且方差与其相差较小。

　　为了更加清晰地评价二者的关系，下面展示随机选出的 p1，p2，…，p10 与上证 50 指数收益率进行成对 T 检验的完整结果，如表 9.37 所示。

表 9.37　与上证 50 指数配对 T 检验结果

检验结果	p1	p2	p3	p4	p5	上证 50 指数
平均	0.008	0.369	0.006	0.007	0.008	− 0.005
方差	0.001	1.842	0.001	0.001	0.002	0.001
观测值	39	39	39	39	39	39
泊松相关系数	0.269	− 0.254	0.286	0.290	0.151	
假设平均差	0	0	0	0	0	
df	38	38	38	38	38	
t Stat	2.143	1.711	1.793	2.091	1.623	
$P(T \leq t)$ 单尾	0.019	0.048	0.040	0.022	0.056	
t 单尾临界	1.686	1.686	1.686	1.686	1.686	
$P(T \leq t)$ 双尾	0.039	0.095	0.081	0.043	0.113	
t 双尾临界	2.024	2.024	2.024	2.024	2.024	
检验结果	p6	p7	p8	p9	p10	上证 50 指数
平均	0.007	0.009	− 0.029	0.047	0.088	− 0.005
方差	0.001	0.002	0.020	0.018	0.115	0.001
观测值	39	39	39	39	39	39
泊松相关系数	0.273	0.138	0.305	− 0.205	− 0.219	
假设平均差	0	0	0	0	0	
df	38	38	38	38	38	
t Stat	1.870	1.658	−1.108	2.271	1.660	
$P(T \leq t)$ 单尾	0.035	0.053	0.138	0.014	0.053	
t 单尾临界	1.686	1.686	1.686	1.686	1.686	
$P(T \leq t)$ 双尾	0.069	0.106	0.275	0.029	0.105	
t 双尾临界	2.024	2.024	2.024	2.024	2.024	

　　结果进一步表明，p1、p2、p3、p4、p6、p9 的 P 值均小于 0.05，p5、p7、p10 的 P 值均小于 1，且在 0.05 左右，结果是显著的。只有 p8 的 P 值大于 0.1，结果不显著。因此，这 30 只股票构成的社会责任投资组合是可以跑赢大盘指数的。

　　其他的市场指数的检验结果如何呢？笔者对上证指数、深圳成指、沪深 300 指数分别进行 T 检验，检验结果如表 9.38~表 9.40 所示。

表 9.38　与上证指数配对 T 检验结果

检验结果	p1	p2	p3	p4	p5	上证指数
平均	0.008	0.369	0.006	0.007	0.008	−0.002
方差	0.001	1.842	0.001	0.001	0.002	0.001
观测值	39	39	39	39	39	39
泊松相关系数	0.282	−0.353	0.315	0.310	0.153	
假设平均差	0	0	0	0	0	
df	38	38	38	38	38	
t Stat	2.007	1.700	1.588	1.949	1.417	
$P(T \leqslant t)$ 单尾	0.026	0.049	0.060	0.029	0.082	
t 单尾临界	1.686	1.686	1.686	1.686	1.686	
$P(T \leqslant t)$ 双尾	0.052	0.097	0.121	0.059	0.165	
t 双尾临界	2.024	2.024	2.024	2.024	2.024	
检验结果	p6	p7	p8	p9	p10	上证指数
平均	0.007	0.009	−0.029	0.047	0.088	−0.002
方差	0.001	0.002	0.020	0.018	0.115	0.001
观测值	39	39	39	39	39	39
泊松相关系数	0.296	0.135	0.404	−0.289	−0.308	
假设平均差	0	0	0	0	0	
df	38	38	38	38	38	
t Stat	1.676	1.456	−1.237	2.186	1.618	
$P(T \leqslant t)$ 单尾	0.051	0.077	0.112	0.018	0.057	
t 单尾临界	1.686	1.686	1.686	1.686	1.686	
$P(T \leqslant t)$ 双尾	0.102	0.154	0.224	0.035	0.114	
t 双尾临界	2.024	2.024	2.024	2.024	2.024	

表 9.39　与深圳成指配对 *T* 检验结果

检验结果	p1	p2	p3	p4	p5	深圳成指
平均	0.008	0.369	0.006	0.007	0.008	− 0.003
方差	0.001	1.842	0.001	0.001	0.002	0.001
观测值	39	39	39	39	39	39
泊松相关系数	0.230	− 0.388	0.330	0.262	0.071	
假设平均差	0	0	0	0	0	
df	38	38	38	38	38	
t Stat	1.818	1.698	1.558	1.771	1.341	
$P(T \leq t)$ 单尾	0.038	0.049	0.064	0.042	0.094	
t 单尾临界	1.686	1.686	1.686	1.686	1.686	
$P(T \leq t)$ 双尾	0.077	0.098	0.128	0.085	0.188	
t 双尾临界	2.024	2.024	2.024	2.024	2.024	
检验结果	p6	p7	p8	p9	p10	深圳成指
平均	0.007	0.009	− 0.029	0.047	0.088	− 0.003
方差	0.001	0.002	0.020	0.018	0.115	0.001
观测值	39	39	39	39	39	39
泊松相关系数	0.308	0.051	0.421	− 0.324	− 0.390	
假设平均差	0	0	0	0	0	
df	38	38	38	38	38	
t Stat	1.630	1.376	− 1.235	2.147	1.604	
$P(T \leq t)$ 单尾	0.056	0.088	0.112	0.019	0.059	
t 单尾临界	1.686	1.686	1.686	1.686	1.686	
$P(T \leq t)$ 双尾	0.111	0.177	0.224	0.038	0.117	
t 双尾临界	2.024	2.024	2.024	2.024	2.024	

表 9.40　与沪深 300 指数配对 *T* 检验结果

检验结果	p1	p2	p3	p4	p5	沪深 300 指数
平均	0.008	0.369	0.006	0.007	0.008	− 0.002
方差	0.001	1.842	0.001	0.001	0.002	0.001
观测值	39	39	39	39	39	39
泊松相关系数	0.291	− 0.339	0.333	0.318	0.148	
假设平均差	0.000	0.000	0.000	0.000	0.000	
df	38	38	38	38	38	
t Stat	1.878	1.699	1.531	1.824	1.369	
$P(T \leq t)$ 单尾	0.034	0.049	0.067	0.038	0.089	
t 单尾临界	1.686	1.686	1.686	1.686	1.686	
$P(T \leq t)$ 双尾	0.068	0.098	0.134	0.076	0.179	
t 双尾临界	2.024	2.024	2.024	2.024	2.024	

续表

检验结果	p6	p7	p8	p9	p10	沪深 300 指数
平均	0.007	0.009	− 0.029	0.047	0.088	− 0.002
方差	0.001	0.002	0.020	0.018	0.115	0.001
观测值	39	39	39	39	39	39
泊松相关系数	0.315	0.131	0.391	− 0.274	− 0.306	
假设平均差	0.000	0.000	0.000	0.000	0.000	
df	38	38	38	38	38	
t Stat	1.612	1.407	− 1.240	2.162	1.611	
$P(T \leq t)$ 单尾	0.058	0.084	0.111	0.019	0.058	
t 单尾临界	1.686	1.686	1.686	1.686	1.686	
$P(T \leq t)$ 双尾	0.115	0.167	0.223	0.037	0.115	
t 双尾临界	2.024	2.024	2.024	2.024	2.024	

　　为了更好地检验多目标投资组合选择模型的有效性,笔者以 30 个样本企业构建多目标投资组合。通过历史数据算出最优投资组合,并将这个投资组合应用到样本外的数据,即与样本外的周收益率和风险及企业社会责任因素等相结合,并且在这些投资组合中选取 10 个投资组合与大盘指数进行对比分析。通过表 9.38~表 9.40 的统计分析结果看到,随机选取 10 个投资组合即 p1, p2,…, p9, p10,将它们多次与上证指数、深圳成指、沪深 300 指数等市场指数进行 T 检验,检验结果与上面的实证分析结果很接近。结果进一步表明,原来的结论得以支持,即这 30 只股票构成的社会责任投资组合是可以跑赢大盘指数的。

四、小结

　　本书通过收集和评价 2007~2011 年我国的部分上市公司的社会责任数据,并且综合考虑了所选取的样本具有高度代表性的特征,即按全球行业分类标准在一级指标的 10 个经济部门中,每个部门分别选出市值大、中、小的三个企业作为研究对象。本书扩展了 Markowitz(均值-方差)理论模型在实际投资中的应用,即根据企业社会责任衡量指标构造出来的高维的社会责任投资组合模型。通过实证的数据,综合考虑了风险、收益和社会责任的得分表现,计算出充分考虑了社会责任的投资组合。经过对关于社会责任的投资组合的投资绩效进行分析,笔者发现所构造出来的组合的收益率和风险的表现都优于大盘指数的表现。换句话说,社会责任投资的表现不仅有利于投资者根据自己的价值取向来选择适合自己的证券组合,也有利于帮助投资机构选出满足投资者所需求的股票。而且这种组合可以在很大程度上保证投资者获得至少不低于大盘的收益率。这在某种程度上为投资者提供了投资选股的指导方向。

为了更进一步地排除样本选择不科学而导致的研究结果不具有普遍性的可能，笔者通过改变研究样本的对象和数量分别进行研究。首先以 10 个样本作为研究对象；其次通过改变研究样本，以 5 只股票作为研究对象；最后以 30 个样本作为研究对象，结果表明不管研究对象如何选取，其实证结果都证实了本书所构建的多目标投资组合选择模型在实际应用中的有效性，即多种样本的检验结果都可以跑赢大盘指数，而且风险低于大盘指数。

针对我国现有的四只社会责任基金的选股和表现情况，根据各方面报道的信息来看，并没有完全落实以"社会责任"选股的标准，或者说在公告信息中没有相关的内容，因此本书所构建的多目标投资组合选择模型，可以用于指导这些基金公司进行投资决策的选择，进而不仅落实了基民所期待的业绩表现，也体现了社会责任投资最根本的出发点，维护了可持续发展的前提条件。

同时，对于企业家或企业的管理者来讲，研究结果也有利于促进企业在经营过程中和进行战略决策时履行社会责任，增强企业的公民意识，有利于推动我国企业的社会责任朝积极的方向发展。如果投资者和投资机构能够意识到社会责任投资的价值表现和意义，那么当他们在投资选择的时候就会选择那些富有社会责任感的公司，而那些社会责任表现差的企业就不再是投资选择时考虑的对象。从长远来看，这会极大地削弱社会责任表现差的企业的竞争力，从而降低不顾及社会责任的企业的价值，有利于企业之间的良性竞争。因此，笔者认为社会责任投资实证结果进一步证明了社会责任投资有利于企业的可持续的发展。

由于本书研究的社会责任投资是综合考虑多方利益相关者的共同利益最大化的，并且是以此为基础构造社会责任投资模型，进而对社会责任投资绩效进行研究的，所以这样的实证结果也有利于企业、社会、投资者和各种社会团体的和谐相处，同时有利于促进企业以价值增长为导向的经营和发展理念的形成，有利于投资者以价值投资作为重要的选股和投资理念的培养。对于企业来说，这种实证结果也有利于改善社会责任信息公开化的问题，有利于扩大信息披露的范围，有利于提高信息披露的标准，有利于拓宽信息披露的渠道。

第十章　结论与展望

本章，首先，对前文各章的主要研究方法和结论进行了归纳和总结，根据本书所构建的多目标投资组合选择模型和企业社会责任量化打分结果，利用样本企业的收益率、风险，以及企业社会责任的履行情况等历史数据进行新的投资组合设计，并且将据此新构建的投资组合的市场表现与市场指数表现进行对比；其次，提炼出本书对我国个人投资者和机构投资者在进行社会责任投资决策时的政策建议；最后，本章在第三节总结了本书仍然存在的不足与未来进一步的研究方向。

第一节　研究结论和启示

一、本书的主要研究结论

改革开放 30 多年以来，随着我国经济的迅猛发展，我国的企业逐渐走向国际市场，但是许多有关企业社会责任事件的负面新闻经常出现，这使得许多企业的竞争力大受质疑。因此，企业、投资者、社会公众都希望能够改变这种局面。与此同时，我国的资本市场也在逐渐成熟，民间出现了大量闲散资金，希望能够找到可靠的投资渠道，投资者们不仅要关注投资回报问题，而且要关注除此之外的其他因素，包括投资者对投资对象社会效应的诉求。近年来，随着机构投资者的出现和投资基金的冲击，我国出现了社会责任投资基金和社会责任投资指数。因此，实业界和学术界纷纷关注社会责任投资的问题，导致目前出现了大量的关于社会责任研究的文献。然而，很多研究大都是从概念和内容上加以探讨，有的针对社会责任评价体系进行探讨，有的从模型上探讨投资组合的计算方法，但很少有人结合投资组合模型与企业社会责任的现状和问题提出解决方案。尽管有一些学者从企业社会责任与企业的财务绩效角度进行研究，但是还是没有解决投资者所面临的多目标投资选择的决策问题。因此，本书正是在这样的前提下进行研究的，本书的研究不仅打破了学科间的界限，试图运用数学的方法解决管理学、社会学、经济学、心理学等领域的问题。作为交叉学科的尝试，本书对上述的研究进行如下总结。

本书在定量研究企业社会责任感的同时，将其作为一项基本信息在投资者进行投资决策时引入投资组合模型，这项研究可谓是开了企业社会责任感定量研究方面的先河，并且在世界范围内处于领先地位。投资组合理论是财务金融学中最为重要的理论之一，引进和吸收西方的金融理论对我国资本市场的完善无疑将具有重大的意义。近年来，传统的 Markowitz 资产选择模型已被扩展为多目标的资产选择模型，如包含股息、交易流动性等目标，本书提出的基于企业社会责任感的多目标投资组合模型无论是在创意上还是在多目标求解问题上都属于当前研究的前沿问题，而且具有很高的理论应用价值。

本研究以投资者为出发点，从企业社会责任的视角来分析多目标投资组合的投资决策问题，通过引入企业社会责任的评价指标体系的企业社会责任量化方法，建立以风险、回报率和企业社会责任三个一级指标为目标函数的多目标投资组合选择模型。实证研究结果表明，运用这种多目标投资组合选择模型计算出来的投资组合回报率显著优于同期市场指数回报率。从而得出了关注企业社会责任的投资，其回报率优于市场平均收益，同时也证实了本书所构建的考虑企业社会责任的多目标投资组合选择模型是有效的。

本书收集和评价 2007~2011 年我国 30 家上市公司的社会责任数据，并且综合考虑了所选取的样本具有高度代表性的特征，即按全球行业分类标准在一级指标的10 个经济部门中，每个部门分别选出市值大、中、小的三个企业作为研究对象，共计 30 个研究样本进行企业社会责任评价量化和分析企业社会责任履行情况。本书扩展了 Markowitz（均值-方差）理论模型在实际投资中的应用，即根据企业社会责任衡量指标构造出来的高维的社会责任投资组合模型。通过实证的数据，综合考虑了风险、收益和社会责任的得分表现，计算出充分考虑了社会责任的投资组合。经过对关于社会责任的投资组合的投资绩效分析，笔者发现所构造出来的组合的收益率和风险的表现都优于大盘指数的表现。换言之，社会责任投资的表现不仅有利于投资者根据自己的价值取向来选择适合自己的证券组合，也有助于帮助投资机构选出满足投资者所需求的股票。而且这种组合可以在很大程度上保证投资者获得至少不低于大盘的收益率。这在某种程度上为投资者提供了投资选股的指导方向。

同时，对于企业家或企业的管理者来讲，研究结果也有利于促进企业在经营过程中和进行战略决策时履行社会责任，增强企业的公民意识，有利于推动我国企业的社会责任朝积极的方向发展。如果投资者和投资机构意识到社会责任投资的价值表现和意义的话，那么当他们在投资选择的时候就会选择那些富有社会责任感的公司，而那些社会责任表现差的企业就不再是投资选择时考虑的对象。从长远来看，这会极大地削弱社会责任表现差的企业的竞争力，从而降低不顾及社会责任的企业的价值，有利于企业之间的良性竞争。因此，笔者认为社会责任投资实证结果进一步证明了社会责任投资有利于企业的可持续的发展。

由于本书研究的社会责任投资是综合考虑多方利益相关者的共同利益最大化的，并且是以此为基础构造社会责任投资模型，进而对社会责任投资绩效进行研究的，因此这样的实证结果也有利于企业、社会、投资者和各种社会团体的和谐相处，同时有利于促进企业以价值增长为导向的经营和发展理念的形成，有利于投资者以价值投资作为重要的选股标准和投资理念的培养。对于企业来说，这种实证结果也有利于改善社会责任信息的公开化问题，有利于扩大信息披露的范围，有利于提高信息披露的标准，有利于拓宽信息披露的渠道。

二、本书的研究启示

本书的研究结论对个体投资者、以企业社会责任公募基金为代表的机构投资者及证券市场监管机构都具有重要的启示意义。

（1）为个体投资者在构建投资组合的过程中提供一种建模的方式，这种模型可以充分考虑到企业社会责任因素。与传统的投资组合选择模型相比，本书的多目标投资组合选择模型在满足方差和预期回报率需求的同时，还满足投资者的社会责任感的投资心理需求。这种额外的考虑可以满足投资者自身的投资心理效用，而且本书的研究解决了一个新的问题，也就是投资者在构建和管理投资组合的过程中如何将这些因素考虑在内。这种兼顾回报率、风险和企业社会责任的多目标投资组合选择模型，还可以让投资者在构造投资组合进行投资时直接控制企业社会责任的三个一级指标。同时本书的研究可以扩展为其他类型的多目标投资组合选择模型，因此本书所提出的包含企业社会责任的多目标投资组合选择模型的研究不仅丰富了传统投资组合研究的内容，也为不同倾向和偏好的投资者提供了适合于他们的投资理念的理论和模型支持。

（2）为以企业社会责任公募基金为代表的机构投资者的投资组合选择提供参考建议。本书的研究证实，构造投资组合选股时兼顾备选股票的企业社会责任因素，将有利于基金的绩效表现。目前我国共有四只社会责任基金，分别为兴全基金（340007）、添富基金（470028）、建信基金（530019）及建信责任（530010）。从公告内容中的股票配置来看，四只基金均未持有烟草相关股票。然而，2011年3月15日双汇"瘦肉精"事件曝光之后，在兴全基金（340007）2011年第二季度重仓股中出现了双汇发展（000895），并在接下来的两个季度中所占净值不断上升。从四只基金季报中的"报告期内基金投资策略和业绩表现说明"来看，主要针对宏观环境和行业表现等情况进行说明，并未特别提及在社会责任选股方面的事情，与其他类型基金的季报基本没有什么差别。其中，添富基金（470028）在成立后前几份季报中还提到了"精选有企业家精神、激励机制完善、治理结构清晰、财务报表质量稳健的上市公司做中长期布局"等，但之后也不再提及"社会责任"了。综上，目前四只社会责任基金并未完全落实以"社会责任"选股的投资标准，至少在公告中，笔者很难读出这样的内容。本书的方法和模型可以为社会责任投资问题提供思路和方法，能够对机构投资者起到借鉴作用。

（3）为证券市场监管机构完善监管政策提供参考建议。本书的研究发现，考虑企业社会责任的投资组合，在风险较为相近时，其收益显著高于沪深300指数和上证50指数。这种研究结果有利于引导机构投资者在选股时重视可持续发展的观念，而不至于为了追逐短期的经济利益而去扰乱了市场秩序。然而，也容易促使一些企业进行违规行为的活动。一些本身不重视社会责任的企业，为了得到机构投资者的关注，而去伪造履行企业社会责任的虚假信息的行为。因此，市场监管部门应该加大力度推进企业社会责任报告披露的透明度，增加发布的企业社会责任报告的企业数量，提升社会责任报告的质量，以有利于逐渐普及企业应该履行社会责任的观念。对于监管机构来讲，评判一家上市公司的企业社会责任履行情况，除了考察企业社会责任报告的内容外，还要设立专门的部门对企业社会责任报告内容的质量和真实性进行评估，以有利于推动我国上市公司的企业"公民意识"的发展，提高上市公司的质量，进一步提升上市公司的治理能力，从而推动我国资本市场朝着更成熟的方向发展。

第二节 政 策 建 议

本书从投资者角度研究企业社会责任问题，即研究投资决策时的多目标选择问题，不仅要考虑风险和收益的平衡问题，而且要更多地考虑社会责任的因素，其投资的对象主要集中于上市公司。因此，本书的研究对于中国投资者，特别是对投资机构在投资决策的合理化、科学化方面具有指导作用，甚至对金融企业竞争优势的优化升级，也具有重要的参考价值。结合本书针对该问题而构造的理论模型与得到的实证研究结论，提出以下政策建议。

一、完善中国资本结构建设，营造良好的社会责任投资氛围

近些年来，我国政府出台了一系列的法律法规来促进环境保护、降低能耗和提高劳动者的权益保障，这在很大程度上强调了企业履行社会责任的义务的重要性，为我国实现社会责任投资奠定了一定的基础。然而，由于社会责任投资基金是个新事物，人们接纳它还需要一个过程，因此，我国的相关部门应该加大力度进行扶持。

首先，应该加强证监会的监管力度。作为国务院直属机构，证监会是全国证券期货市场的主管部门，是证券市场的最高监管机构，证监会对促进社会责任投资的举措具有重要的指导意义。例如，应该建立便于公众使用的，较为统一的社会责任指标体系作为评价标准，这样有利于企业的自评和同行业的互评，从而引导企业积极履行社会责任。又如，制定企业社会责任投资信息披露制度，通过信息披露，将社会责任落实到位，将社会责任投资对象这个基础夯实。同时鼓励开发社会责任投资产品，特别是社会责任基金。再如，《全国社会保障基金理事会章程》中的资金运营就要体现社会责任投资，排除对烟草、酒类、武器等行业进行投资。

其次，应该发挥证券交易所的监督作用。我国目前有四家证券交易所，分别是上海证券交易所、深圳证券交易所、香港交易所和台湾证券交易所。前两者属于大陆地区的交易所。除了交易功能外，交易所也应该承担沟通和监督上市公司和投资者的职能。因此我国的证券交易所在社会责任投资的推动方面应该起到相应的作用。例如，证券交易所可以对上市公司社会责任报告的质量进行评估，提高社会责任意识，拟定信息披露标准。

最后，应该发挥中介机构的纽带功能。中介机构是资本市场生存和发展的桥梁，在降低交易成本方面起着不可或缺的作用。例如，指数公司：社会责任指数的信息透明化有利于公众更加了解社会责任投资的具体选股标准和股价变动情况，有利于社会责任投资的推广。评级机构：国内应该设立专门的社会责任相关

评级机构，以便在上市公司履行社会责任行为时，有第三方评价机构给出客观的
评价结果。

二、规范社会责任投资基金的投资组合筛选和管理

社会责任投资基金的投资理念是"创造财富，改变世界"，其投资的目的不仅
是创造财富，同时也考虑社会效应，更好地促进企业履行社会责任，净化投资环
境，获得经济与社会的双重回报。

在社会责任投资的三种模式中，社会责任基金通常所采用的是投资组合筛选
的方式。而最为常见的就是"积极筛选方式"，是指根据企业的财务绩效指标和企
业社会责任指标同时进行分析，整理出符合其投资理念的企业进行投资，进而达
到其特定的社会责任投资的目标。首先，投资机构根据上市企业的财务数据进行
初步筛选，得到那些能够达到其预期目的企业作为其潜在的投资对象；其次，根
据该基金投资公司所设计的社会目标的标准进行第二轮的筛选，如国际上常见的
环境、社会治理标准，从而选择出符合其标准的企业进行投资；再次，如果发现
某些企业的财务未能达到该基金筛选标准的要求，但其有极为突出的社会责任表
现，那么基金投资公司也会将其列为可能选择的对象；最后，为了更好地适应我
国的投资环境，在借鉴欧美等发达国家比较成熟的筛选方法的基础之上，结合中
国企业社会责任的现状表现，总结出适合自己的也较为客观的选股方式，凭借这
种选股方式的推广，不仅可以通过投资促进社会责任感表现良好的企业获得发展，
而且有利于对某些社会责任表现欠佳的企业的规避，也间接地促进了这些企业履
行社会责任，从而促进企业良性发展，进而实现社会的和谐发展。

三、积极引导社会责任基金的投资者

在社会责任投资基金的发展过程中，投资者扮演了重要的角色，起到重要的
推动作用，一个国家，也只有当社会责任投资基金拥有众多的拥护者和投资者，
而且具备大量的社会责任投资资金时，才能形成社会责任投资市场，并且逐步走
向成熟和完善。

社会责任投资基金的投资者又叫社会责任基金的持有人，是基金的出资人、

所有者和基金收益的受益人。我国目前的社会责任基金的投资者主要包括个人投资者、机构投资者和合格的境外机构投资者（qualified foreign institutional investors, QFII）。

随着资本市场的发展，个人投资者已经从证券市场的参与者转变为基金市场的主要投资者。Wind 资讯金融数据库资料显示，股票型开放基金中，个人投资者所占比例一直居高不下。随着环境、能源、道德、人权和食品安全等问题的备受关注，越来越多的投资者也开始逐渐接受社会责任投资的理念，他们关注投资的对象，并希望通过自己的投资选择，达到预期的社会诉求目的。当市场中出现关注不同方面的社会责任投资基金时，这些投资者就可能从中选择投资。因此，在引导个人投资者方面，尽量推出更为人性化的投资基金类型，以满足这些投资心理，从而加快社会责任基金的发展。

机构投资者是社会责任基金的主要投资者之一，机构投资者是指用自有资金和从公众手中筹集到的资金进行证券投资活动的法人机构。在我国，机构投资者主要是具有证券经营业务资格的证券经营机构，符合国家政策法规的投资管理基金等。由于机构投资者具有雄厚的资金实力，拥有投资团队，可以进行科学化、专业化的数据分析和投资决策，因此许多机构投资者追求长期效应，注重分散投资以降低风险。由于社会责任投资基金在选择投资对象时，结合财务指标和社会责任指标，而且社会责任基金更加注重长期投资收益，机构投资者也关注长期投资回报率，使得社会责任基金成为机构投资者的主要选择之一。因此如何构建更多的社会责任基金，更好地满足机构投资者的需求，将是相关部门亟待解决的问题。

社会责任投资在国外已经具有相当成熟的市场，国外的投资者在选择投资对象时，也会更倾向于社会责任基金的选择。QFII 就是来自国外发达国家的投资者，当他们在我国的基金市场中进行投资时，他们会给我国的社会责任投资市场带来更丰富的社会责任投资的经验，并对我国资本市场的健康发展起到重要的推动作用。

四、通过私募基金的形式，推广社会责任投资

社会责任投资基金的推广和发展可以通过公募基金的形式，也可以通过私募基金（private equity fund, PE）的形式。公募基金通常以间接的方式投资二级市场的股票、债券来投资企业，通过投票的方式来实现社会责任投资；而私募基金

则主要以股权投资的形式直接投资实体企业，尤其是高新技术产业。它可以更好地引导整个社会的投资取向，站在制高点上引领社会责任投资的可持续跨越式的发展。因此，应该重视私募投资基金对社会责任投资的引导和示范性的作用。

私募基金，主要投资于未上市的企业股权，这个阶段的企业有扩充股本的需求，因此，只有处于快速增长且有很强竞争力的企业，才有机会获得整合基金和增长基金的关注。私募股权投资属于典型的风险投资，风险投资基金属于股权投资基金。其具有两个特点，即在时间上是处于企业发展的早期，在投资的对象上是高科技和商业模式创新型的企业。风险投资在中国的时间很短，和社会责任投资类似，它们考虑到环保、人权、员工利益和产业链上下游的利益相关者的福利。因此，要实现社会责任投资的跨越式发展，就应该加快引导和培育风险投资基金，尽快制定鼓励风险投资基金发展的法律和相应的政策。同时，由于社会责任投资概念在资本市场上的地位越来越重要，可以说社会责任投资关系到中国经济和社会可持续发展的重要问题，国家也应该加大力度鼓励私募基金的发展，从而有力地推动社会责任投资在我国的发展。

第三节　研究展望

本书在面向企业社会责任视角的多目标投资组合选择模型的研究上取得了一定的进展，但受篇幅和作者研究水平的限制，本书认为，对于该问题尚有进一步研究的潜力。

首先，因研究样本和时间的限制，本书只选取了我国上市公司五年的数据作为研究样本。而受不同行业、地区和时间特征的影响，不同的样本企业可能会导致不同的研究结果，因此扩展研究样本，考察更多的样本数据，有可能进一步发掘出更深层次的研究结论。该研究方向则成为未来研究的最直观的出发点。

其次，在实证研究中，企业社会责任评价体系和方法的差异，导致同一家企业因采用不同的评价方法而产生不同的结果，进而在一定程度上影响着投资组合决策者做出不同的决策，因此采用多种企业社会责任评价体系进行量化，考察这些不同的评价体系得出的社会责任履行情况的得分表现是否一致，或者排序是否一致，进而对不同评价体系构建新的模型，也是未来研究的着眼点之一。

再次，本书将三个企业社会责任的一级指标（核心利益相关者、蛰伏利益相关者、边缘利益相关者）添加到经典的投资组合选择模型中构建多目标投资组合模型，并且显示出了该模型的优势，但对于不同的投资者的价值取向不同，该模型还不能代表所有投资者而直接简单地应用到投资决策中。因此，后续的研究可以采用主观问卷的形式或者选择多种类型的指标维度来构建多目标投资组合选择模型。

最后，在实际工作中使用本模型做出相应的投资决策时，管理者在筛选潜在的备选投资对象时，由于对企业社会责任的精确度量难度较大，可能会受到主观因素的影响。或者是否还有其他因素在投资决策过程中起作用呢？如果有，这些因素起作用的方式和程度大小如何，这些都有待于进一步的研究。

参 考 文 献

曹玉红，尤建新，王瑞. 2015. 社会责任投资视角下投资者多准则决策[J]. 同济大学学报（自然科学版），（5）：794-799.

陈承，张俊瑞，李鸣，等. 2015. 中小企业社会责任的概念、维度及测量研究[J]. 管理学报，（11）：1687-1694.

陈定洋，郝欣富，唐华. 2011. 制度环境变迁与中国企业社会责任路径[J]. 中国人口·资源与环境，（8）：49-54.

陈国华，廖小连. 2010. 多目标投资组合模型的理想点解法[J]. 湖南工业大学学报，（1）：47-49，56.

陈宏辉，贾生华. 2004. 企业利益相关者三维分类的实证分析[J]. 经济研究，（4）：80-90.

陈华友. 2002. 多目标决策问题的广义折衷解研究[J]. 运筹与管理，（6）：36-40.

陈顺怀. 2002. 一种模糊随机多目标决策方法[J]. 武汉理工大学学报，（12）：75-77.

陈占武. 2015. 社会责任投资探究[J]. 财会通讯，（26）：9-10.

崇曦农，李宏. 2000. 多目标证券投资组合决策模型[J]. 南开经济研究，（4）：69-71.

董雨，胡兴祥，陈景雄. 2003. 多目标决策问题的博弈论方法初探[J]. 运筹与管理，（6）：35-39.

段云，李菲. 2014. QFII对上市公司持股偏好研究：社会责任视角[J]. 南开管理评论，17（1）：44-50.

冯巧根. 2009. 基于企业社会责任的管理会计框架重构[J]. 会计研究，（8）：80-87，96.

付强，刘益. 2013. 基于技术创新的企业社会责任对绩效影响研究[J]. 科学学研究，31（3）：463-468.

高尚全. 2004-10-22. 证券之星[EB/OL]. http://stockstar.com.

耿兆强，邹益仁. 2001. 多目标群体决策问题的模糊分析方法[J]. 信息与控制，（7）：654-664.

郭金维，蒲绪强，高祥，等. 2014. 一种改进的多目标决策指标权重计算方法[J]. 西安电子科技大学学报（自然科学版），（6）：118-125.

贺北方，周丽，王海政，等. 2001. 交互式多目标决策方法及其应用[J]. 郑州工业大学学报，（3）：9-13.

胡明娟，丁建定. 2005. 全球化、SA8000与我国企业社会责任标准的建立[J]. 华中科技大学学报，（5）：115-120.

胡伟，许家林. 2009. 社会责任指数的投资价值：理论与证据[J]. 经济与管理研究，（12）：52-57.

黄本笑，刘成华. 2005. 风险投资多目标决策模型构建及实证分析[J]. 商业时代，（23）：62-63.

吉利，张正勇，毛洪涛. 2013. 企业社会责任信息质量特征体系构建——基于对信息使用者的问卷调查[J]. 会计研究，（1）：50-56.

贾存斗，张文魁. 2006-05-18. 辩证看待中国企业社会责任[N]. 中国产业新闻报.

蒋艳，向学军，李宁. 2004. 多目标决策中的权重敏感性分析[J]. 三峡大学学报，（5）：447-449.

金雪军，王晓荣. 2005. 自愿劳工标准的现状与发展：基于 SA8000 认证的经验研究[J]. 中国工业经济，（8）：89-96.

雷振华. 2013. 基于企业属性视角企业社会责任评价指数构建探讨[J]. 求索，（7）：48-50.

黎友焕. 2007. 企业社会责任研究[D]. 西北大学博士学位论文.

黎友焕，刘延平. 2010. 中国社会责任建设蓝皮书（2010）[M]. 北京：人民出版社.

李登峰，程春田，陈守煜. 1998. 部分信息不完全的多目标决策方法[J]. 控制与决策，（1）：83-86.

李立清. 2006. 企业社会责任评价理论与实证研究：以湖南省为例[J]. 南方经济，（1）：105-118.

李庆华，胡建政. 2011. 企业社会责任与企业竞争优势的关系研究——来自沪深两市上市公司的经验证据[J]. 科学学与科学技术管理，32（8）：139-148.

李伟阳，肖红军，郑若娟. 2011. 企业社会责任经典文件导读[M]. 北京：经济管理出版社.

李正，向锐. 2007. 中国企业社会责任信息披露的内容界定计量方法和现状研究[J]. 企业管理研究，（10）：69-77.

梁桂全. 2004. 企业社会责任：跨国公司全球化战略对我国企业的挑战[J]. WTO 经济导刊，（12）：91-92.

林超. 2008. 社会责任投资的国际现状与趋势[J]. 福建论坛（人文社会科学版），（7）：38-39.

刘波，郭文娜. 2009. 社会责任投资：观念的演化及界定[J]. 软科学，（12）：45-49.

刘藏岩. 2005. SA8000 对中国民营制造业的影响及对策研究[J]. 商业研究，（12）：76-78.

刘德峰. 1998. 求解信息不完全多目标问题的两种决策方法[J]. 系统工程与电子技术，（12）：59-61.

刘凤军，李敬强，李辉. 2012. 企业社会责任与品牌影响力关系的实证研究[J]. 中国软科学，（1）：116-132.

刘凤元. 2010. 绿色投资者与公司市场价值关系实证研究[J]. 济南大学学报（社会科学版），（1）：63-67.

刘健. 2001. 在多目标决策中利用基点计算权重[J]. 系统工程理论与实践，（4）：27-30.

刘俊海. 1999. 公司的社会责任[M]. 北京：法律出版社.

刘丽珍. 2011. 中国社会责任投资的治理机制——基于政策网络的分析[J]. 探索与争鸣，（8）：64-66.

刘淑华，高强，刘嘉玮. 2011. 关于国有企业社会责任评价指标设计的思考[J]. 会计之友，（2）：29-32.

刘瑛华. 2006. 从 SA8000 看国际企业社会责任运动对中国的影响[J]. 管理世界，（6）：159-160.

刘勇，Forrest J，赵焕焕，等. 2012. 基于前景理论的多目标灰色局势决策方法[J]. 系统工程与电子技术，（12）：2514-2519.

刘勇军，张卫国，徐维军. 2013. 考虑现实约束的模糊多准则投资组合优化模型[J]. 系统工程理论与实践，33（10）：2462-2470.

卢代富. 2002. 企业社会责任的经济学与法学分析[M]. 北京：法律出版社.

马虹，李杰. 2015. 社会责任投资的避险效应和预期误差效应——基于产品市场竞争的视角[J]. 中国工业经济，（3）：109-121.

马龙龙. 2011. 企业社会责任对消费者购买意愿的影响机制研究[J]. 管理世界，（5）：120-126.

买生，匡海波，张笑楠.2012.基于科学发展观的企业社会责任评价模型及实证[J].科研管理，
　　33（3）：148-154.

齐丽云，魏婷婷.2013.基于ISO26000的企业社会责任绩效评价模型研究[J].科研管理，34（3）：
　　84-92.

齐岳.2007.投资组合管理：创新与突破[M].北京：经济科学出版社.

齐岳，林龙.2015.投资组合模型的改进研究：基于企业社会责任视角的实证分析[J].运筹与管
　　理，（3）：275-287.

乔海曙，龙靓.2009.社会责任投资绩效实证研究述评[J].经济学动态，（6）：132-137.

屈晓华.2003.企业社会责任演进与企业良性行为反应的互动研究[J].管理现代化，（5）：13-16.

饶从军，肖新平.2006.多目标决策问题的模糊数学解法[J].武汉理工大学学报，（4）：700-703.

沈世禄，冯书兴，王佳.2008.一种基于多目标决策的指挥决策方案优选算法[J].计算机仿真，
　　25（9）：13-15.

沈弋，徐光华，王正艳.2014.“言行一致”的企业社会责任信息披露——大数据环境下的演化
　　框架[J].会计研究，（9）：29-36，96.

沈占波，杜鹏.2009.我国企业社会责任绩效评价体系的构建[J].改革与战略，（5）：159-163.

宋建波，盛春艳.2009.基于利益相关者的企业社会责任评价研究——以制造业上市公司为例[J].
　　中国软科学，2009（10）：153-163.

宋献中，龚明晓.2007.社会责任信息的质量与决策价值评价——上市公司会计年报的内容分
　　析[J].会计研究，（20）：37-43.

孙硕，张新杨.2011.社会责任投资与公司价值相关性理论探索[J].证券市场导报，（11）：34-39.

孙伟，周瑶.2012.企业社会责任信息披露与资本市场信息不对称关系的实证研究[J].中国管理
　　科学，20（11）：889-893.

谈多娇，张兆国.2011.社会责任投资与企业市场价值关联性的模型分析[J].财会月刊，（2）：
　　11-14.

唐鹏程，杨树旺.2016.企业社会责任投资模式研究：基于价值的判断标准[J].中国工业经济，
　　（7）：109-126.

陶文杰，金占明.2012.企业社会责任信息披露、媒体关注度与企业财务绩效关系研究[J].管理
　　学报，9（8）：1225-1232.

田虹，袁海霞.2013.企业社会责任匹配性何时对消费者品牌态度更重要——影响消费者归因的
　　边界条件研究[J].南开管理评论，16（3）：101-108.

田虹，王汉瑛.2016.国外社会责任投资的中国借鉴——一个批判性学习视角[J].华东经济管
　　理，（2）：156-162.

田敏，李纯青，萧庆龙.2014.企业社会责任行为对消费者品牌评价的影响[J].南开管理评论，
　　17（6）：19-29.

田志龙，王瑞，樊建锋，等.2011.消费者CSR反应的产品类别差异及群体特征研究[J].南开管
　　理评论，14（1）：107-118，129.

万寿义，刘正阳.2013.制度背景、公司价值与社会责任成本——来自沪深300指数上市公司的
　　经验证据[J].南开管理评论，16（1）：83-91.

汪晓程，王瑛.2000.多目标决策分析中的目标关联分析法[J].系统工程理论与实践，（12）：
　　63-66.

汪亚明，刘文彬，刘玉焕，等. 2015. 中国企业社会责任的自我表述与实践之间的关系研究——基于上市公司的数据[J]. 中国软科学，（10）：177-186.

王昶，陈昕. 2012. 美国社会责任投资的发展及启示[J]. 财务与金融，（4）：20-26.

王俊. 2008. 美欧日社会责任投资（SRI）的发展模式及绩效比较研究[J]. 经济社会体制比较，（1）：177-180.

王琦，吴冲. 2013. 企业社会责任财务效应动态性实证分析——基于生命周期理论[J]. 中国管理科学，21（11）：542-548.

王倩. 2014. 企业社会责任与企业财务绩效的关系研究——制度环境的调节效应[D]. 浙江大学博士学位论文.

王清刚. 2012. 企业社会责任管理中的风险控制研究——以 BJNY 集团的环境、健康和安全管理为例[J]. 会计研究，（10）：54-64，96.

王树娟. 2005. 中国证券基金最优投资组合[J]. 系统工程，23（1）：63-68.

王万军. 2009. 基于多因素指标的多目标决策模型方法及应用[J]. 长春师范学院学报，（2）：14-16.

王晓巍，陈慧. 2011. 基于利益相关者的企业社会责任与企业价值关系研究[J]. 管理科学，24（12）：29-37.

王效俐，吴健中. 1995. 风险型多目标决策的非线性规划模型[J]. 决策与决策支持系统，（3）：54-59.

王璇，辛春林. 2013. 基于结构方程模型的企业社会责任评价——以石化行业为例[J]. 中国流通经济，（6）：74-79.

王志民. 2004. 关于企业社会责任的思考与建议[J]. 福建论坛，（11）：107-111.

温素彬，方苑. 2008. 企业社会责任与财务绩效关系的实证研究——利益相关者视角的面板数据分析[J]. 中国工业经济，（10）：150-160.

邬文帅，寇纲，彭怡，等. 2012. 面向突发事件的模糊多目标应急决策方法[J]. 系统工程理论与实践，（6）：1298-1304.

吴清烈，徐南荣. 1996. 基于目标希望水平的多目标决策新方法[J]. 系统工程学报，（2）：7-14.

伍旭中. 2012. 政府治理、社会责任投资与企业社会责任：博弈与实现机制[J]. 安徽师范大学学报（人文社会科学版），（2）：185-191.

夏洪胜，盛昭瀚，徐南荣. 1992. 多层多目标决策方法的综述[J]. 系统工程与电子技术，（7）：27-32.

谢佩洪，周祖城. 2009. 中国背景下 CSR 与消费者购买意向关系的实证研究[J]. 南开管理评论，12（1）：64-70，83.

熊锐，曹锟生. 1992. 多目标决策的层次分析法[J]. 系统工程理论与实践，（6）：58-62.

熊锐，蒋晓亚. 1994. 层次分析法在多目标决策中的应用[J]. 南京航空航天大学学报，（2）：283-288.

徐泓，朱秀霞. 2012. 低碳经济视角下企业社会责任评价指标分析[J]. 中国软科学，（1）：153-159.

徐珊，黄健柏. 2015. 媒体治理与企业社会责任[J]. 管理学报，（7）：1072-1081.

严应超，张传新. 2008. 多目标投资组合研究[J]. 全国商情（经济理论研究），（2）：80-81.

杨大梅，肖玉超. 2008. 国外 NGOs 的社会责任投资战略及其对我国的启示[J]. 软科学，（1）：94-97.

杨自业，尹开国. 2009. 公司社会绩效影响财务绩效的实证研究——来自中国上市公司的经验证据[J]. 中国软科学，（11）：109-118.

殷格非. 2006. 提高责任竞争力应对全面责任竞争时代[J]. 上海企业，（1）：20-24.

尹开国，梁志钢，杨自业. 2011. 企业社会责任研究：现状评价与未来趋势[J]. 预测，30（4）：75-81.

尹开国，刘小芹，陈华东. 2014. 基于内生性的企业社会责任与财务绩效关系研究——来自中国上市公司的经验证据[J]. 中国软科学，（6）：98-108.

于东智，邓雄. 2009. 社会责任投资论[J]. 金融论坛，（8）：12-19.

袁家方. 1990. 企业社会责任[M]. 北京：海洋出版社.

翟晓燕. 2003. 多目标决策中目标权数排序的计算方法[J]. 系统工程，（9）：120-126.

张丹丹. 2011. 基于多目标投资组合的基金投资管理分析[J]. 重庆交通大学学报（社会科学版），（6）：69-71，79.

张蒽. 2009. 社会责任投资：财务绩效及其对企业行为的影响[J]. 经济管理，（7）：59-64.

张宏宇，周燕华，张建君. 2014. 如何缓解农民工的疲惫感：对工会和SA8000认证作用的考量[J]. 管理世界，（2）：32-43.

张坤，章辉美. 2013. 基于熵权基点理论的企业社会责任评价实证研究[J]. 系统工程，31（8）：118-122.

张玲丽. 2008. 基于利益相关者理论的企业社会责任评价指标构建[J]. 现代经济，（7）：64-67.

张新波，蔡星. 2007. 基于一种新的多目标决策模型的风险投资评估[J]. 大庆石油学院学报，（4）：101-125.

张旭，宋超，孙亚玲. 2010. 企业社会责任与竞争力关系的实证分析[J]. 科研管理，31（3）：149-157.

张兆国，靳小翠，李庚秦. 2013. 企业社会责任与财务绩效之间交互跨期影响实证研究[J]. 会计研究，（8）：32-39，96.

赵杨，孔祥纬. 2010. 我国企业社会责任履行绩效评价体系构建研究——基于利益相关者理论及分项评价模式[J]. 北京工商大学学报（社会科学版），（11）：48-55.

郑若娟，胡璐. 2014. 我国社会责任投资策略与绩效分析[J]. 经济管理，（5）：163-174.

钟洪武. 2007. 慈善捐赠与企业绩效[M]. 北京：经济管理出版社.

周海炜，刘亚辉，屈维意. 2015. 中国海外水电工程的社会责任投资机制研究[J]. 亚太经济，（6）：111-114.

周洪涛，王宗军，宋海刚. 2005. 基于模糊优化的多目标投资组合选择模型研究[J]. 华中科技大学学报（自然科学版），（1）：108-110.

周建，王文，刘小元. 2008. 我国上市公司社会责任与企业绩效的实证研究——基于沪深两市上市公司的经验证据[J]. 现代管理科学，（11）：20-24.

周祖城. 2005. 企业社会责任：视角、形式与内涵[J]. 理论学刊，（2）：58-62.

朱刚，马良. 2010. 多目标优化的生长竞争蚁群算法[J]. 系统工程，28（12）：91-95.

朱忠明，祝健，等. 2010. 社会责任投资[M]. 北京：中国发展出版社.

Abbot W F, Monsen R. 1979. On the measurement of corporate social responsibility: self-reported disclosureasa measure of corporate social involvement[J]. Academy of Management Journal, 22（3）：501-515.

Anagnostopoulos K P, Mamanis G. 2010. A portfolio optimization model with three objectives and discrete variables[J]. Computers & Operations Research, 37: 1285-1297.

Ashton D J, Atkins D R. 1979. Multicriteria programming for financial planning. Journal of the Operational Research Society, 30（3）: 259-270.

Ballestero E, Romero C. 1996. Portfolio selection: a compromise programming solution[J]. Journal of the Operational Research Society, 47（11）: 1377-1386.

Barbarosoglu G, Pinhas D. 1995. Capitalrationing in the public sector using the analytic hierarchy process[J]. The Engineering Economist, 40（4）: 315-341.

Barnard C. 1958. Elementary conditions of business morals[J]. California Management Review, 1（1）: 1-13.

Barnett M L. 2007. Stakeholder influence capability and the variability of financial returns to corporate social responsibility[J]. Academy of Management Review, 32（3）: 794-816.

Belton V, Stewart T J. 2002. Multiple Criteria Decision Analysis: An Integrated Approach[M]. Boston: Kluwer Academic Publishers.

Bernardo J J, Lanser H. 1977. A capital budgeting decision model with subjective criteria. Journal of Financial and Quantitative Analysis, 12（2）: 261-275.

Bodie Z, Kane A, Marcus A J. 2004. Investments[M]. 6th ed. Boston: McGraw-Hill/Irwin.

Booth G, Bessler W. 1989. Goalprogramming models for managing interest-raterisk[J]. Omega, 17（1）: 81-89.

Bowen H R. 1953. Social Responsibilities of the Businessman[M]. NewYork: Harper-Row.

Brammer S, Millington A. 2008. Does it pay to be different? An analysis of the relationship between corporate socialand financial performance[J]. Strategic Management Journal, 29（12）: 1325-1343.

Brammer S, Brooks C, Pavelin S. 2006. Corporate social performanceand stock returns: UK evidence from disaggregate measures[J]. Financial Management, 35（3）: 97-116.

Branco M C, Rodrigues L L. 2007. Positioning stakeholder theory within the debateon corporate social responsibility[J]. Electronic Journal of Business Ethics and Organizations Studies, 12（1）: 5-15.

Brockwell P J, Davis R A. 1987. Time Series: Theory and Methods[M]. NewYork: Springer Verlag.

Carr A Z. 1968. Is business bluffing ethical?[J]. Harvard Business Review, 46（1）: 143-153.

Carroll A B. 1979. A three-dimensional conceptual model of corporate performance[J]. Academy of Management Review,（5）: 497-505.

Carroll A B. 1991. The pyramid of corporatesocial responsibility: toward the moral management of organizational stakeholders[J]. Business Horizons, 34（4）: 39-48.

Carroll A B. 1999. Corporate social responsibility: evolutionofa definitional construct[J]. Business and Society, 38（3）: 268-295.

Carroll A B. 2004. Managing ethically with global stakeholders: a presentand future challenge[J]. Academy of Management Executive, 18（2）: 114-120.

Carroll A B, Buchhotz A K. 2000. Business and Society: Ethics and Stakeholder Management[M]. 4th ed. Cincinnati: South-Western Publishing Go.

Chan L K C, Lakonishok J, Sougiannis T. 2001. The stock market valuation of research and development expenditures[J]. The Journal of Finance, 56（6）: 2431-2456.

Chang T J, Meade N, Beasley J E, et al. 2000. Heuristics for cardinally constrained portfolio optimization[J]. Computersand Operations Research, 27: 1271-1302.

Choi J, Wang H. 2009. Stakeholder relations and the persistence of corporate financial performance[J]. Strategic Management Journal, 30（8）: 895-907.

Chordia T, Subrahmanyam A, Anshuman V R. 2001. Trading activity and expected stock returns[J]. Journal of Financial Economics, 59（1）: 3-32.

Clarkson M B E. 1999. A stakeholder framework for analyzing and evaluating corporate social performance[J]. The Academy of Management Review, (4): 14-19.

Clarkson P M, Li Y, Richardson G D, et al. 2008. Revisiting the relation between environmental performance and environmental disclosure: an empirical analysis[J]. Accounting Organizations and Society, 33 (4): 303-327.

Davis K. 1973. The case for and against business assumption of social responsibilities[J]. Academy of Management Journal, 16 (2): 312-322.

Doh J, Guay T. 2006. Corporate social responsibility, public policy, and NGO Activismin Europe and the United States: an institutional-stake-holder perspective[J]. Journal of Management Studies, 43 (1): 47-73.

Donker H, Poff D, Zahir S. 2008. Corporate values, codes of ethics, and firm performance: a look at the Canadian context[J]. Journal of Business Ethics, 82 (3): 527-537.

Ehrgott M, Klamroth K, Schwehm C. 2004. An MCD mapproachto portfolio optimization[J]. European Journal of Operational Research, 155 (3): 752-770.

Fama E F, French K R. 1992. Thecrosssection of expected stock returns[J]. The Journal of Finance, 47 (2): 427-465.

Fama E F, French K R. 1993. Commonrisk factorsin the returns on stocks and bonds[J]. Journal of Financial Economics, 33 (1): 3-56.

Fogler H R, Nutt F. 1975. A note on social responsibility and stock valuation[J]. The Academy of Management Journal, 18 (1): 155-160.

Freeman R E. 1984. Strategic Management: A Stakeholder Approach[M]. Boston: Pitman.

Freeman R E, Evan W M. 1990. Corporate governance: a stakeholder interpretation[J]. Journal of Behavioral Economics, 19 (4): 337-359.

Friedman M. 1970. A friedman doctrine-the social responsibility of businessis to increase its profits[J]. New York Times, 9 (13): 32-33.

Garriga E, Mele D. 2004. Corporate social responsibility theories: mapping the territoy[J]. Journal of Business Ethics, 53 (1~2): 51-57.

Geczy C C, Stambaugh R F, Levin D. 2003. Investingin socially responsibility mutual funds: proposal of non-financial ranking in Italian market [C]. Working Paper, Wharton School, University of Pennsylvania.

Gleason J M, Lilly C C. 2007. A goal programming model for insurance agency management[J]. Decision Sciences, 8 (1): 180-190.

Godfrey P C, Hatch N W. 2007. Researching corporate social responsibility: an agenda for the 21st Century[J]. Journal of Business Ethics, 70 (1): 87.

Goedhart M, Spronk J. 1995. Financial planning with fractional goals[J]. European Journal of Operational Research, 82 (1): 111-124.

Goodpaster K. 1983. The concept of corporate responsibility[J]. Journal of Business Ethics, 2 (1): 1-22.

Guenster N, Bauer R, Derwall J, et al. 2011. The economic value of corporate eco-efficiency[J]. European Financial Management, 17 (4): 679-704.

Guerard J B, Mark A. 2003. The optimization of efficient portfolios: the case for an R&D quadratic term[J]. Researchin Finance, 20: 217-247.

Hallerbach W G, Spronk J. 2002. A multidimensional framework for financial economic decisions[J]. Journal of Multi-Criteria Decision Analysis, 11 (3): 111-124.

Harvey C R, Siddique A. 2000. Conditional skewness in asset pricing tests[J]. The Journal of Finance,

55 (3)： 1263-1296.

Hirschberger M， Qi Y， Steuer R E. 2007. Randomly generating portfolio-selection covariance matrices with specified distributional characteristics[J]. European Journal of Operational Research (SCI expanded)， 177 (3)： 1610-1625.

Hirschberger M， Qi Y， Steuer R E. 2010. Large-scale MV efficient frontier computation via a procedure of parametric quadratic programming[J]. European Journal of Operational Research (SCI expanded)， (204)： 581-588.

Hirschberger M， Steuer R E， Utz S， et al. 2013. Computing the nondominated surfacein tri-criterion portfolio selection. Operations Research (SCI)， 61 (1)： 169-183.

Huang C， Litzenberger R H. 1988. Foundations for Financial Economics[M]. Englewood Cliffs： Prentice Hall.

Konno H， Yamazaki H. 1991. Mean-absolute deviation portfolio optimization model and its application to the Tokyo stock market[J]. Management Science， 37 (5)： 519-531.

Konno H， Shirakawa H， Yamazaki H. 1993. A mean-absolute deviation skewness portfolio optimization model[J]. Annals of Operations Research， 45 (1~4)： 205-220.

Lanis R， Richardson G. 2012. Corporate social responsibility and tax aggressiveness： an empirical analysis[J]. Accounting and Public Policy， 31 (1)： 86-108.

Levitt T. 1958. The dangers of social responsibility[J]. Havard Business Review， 36 (5)： 41-50.

Lintner J. 1965. The valuation of risk assets and the selection of risk investments in stock portfolios and capital budgets[J]. Review of Economics and Statistics， 47 (1)： 13-37.

Mahon J， Wartick S L. 2012. Corporate social performance profiling using multiplestake hold erperceptions to assess acorporate reputation[J]. Journal of Public Affairs， 12 (1)： 12-28.

Mansini R， Ogryczak W， Speranza M G. 2003. On LP solvable models for portfolio selection[J]. Informatica， 14 (1)： 37-62.

Markowitz H M. 1952. Portfolio selection[J]. The Journal of Finance， 7 (1)： 77-91.

Markowitz H M. 1991. Foundations of portfolio selection[J]. The Journal of Finance， 46 (2)： 469-477.

Matten D， Moon J. 2008. Implicit and explicit CSR： a conceptual framework for a comparative understanding of corporate social responsibility[J]. Academy of Management Review， 33 (2)： 404-424.

Medaglia A L， Graves S B， Ringuest J L. 2007. A multiobjective evolutionary approach for linearly constrained projects election under uncertainty[J]. European Journal of Operational Research， 179： 869-894.

Merton R C. 1972. An analytical derivation of the efficient portfolio frontier[J]. The Journal of Financial and Quantitative Analysis， 7 (4)： 1851-1872.

Mill G A. 2006. The financial performanceofa socially responsible investment over time and a possible link with corporate social responsibility[J]. Journal of Business Ethics， (63)： 131-148.

Mohan A. 2006. Global corporate social responsibility management in MNCs[J]. Journal of Business Strategies， 23 (1)： 9.

Mossin J. 1966. Equilibrium in acapital asset market[J]. Econometrica， 35： 768-783.

Oliver S. 1924. The Philosophy of Management[M]. London： Sir Isaac Pitman and Sons.

Parra M A， Terol A B， Uria M V R. 2001. A fuzzy goal programming approach to portfolio selection[J]. European Journal of Operational Research， 133 (2)： 187-297.

Pava M L， Krausz J. 1996. The association between corporate social-responsibility and financial performance： the paradox of social cost[J]. Journal of Business Ethics， (15)： 321-357.

Pegg S. 2012. Social responsibility and resource extraction: are Chinese oil companies different?[J]. Resources Policy, (2): 160-167.

Porter M, Kramer M. 2006. Strategy&society: the link between competitive advantage and corporate social responsibility[J]. Harvard Business Review, 84 (12): 78-92.

Preston L E, O'Bannon D P. 1997. The corporate social-financial performance relationship: atypology and analysis[J]. Business and Society, 36 (4): 419-429.

Prieto-Carron M, Lund-Thomsen P, Chan A, et al. 2006. Critical perspectiveson CSR and development: what we know, what we don't know, and what we need to know[J]. International Affairs, 82 (5): 977-987.

Qi Y, Peng X F, Liu J. 2009a. A multi-objective portfolio selection formulation of corporate social responsibility and optimization algorithms[C]. IEEE.

Qi Y, Hirschberger M, Steuer R E. 2009b. Dotted representations of mean-variance efficient frontiers and their computation. INFOR: Information Systems and Operational Research, 47 (1): 15-22.

Qi Y, Peng X, Li M. 2010. Removing the necessity of simplifications in large-scale portfolio selection[J]. Nankai Business Review International, 1 (1): 20-38.

Qi Y, Huang J, Peng X. 2013a. Does supply-demand law work for ICBC's stock price? [J]. Emerald Emerging Markets Case Studies, 3 (3): 1-20.

Qi Y, Steuer R E, Wimmer M. 2017. An analytical derivation of the efficient surface in portfolio selection with three criteria[J]. Annals of Operations Research, 251 (1~2): 161-177.

Qi Y, Wu F, Peng X, et al. 2013b. Chinese corporate social responsibility by multiple objective portfolio selection and genetic algorithms[J]. Journal of Multi Criteria Decision Analysis, 20 (3): 127-139.

Ross S A, Lizzeri A, Shell K. 1976. The arbitrage theory of capital asset pricing[J]. Journal of Economic Theory, 13 (3): 343-362.

Schwartz M, Carroll A. 2003. Corporate social responsibility: a three-domain approach[J]. Business Ethics Quarterly, 13 (4): 503-530.

Servaes H, Tamayo A. 2013. The impact of corporate social responsibility on firm value: the role of customer awareness[J]. Management Science, 59 (5): 1-17.

Sharpe W F. 1964. Capitalassetprices: a theory of market equilibrium under conditions of risk [J]. The Journal of Finance, 19 (3): 425-442.

Spronk J, Hallerbach W G. 1997. Financial modeling: where to go? With an illustration for portfolio management[J]. European Journal of Operational Research, 99 (1): 113-127.

Steuer R E, Na P. 2003. Multiple criteria decision making combined with finance: a categorized bibliographic study[J]. European Journal of Operational Research, (150): 496-515.

Steuer R E, Qi Y, Hischberger M. 2005a. Analytically deriving efficient surfaces in portfolio selection[R]. Working Paper, Hedge Fund Research Institute, International University of Monaco.

Steuer R E, Qi Y, Hirschberger M. 2005b. Multiple objectives in portfolio selection[J]. Journal of Financial Decision Making, 1 (1): 5-20.

Steuer R E, Qi Y, Hirschberger M. 2006. Portfolio optimization: new capabilities and future methods[J]. Journal of Business Administration, 6 (2): 199-219.

Steuer R E, Qi Y, Hirschberger M. 2007. Suitable-portfolio investors, non-dominated frontier sensitivity, and the effect of multiple objectives on standard portfolio selection[J]. Annals of Operations Research, 152 (1): 297-317.

Stone B K. 1973. A linear programming formulation of the general portfolio selection problem[J].

Journal of Financial and Quantitative Analysis，8（4）：621-636.

Stone B K，Guerard J B，Gultekin M N，et al. 2001. Socially responsible investment screening：strong empirical evidence of no significant cost for actively managed value-focused portfolios[R]. Department of Finance，Provo，Brigham Young University.

Wang H，Qian C. 2011. Corporate philanthropy and corporate financial performance：the roles of stakeholder response and political access[J]. Academy of Management Journal，54（6）：1159-1181.

Weber M. 2008. The business case for corporate social responsibility：a company-level measurement approach for CSR[J]. European Management Journal，26（4）：247-261.

Williams O. 2004. The UN global compact：the challenge and the promise[J]. Business Ethics Quarterly，14（4）：755-774.

Wren D A. 2005. The History of Management Thought[M]. 5th ed. Hoboken：JohnWiley&Sons，Inc.

Xidonas P，Mavrotas G，Zopounidis C，et al. 2011. IPSSIS：an integrated multicriteria decision support system for equity portfolio construction and selection[J]. European Journal of Operational Research，210：398-409.

Yu S S. 1997. Estimation risk in portfolio selection：the mean variance model versus the mean absolute deviation model[J]. Management Science，43（10）：1437-1446.

Zeleny M. 1977. Multidimensional measure of risk：the prospect ranking vector[A]//Zionts S. Lecture Notes in Economics and Matematical Systems[C]. Heidelberg：Springer Verlag.

Zeng S X，Meng X H，Jin T，et al. 2011. How environmental management driving forces affect environmental and economic performance of SMEs：a study in the northern China district[J]. Journal of Cleaner Production，（9）：1426-1437.

Zopounidis C，Galariotis E，Doumpos M，et al. 2015. Multiple criteria decision aiding for finance：an updated bibliographic survey[J]. European Journal of Operational Reasearch，247（2）：339-348.

附　录　1

说明：附录 1 是图 9.1 的数据来源。图 9.1 代表投资组合的一个有效曲面（10 只股票）。下页的续表应该在本页表格的右侧，出于纸张原因，只能排在下页，所以需要用此数据作图时，应该恢复为原位。

方差 核心利益 相关者期望 \ 期望收益	−1.000	−0.900	−0.800	−0.700	−0.600	−0.500	−0.400	−0.300	−0.200	−0.100	0.000
0.100	37.405	30.141	23.663	17.970	13.062	8.940	5.604	3.052	1.286	0.306	0.111
0.150	38.011	30.682	24.139	18.381	13.408	9.221	5.820	3.203	1.372	0.327	0.067
0.200	38.631	31.237	24.628	18.805	13.768	9.516	6.049	3.367	1.471	0.361	0.036
0.250	39.263	31.804	25.131	19.243	14.140	9.823	6.291	3.545	1.584	0.408	0.018
0.300	39.909	32.385	25.647	19.693	14.526	10.143	6.547	3.735	1.709	0.468	0.013
0.321	40.187	32.636	25.869	19.889	14.693	10.283	6.659	3.820	1.766	0.498	0.015
0.350	40.568	32.979	26.175	20.157	14.924	10.477	6.815	3.939	1.848	0.542	0.022
0.400	41.240	33.586	26.717	20.634	15.336	10.824	7.097	4.155	1.999	0.629	0.043
0.450	41.925	34.206	27.272	21.124	15.761	11.184	7.392	4.385	2.164	0.728	0.078
0.500	42.623	34.839	27.841	21.627	16.199	11.557	7.700	4.628	2.342	0.841	0.126
0.550	43.335	35.486	28.422	22.144	16.651	11.943	8.021	4.884	2.533	0.967	0.187
0.600	44.059	36.145	29.016	22.673	17.115	12.343	8.355	5.154	2.737	1.107	0.261
0.650	44.797	36.818	29.624	23.216	17.593	12.755	8.703	5.436	2.955	1.259	0.348
0.700	45.548	37.504	30.245	23.771	18.083	13.181	9.064	5.732	3.185	1.424	0.449
0.750	46.312	38.203	30.879	24.340	18.587	13.620	9.437	6.041	3.429	1.603	0.562
0.800	47.089	38.915	31.526	24.922	19.104	14.072	9.824	6.362	3.686	1.795	0.689
0.850	47.880	39.640	32.186	25.518	19.634	14.537	10.224	6.697	3.956	2.000	0.829
0.900	48.683	40.379	32.860	26.126	20.178	15.015	10.638	7.046	4.239	2.218	0.982
0.950	49.500	41.130	33.546	26.747	20.734	15.506	11.064	7.407	4.535	2.449	1.148
0.960	49.665	41.282	33.685	26.873	20.847	15.606	11.151	7.481	4.596	2.497	1.183
0.970	49.830	41.435	33.824	27.000	20.960	15.707	11.238	7.555	4.658	2.545	1.219
0.980	49.996	41.587	33.964	27.127	21.074	15.808	11.326	7.630	4.719	2.594	1.254

续表

核心利益 相关者期望 ＼ 期望收益 ／ 方差	0.011	0.100	0.200	0.300	0.400	0.500	0.600	0.700	0.800	0.900	1.000
0.100	0.139	0.701	2.077	4.238	7.185	10.917	15.434	20.737	26.825	33.699	41.358
0.150	0.087	0.592	1.903	3.999	6.880	10.547	15.000	20.238	26.261	33.069	40.663
0.200	0.049	0.496	1.742	3.773	6.589	10.191	14.579	19.751	25.709	32.453	39.982
0.250	0.023	0.413	1.594	3.560	6.311	9.848	14.170	19.278	25.171	31.850	39.314
0.300	0.011	0.343	1.459	3.360	6.046	9.518	13.776	18.818	24.646	31.260	38.659
0.321	0.010	0.318	1.406	3.279	5.938	9.382	13.612	18.627	24.427	31.013	38.385
0.350	0.012	0.287	1.337	3.173	5.795	9.202	13.394	18.371	24.134	30.683	38.017
0.400	0.026	0.243	1.229	3.000	5.556	8.898	13.025	17.938	23.636	30.119	37.388
0.450	0.054	0.213	1.134	2.839	5.331	8.607	12.670	17.517	23.150	29.568	36.772
0.500	0.094	0.196	1.051	2.692	5.118	8.330	12.327	17.110	22.678	29.031	36.170
0.550	0.148	0.192	0.982	2.558	4.919	8.066	11.998	16.715	22.218	28.507	35.580
0.600	0.214	0.201	0.926	2.437	4.733	7.815	11.682	16.334	21.772	27.995	35.004
0.650	0.294	0.223	0.884	2.329	4.560	7.577	11.379	15.966	21.339	27.497	34.441
0.700	0.387	0.259	0.854	2.235	4.401	7.352	11.089	15.612	20.919	27.012	33.891
0.750	0.493	0.307	0.838	2.153	4.254	7.141	10.813	15.270	20.513	26.541	33.354
0.800	0.613	0.369	0.834	2.085	4.121	6.942	10.549	14.941	20.119	26.082	32.830
0.850	0.745	0.444	0.844	2.030	4.001	6.757	10.299	14.626	19.739	25.637	32.320
0.900	0.891	0.532	0.867	1.987	3.893	6.585	10.061	14.324	19.371	25.204	31.823
0.950	1.049	0.633	0.903	1.959	3.799	6.426	9.837	14.035	19.017	24.785	31.338
0.960	1.083	0.655	0.912	1.954	3.782	6.395	9.794	13.978	18.948	24.703	31.243
0.970	1.117	0.677	0.921	1.951	3.765	6.366	9.751	13.923	18.879	24.621	31.148
0.980	1.151	0.700	0.931	1.947	3.749	6.337	9.709	13.867	18.811	24.540	31.054

附　录　2

说明：附录 2 是图 9.2 的数据来源。图 9.2 是投资组合的一个最小方差曲面（5 只股票），代表了考虑三个企业社会责任（核心利益相关者、蛰伏利益相关者、边缘利益相关者）和风险与收益指标的五维空间图。下页的续表应该在本页表格的右侧，出于纸张原因，只能排在下页，所以需要用此数据作图时，应该恢复为原位。

方差＼期望收益 核心利益相关者期望	−1.000	−0.900	−0.800	−0.700	−0.600	−0.500	−0.400	−0.300	−0.200	−0.100	0.000
0.100	250.437	204.213	162.712	125.935	93.882	66.552	43.947	26.064	12.906	4.471	0.760
0.150	249.935	203.740	162.269	125.521	93.497	66.197	43.620	25.767	12.638	4.232	0.551
0.200	249.479	203.313	161.871	125.152	93.157	65.886	43.339	25.515	12.415	4.039	0.386
0.250	249.068	202.931	161.518	124.828	92.863	65.621	43.103	25.308	12.238	3.891	0.267
0.300	248.702	202.594	161.210	124.550	92.614	65.401	42.912	25.147	12.106	3.788	0.194
0.348	248.393	202.313	160.958	124.325	92.417	65.233	42.772	25.035	12.021	3.732	0.166
0.350	248.381	202.303	160.948	124.317	92.410	65.227	42.767	25.031	12.019	3.730	0.165
0.400	248.106	202.057	160.731	124.130	92.252	65.097	42.667	24.960	11.977	3.718	0.182
0.450	247.876	201.856	160.560	123.987	92.139	65.014	42.612	24.935	11.981	3.751	0.245
0.500	247.691	201.700	160.434	123.890	92.071	64.975	42.603	24.955	12.030	3.830	0.352
0.550	247.552	201.590	160.353	123.839	92.049	64.982	42.639	25.020	12.125	3.953	0.505
0.600	247.458	201.526	160.317	123.833	92.072	65.034	42.721	25.131	12.265	4.122	0.704
0.650	247.409	201.506	160.327	123.872	92.140	65.132	42.847	25.287	12.450	4.337	0.947
0.700	247.406	201.532	160.382	123.956	92.253	65.275	43.020	25.488	12.681	4.597	1.237
0.750	247.448	201.604	160.483	124.086	92.412	65.463	43.237	25.735	12.956	4.902	1.571
0.800	247.535	201.720	160.629	124.261	92.617	65.696	43.500	26.027	13.278	5.252	1.951
0.850	247.668	201.882	160.820	124.481	92.866	65.975	43.808	26.364	13.644	5.648	2.376
0.900	247.846	202.089	161.056	124.747	93.161	66.300	44.161	26.747	14.056	6.089	2.846
0.950	248.070	202.342	161.338	125.058	93.502	66.669	44.560	27.175	14.513	6.576	3.362
0.960	248.120	202.398	161.400	125.126	93.575	66.748	44.645	27.266	14.610	6.678	3.470
0.970	248.172	202.456	161.464	125.195	93.651	66.830	44.732	27.359	14.709	6.783	3.581
0.980	248.225	202.515	161.529	125.267	93.728	66.913	44.821	27.453	14.809	6.889	3.693

续表

方差 核心利益 相关者期望 ＼ 期望收益	0.025	0.100	0.200	0.300	0.400	0.500	0.600	0.700	0.800	0.900	1.000
0.100	0.570	1.773	7.510	17.970	33.154	53.062	77.693	107.048	141.127	179.930	223.456
0.150	0.368	1.593	7.359	17.848	33.061	52.998	77.659	107.043	141.151	179.983	223.539
0.200	0.211	1.458	7.253	17.771	33.014	52.980	77.670	107.084	141.221	180.082	223.667
0.250	0.099	1.368	7.192	17.740	33.012	53.007	77.726	107.169	141.336	180.226	223.840
0.300	0.033	1.324	7.177	17.754	33.055	53.080	77.828	107.300	141.496	180.415	224.059
0.348	0.012	1.324	7.205	17.810	33.139	53.192	77.968	107.469	141.692	180.640	224.311
0.350	0.012	1.324	7.207	17.813	33.144	53.197	77.975	107.476	141.701	180.650	224.323
0.400	0.037	1.371	7.283	17.918	33.278	53.361	78.167	107.698	141.952	180.930	224.632
0.450	0.107	1.462	7.403	18.068	33.457	53.569	78.405	107.965	142.248	181.256	224.987
0.500	0.222	1.599	7.569	18.264	33.681	53.823	78.688	108.277	142.590	181.626	225.387
0.550	0.382	1.781	7.781	18.504	33.951	54.122	79.017	108.635	142.977	182.042	225.832
0.600	0.588	2.009	8.038	18.790	34.267	54.467	79.390	109.038	143.409	182.504	226.322
0.650	0.839	2.282	8.340	19.122	34.627	54.856	79.809	109.486	143.886	183.011	226.858
0.700	1.136	2.600	8.687	19.498	35.033	55.292	80.274	109.980	144.409	183.563	227.440
0.750	1.477	2.964	9.080	19.920	35.484	55.772	80.783	110.519	144.977	184.160	228.066
0.800	1.864	3.373	9.518	20.388	35.981	56.298	81.338	111.103	145.591	184.803	228.738
0.850	2.297	3.827	10.002	20.900	36.523	56.869	81.939	111.732	146.250	185.491	229.456
0.900	2.775	4.326	10.531	21.458	37.110	57.485	82.585	112.407	146.954	186.224	230.218
0.950	3.298	4.871	11.105	22.062	37.743	58.147	83.276	113.128	147.703	187.003	231.026
0.960	3.408	4.986	11.225	22.188	37.875	58.285	83.419	113.277	147.859	187.164	231.193
0.970	3.520	5.102	11.347	22.316	38.008	58.425	83.565	113.428	148.016	187.327	231.362
0.980	3.633	5.220	11.471	22.446	38.144	58.566	83.712	113.582	148.175	187.492	231.533

附　录　3

说明：附录 3 是图 9.3 的数据来源。图 9.3 是用 5 只股票构成的投资组合的有效曲面图，只考虑核心利益相关者与风险和收益因素。下页的续表应在本页表格的右侧，出于纸张原因，所以排在下页，如果需要画图时，应该恢复为原位。

方差 期望收益 核心利益相关者期望	−1.000	−0.900	−0.800	−0.700	−0.600	−0.500	−0.400	−0.300	−0.200	−0.100	0.000
−1.000	473.163	413.920	359.399	309.603	264.530	224.182	188.556	157.655	131.477	110.023	93.293
−0.900	469.016	409.831	355.369	305.631	260.617	220.327	184.760	153.917	127.798	106.402	89.730
−0.800	465.050	405.924	351.520	301.841	256.885	216.653	181.145	150.360	124.299	102.962	86.349
−0.700	461.266	402.198	347.853	298.232	253.335	213.161	177.711	146.985	120.983	99.704	83.149
−0.600	457.663	398.653	344.367	294.804	249.965	209.850	174.459	143.791	117.847	96.627	80.131
−0.500	454.241	395.290	341.062	291.558	246.777	206.721	171.388	140.779	114.893	93.731	77.293
−0.400	451.001	392.108	337.938	288.493	243.771	203.772	168.498	137.947	112.120	91.017	74.637
−0.300	447.941	389.107	334.996	285.609	240.945	201.006	165.790	135.297	109.529	88.484	72.163
−0.200	445.064	386.288	332.235	282.906	238.301	198.420	163.263	132.829	107.119	86.132	69.870
−0.100	442.367	383.650	329.656	280.385	235.839	196.016	160.917	130.542	104.890	83.962	67.758
0.000	439.852	381.193	327.257	278.046	233.558	193.793	158.753	128.436	102.842	81.973	65.827
0.100	437.518	378.918	325.041	275.887	231.458	191.752	156.770	126.511	100.976	80.165	64.078
0.200	435.366	376.824	323.005	273.910	229.539	189.892	154.968	124.768	99.292	78.539	62.510
0.300	433.395	374.911	321.151	272.114	227.802	188.213	153.348	123.206	97.788	77.094	61.124
0.400	431.605	373.180	319.478	270.500	226.246	186.715	151.909	121.825	96.466	75.830	59.919
0.500	429.997	371.630	317.987	269.067	224.871	185.399	150.651	120.626	95.325	74.748	58.895
0.600	428.570	370.261	316.676	267.815	223.678	184.264	149.575	119.608	94.366	73.847	58.052
0.700	427.324	369.074	315.548	266.745	222.666	183.311	148.680	118.772	93.588	73.128	57.391
0.800	426.260	368.068	314.600	265.856	221.836	182.539	147.966	118.117	92.991	72.589	56.911
0.900	425.377	367.243	313.834	265.148	221.186	181.948	147.434	117.643	92.576	72.232	56.613
1.000	424.675	366.600	313.249	264.622	220.719	181.539	147.083	117.350	92.342	72.057	56.496

方差　　期望收益 核心利益相关者期望	0.100	0.200	0.300	0.400	0.500	0.600	0.700	0.800	0.900	1.000
−1.000	81.286	74.003	71.444	73.609	80.497	92.109	108.445	129.505	155.288	185.795
−0.900	77.782	70.558	68.057	70.280	77.227	88.898	105.292	126.410	152.251	182.817
−0.800	74.459	67.293	64.851	67.133	74.138	85.867	102.320	123.496	149.396	180.020
−0.700	71.318	64.210	61.827	64.167	71.230	83.018	99.529	120.764	146.723	177.405
−0.600	68.358	61.309	58.984	61.382	68.504	80.350	96.920	118.213	144.230	174.971
−0.500	65.579	58.588	56.322	58.779	65.959	77.864	94.492	115.843	141.919	172.718
−0.400	62.982	56.050	53.841	56.357	63.596	75.558	92.245	113.655	139.789	170.647
−0.300	60.566	53.692	51.542	54.116	61.413	73.435	90.180	111.648	137.841	168.757
−0.200	58.331	51.516	49.424	52.056	59.412	71.492	88.296	109.823	136.074	167.048
−0.100	56.277	49.521	47.488	50.178	57.593	69.731	86.593	108.179	134.488	165.521
0.000	54.405	47.707	45.732	48.482	55.955	68.151	85.072	106.716	133.084	164.175
0.100	52.715	46.075	44.159	46.966	54.498	66.753	83.732	105.434	131.860	163.010
0.200	51.205	44.624	42.766	45.632	53.222	65.536	82.573	104.334	130.819	162.027
0.300	49.877	43.354	41.555	44.480	52.128	64.500	81.596	103.415	129.958	161.225
0.400	48.730	42.266	40.525	43.508	51.215	63.645	80.800	102.678	129.279	160.605
0.500	47.765	41.359	39.677	42.718	50.483	62.972	80.185	102.121	128.782	160.165
0.600	46.981	40.633	39.010	42.110	49.933	62.481	79.752	101.747	128.465	159.907
0.700	46.378	40.089	38.524	41.682	49.564	62.170	79.500	101.553	128.330	159.831
0.800	45.957	39.726	38.219	41.436	49.377	62.041	79.429	101.541	128.376	159.936
0.900	45.717	39.545	38.096	41.372	49.371	62.093	79.540	101.710	128.604	160.222
1.000	45.658	39.545	38.155	41.488	49.546	62.327	79.832	102.061	129.013	160.689

附　录　4

说明：附录 4 是协方差矩阵的数据来源。附录 4 是代表 30 家企业的收益率（2007~2012 年日收益率）的协方差矩阵，即表 9.32 股票相关系数（第一行和第一列为股票代码）。

股票简称		中兴通讯	中联重科	常山股份	金路集团	美的电器	漳泽电力	金宇车城	四川圣达	凯迪电力	浪潮信息
	股票代码	000063	000157	000158	000510	000527	000767	000803	000835	000939	000977
中兴通讯	000063	0.018	0.013	0.011	0.012	0.012	0.010	0.010	0.012	0.011	0.010
中联重科	000157	0.013	0.031	0.017	0.018	0.018	0.016	0.014	0.017	0.018	0.012
常山股份	000158	0.011	0.017	0.025	0.021	0.015	0.019	0.019	0.019	0.020	0.017
金路集团	000510	0.012	0.018	0.021	0.032	0.015	0.020	0.021	0.023	0.020	0.018
美的电器	000527	0.012	0.018	0.015	0.015	0.025	0.014	0.013	0.018	0.015	0.012
漳泽电力	000767	0.010	0.016	0.019	0.020	0.014	0.021	0.018	0.019	0.019	0.013
金宇车城	000803	0.010	0.014	0.019	0.021	0.013	0.018	0.028	0.022	0.018	0.015
四川圣达	000835	0.012	0.017	0.019	0.023	0.018	0.019	0.022	0.042	0.020	0.018
凯迪电力	000939	0.011	0.018	0.020	0.020	0.015	0.019	0.018	0.020	0.027	0.017
浪潮信息	000977	0.010	0.012	0.017	0.018	0.012	0.013	0.015	0.018	0.017	0.027
七喜控股	002027	0.011	0.010	0.016	0.016	0.012	0.013	0.015	0.016	0.015	0.016
北纬通信	002148	0.012	0.010	0.011	0.011	0.010	0.008	0.010	0.011	0.011	0.012
浦发银行	600000	0.007	0.010	0.012	0.012	0.009	0.010	0.011	0.011	0.011	0.008

续表

股票简称		中兴通讯	中联重科	常山股份	金路集团	美的电器	漳泽电力	金宇车城	四川圣达	凯迪电力	浪潮信息
	股票代码	000063	000157	000158	000510	000527	000767	000803	000835	000939	000977
华夏银行	600015	0.004	0.009	0.012	0.013	0.009	0.009	0.009	0.011	0.008	0.008
宝钢股份	600019	0.009	0.015	0.016	0.015	0.013	0.014	0.013	0.016	0.014	0.010
中国联通	600050	0.007	0.009	0.008	0.008	0.008	0.008	0.008	0.008	0.008	0.007
宇通客车	600066	0.010	0.012	0.009	0.012	0.013	0.009	0.010	0.012	0.010	0.009
兖州煤业	600188	0.012	0.017	0.015	0.017	0.013	0.015	0.015	0.023	0.017	0.013
恒瑞医药	600276	0.006	0.006	0.005	0.003	0.006	0.004	0.004	0.005	0.006	0.004
新农开发	600359	0.011	0.014	0.019	0.022	0.014	0.015	0.018	0.023	0.017	0.015
空港股份	600463	0.010	0.014	0.017	0.017	0.012	0.014	0.015	0.016	0.016	0.011
贵州茅台	600519	0.006	0.008	0.007	0.005	0.007	0.005	0.005	0.004	0.007	0.006
华阳科技	600532	0.011	0.012	0.018	0.019	0.011	0.017	0.019	0.021	0.016	0.017
永生数据	600613	0.007	0.013	0.014	0.015	0.009	0.012	0.013	0.012	0.013	0.012
鲁抗医药	600789	0.010	0.014	0.015	0.018	0.012	0.014	0.016	0.017	0.016	0.013
鹏博士	600804	0.014	0.016	0.019	0.020	0.016	0.016	0.017	0.021	0.020	0.018
长江电力	600900	0.003	0.005	0.004	0.005	0.004	0.005	0.005	0.006	0.004	0.003
国投中鲁	600962	0.012	0.017	0.020	0.019	0.015	0.019	0.020	0.026	0.019	0.016
宁波热电	600982	0.009	0.014	0.012	0.015	0.012	0.013	0.014	0.014	0.013	0.012
工商银行	601398	0.002	0.007	0.006	0.005	0.003	0.004	0.006	0.005	0.006	0.003
股票简称		七喜控股	北纬通信	浦发银行	华夏银行	宝钢股份	中国联通	宇通客车	兖州煤业	恒瑞医药	新农开发
	股票代码	002027	002148	600000	600015	600019	600050	600066	600188	600276	600359
中兴通讯	000063	0.011	0.012	0.007	0.004	0.009	0.007	0.010	0.012	0.006	0.011

续表

股票简称	股票代码	七喜控股 002027	北纬通信 002148	浦发银行 600000	华夏银行 600015	宝钢股份 600019	中国联通 600050	宇通客车 600066	兖州煤业 600188	恒瑞医药 600276	新农开发 600359
中联重科	000157	0.010	0.010	0.010	0.009	0.015	0.009	0.012	0.017	0.006	0.014
常山股份	000158	0.016	0.011	0.012	0.012	0.016	0.008	0.009	0.015	0.005	0.019
金路集团	000510	0.016	0.011	0.012	0.013	0.015	0.008	0.012	0.017	0.003	0.022
美的电器	000527	0.012	0.010	0.009	0.009	0.013	0.008	0.013	0.013	0.006	0.014
漳泽电力	000767	0.013	0.008	0.010	0.009	0.014	0.008	0.009	0.015	0.004	0.015
金宇车城	000803	0.015	0.010	0.011	0.009	0.013	0.008	0.010	0.015	0.004	0.018
四川圣达	000835	0.016	0.011	0.011	0.011	0.016	0.008	0.012	0.023	0.005	0.023
凯迪电力	000939	0.015	0.011	0.011	0.008	0.014	0.008	0.010	0.017	0.006	0.017
浪潮信息	000977	0.016	0.012	0.008	0.008	0.010	0.007	0.009	0.013	0.004	0.015
七喜控股	002027	0.016	0.011	0.009	0.008	0.010	0.006	0.009	0.011	0.004	0.016
北纬通信	002148	0.011	0.020	0.007	0.003	0.008	0.006	0.009	0.009	0.006	0.010
浦发银行	600000	0.009	0.007	0.018	0.015	0.012	0.007	0.010	0.012	0.002	0.006
华夏银行	600015	0.008	0.003	0.015	0.018	0.011	0.006	0.009	0.010	0.000	0.008
宝钢股份	600019	0.010	0.008	0.012	0.011	0.019	0.010	0.010	0.014	0.003	0.012
中国联通	600050	0.006	0.006	0.007	0.006	0.010	0.011	0.007	0.009	0.002	0.006
宇通客车	600066	0.009	0.009	0.010	0.009	0.010	0.007	0.015	0.011	0.003	0.011
兖州煤业	600188	0.011	0.009	0.012	0.010	0.014	0.009	0.011	0.026	0.003	0.014
恒瑞医药	600276	0.004	0.006	0.002	0.000	0.003	0.002	0.003	0.003	0.009	0.005
新农开发	600359	0.016	0.010	0.006	0.008	0.012	0.006	0.011	0.014	0.005	0.032
空港股份	600463	0.012	0.007	0.010	0.009	0.011	0.006	0.008	0.013	0.003	0.014

续表

股票简称		七喜控股	北纬通信	浦发银行	华夏银行	宝钢股份	中国联通	宇通客车	兖州煤业	恒瑞医药	新农开发
	股票代码	002027	002148	600000	600015	600019	600050	600066	600188	600276	600359
贵州茅台	600519	0.006	0.005	0.006	0.005	0.006	0.004	0.005	0.003	0.005	0.004
华阳科技	600532	0.016	0.012	0.010	0.010	0.012	0.008	0.011	0.012	0.004	0.020
永生数据	600613	0.011	0.010	0.005	0.005	0.007	0.004	0.006	0.009	0.004	0.013
鲁抗医药	600789	0.012	0.010	0.007	0.007	0.010	0.007	0.009	0.013	0.006	0.018
鹏博士	600804	0.015	0.012	0.012	0.009	0.014	0.010	0.012	0.016	0.005	0.016
长江电力	600900	0.003	0.002	0.004	0.004	0.006	0.004	0.004	0.006	0.001	0.003
国投中鲁	600962	0.015	0.009	0.009	0.010	0.012	0.007	0.012	0.018	0.004	0.020
宁波热电	600982	0.011	0.009	0.007	0.006	0.010	0.008	0.010	0.009	0.003	0.012
工商银行	601398	0.003	0.003	0.008	0.007	0.007	0.005	0.003	0.006	0.000	0.003

股票简称		空港股份	贵州茅台	华阳科技	永生数据	鲁抗医药	鹏博士	长江电力	国投中鲁	宁波热电	工商银行
	股票代码	600463	600519	600532	600613	600789	600804	600900	600962	600982	601398
中兴通讯	000063	0.010	0.006	0.011	0.007	0.010	0.014	0.003	0.012	0.009	0.002
中联重科	000157	0.014	0.008	0.012	0.013	0.014	0.016	0.005	0.017	0.014	0.007
常山股份	000158	0.017	0.007	0.018	0.014	0.015	0.019	0.004	0.020	0.012	0.006
金路集团	000510	0.017	0.005	0.019	0.015	0.018	0.020	0.005	0.019	0.015	0.005
美的电器	000527	0.012	0.007	0.011	0.009	0.012	0.016	0.004	0.015	0.012	0.003
漳泽电力	000767	0.014	0.005	0.017	0.012	0.016	0.016	0.005	0.019	0.013	0.004
金字车城	000803	0.015	0.005	0.019	0.013	0.016	0.017	0.005	0.020	0.014	0.006
四川圣达	000835	0.016	0.004	0.021	0.012	0.017	0.021	0.006	0.026	0.014	0.005
凯迪电力	000939	0.016	0.007	0.016	0.013	0.016	0.020	0.004	0.019	0.013	0.006

股票简称	股票代码	空港股份	贵州茅台	华阳科技	永生数据	鲁抗医药	鹏博士	长江电力	国投中鲁	宁波热电	工商银行
		600463	600519	600532	600613	600789	600804	600900	600962	600982	601398
浪潮信息	000977	0.011	0.006	0.017	0.012	0.013	0.018	0.003	0.016	0.012	0.003
七喜控股	002027	0.012	0.006	0.016	0.011	0.012	0.015	0.003	0.015	0.011	0.003
北纬通信	002148	0.007	0.005	0.012	0.010	0.010	0.012	0.002	0.009	0.009	0.003
浦发银行	600000	0.010	0.006	0.010	0.005	0.007	0.012	0.004	0.009	0.007	0.008
华夏银行	600015	0.009	0.005	0.010	0.005	0.007	0.009	0.004	0.010	0.006	0.007
宝钢股份	600019	0.011	0.006	0.012	0.007	0.010	0.014	0.006	0.012	0.010	0.007
中国联通	600050	0.006	0.004	0.008	0.004	0.007	0.010	0.004	0.007	0.008	0.005
宇通客车	600066	0.008	0.005	0.011	0.006	0.009	0.012	0.004	0.012	0.010	0.003
兖州煤业	600188	0.013	0.003	0.012	0.009	0.013	0.016	0.006	0.018	0.009	0.006
恒瑞医药	600276	0.003	0.005	0.004	0.004	0.006	0.005	0.001	0.004	0.003	0.000
新农开发	600359	0.014	0.004	0.020	0.013	0.018	0.016	0.003	0.020	0.012	0.003
空港股份	600463	0.018	0.005	0.014	0.010	0.012	0.016	0.003	0.015	0.010	0.006
贵州茅台	600519	0.005	0.013	0.005	0.006	0.004	0.009	0.002	0.004	0.006	0.005
华阳科技	600532	0.014	0.005	0.033	0.017	0.015	0.019	0.004	0.022	0.013	0.005
永生数据	600613	0.010	0.006	0.017	0.030	0.010	0.014	0.003	0.015	0.010	0.003
鲁抗医药	600789	0.012	0.004	0.015	0.010	0.020	0.014	0.004	0.016	0.013	0.003
鹏博士	600804	0.016	0.009	0.019	0.014	0.014	0.032	0.006	0.018	0.013	0.007
长江电力	600900	0.003	0.002	0.004	0.003	0.004	0.006	0.005	0.004	0.004	0.002
国投中鲁	600962	0.015	0.004	0.022	0.015	0.016	0.018	0.004	0.033	0.014	0.003
宁波热电	600982	0.010	0.006	0.013	0.010	0.013	0.013	0.004	0.014	0.016	0.003

股票简称		空港股份	贵州茅台	华阳科技	永生数据	鲁抗医药	鹏博士	长江电力	国投中鲁	宁波热电	工商银行
	股票代码	600463	600519	600532	600613	600789	600804	600900	600962	600982	601398
工商银行	601398	0.006	0.005	0.005	0.003	0.003	0.007	0.002	0.003	0.003	0.008